최신 출제유형
100% 반영

발빠르게
자격증을
취득한다!

탄탄한 매뉴얼과 최신 기출문제 수록! 빠르고 정확한 합격 지름길!

정보기술자격

ITQ

파워포인트
2016

MARINEBOOKS

이책의 차례

Information Technology Qualification

1 ITQ 시험안내

2 출제유형 마스터하기

3 실전모의고사

4 최신기출문제

☆

- 1 -

ITQ
시험안내

—

★ 정보기술자격 ITQ 자격 소개

최고의 신뢰성, 최대의 활용도를 갖춘 국가공인자격 ITQ는 실기시험만으로 평가하는 미래형 첨단 IT자격시험입니다.

시험 과목

자격종목	프로그램 및 버전		등급	시험 방식	시험 시간
	S/W	공식버전			
아래한글	한컴오피스	NEO/2020 병행(2022.1월 정기시험부터)	A등급 B등급 C등급	PBT	60분
한셀		* 한셀/한쇼 과목은 NEO버전으로만 운영			
한쇼					
MS워드	MS오피스	2016(2022.1월 정기시험부터)			
한글엑셀					
한글액세스					
한글파워포인트					
인터넷	내장브라우저 IE8.0 이상				

합격 결정기준

등급	점수	수준
A등급	400점 ~ 500점	주어진 과제의 80%~100%를 정확히 해결할 수 있는 능력
B등급	300점 ~ 399점	주어진 과제의 60%~79%를 정확히 해결할 수 있는 능력
C등급	200점 ~ 299점	주어진 과제의 40%~59%를 정확히 해결할 수 있는 능력

ITQ 파워포인트 시험지 미리보기

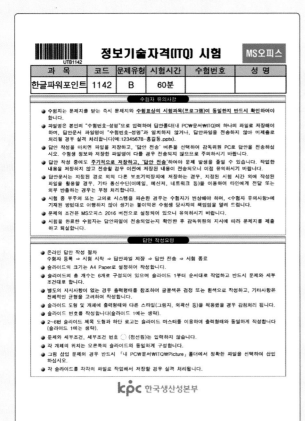

정보기술자격(ITQ) 시험 — MS오피스

과 목	코드	문제유형	시험시간	수험번호	성 명
한글파워포인트	1142	B	60분		

수험자 유의사항

- 수험자는 문제지를 받는 즉시 문제지와 수험표상의 시험과목(프로그램)이 동일한지 반드시 확인하여야 합니다.
- 파일명은 본인의 "수험번호-성명"으로 입력하여 답안폴더(내 PCW문서WITQ)에 하나의 파일로 저장해야 하며, 답안문서 파일명이 "수험번호-성명"과 일치하지 않거나, 답안파일을 전송하지 않아 미제출로 처리될 경우 실격 처리합니다.(예:12345678-홍길동.pptx).
- 답안 작성을 마치면 파일을 저장하고, '답안 전송' 버튼을 선택하여 감독위원 PC로 답안을 전송하십시오. 수험생 정보와 저장한 파일명이 다를 경우 전송되지 않으므로 주의하시기 바랍니다.
- 답안 작성 중에도 주기적으로 저장하고, '답안 전송'하여야 문제 발생을 줄일 수 있습니다. 작업한 내용을 저장하지 않고 전송할 경우 이전에 저장된 내용이 전송되오니 이점 유의하시기 바랍니다.
- 답안문서는 지정된 경로 외의 다른 보조기억장치에 저장하는 경우, 지정된 시험 시간 외에 작성된 파일을 활용할 경우, 기타 통신수단(이메일, 메신저, 네트워크 등)을 이용하여 타인에게 전달 또는 외부 반출하는 경우는 부정 처리합니다.
- 시험 중 부주의 또는 고의로 시스템을 파손한 경우는 수험자가 변상해야 하며, <수험자 유의사항>에 기재된 방법대로 이행하지 않아 생기는 불이익은 수험생 당사자의 책임임을 알려 드립니다.
- 문제의 조건은 MS오피스 2016 버전으로 설정되어 있으니 유의하시기 바랍니다.
- 시험을 완료한 수험자는 답안파일이 전송되었는지 확인한 후 감독위원의 지시에 따라 문제지를 제출하고 퇴실합니다.

답안 작성요령

- 온라인 답안 작성 절차
  수험자 등록 ⇒ 시험 시작 ⇒ 답안파일 저장 ⇒ 답안 전송 ⇒ 시험 종료
- 슬라이드의 크기는 A4 Paper로 설정하여 작성합니다.
- 슬라이드의 총 개수는 6개로 구성되어 있으며 슬라이드 1부터 순서대로 작업하고 반드시 문제와 세부조건대로 합니다.
- 별도의 지시사항이 없는 경우 출력형태를 참조하여 글꼴색은 검정 또는 흰색으로 작성하고, 기타사항은 전체적인 균형을 고려하여 작성합니다.
- 슬라이드 도형과 개체에 출력형태와 다른 스타일(그림자, 외곽선 등)을 적용했을 경우 감점처리 됩니다.
- 슬라이드 번호를 작성합니다(슬라이드 1에는 생략).
- 2~6번 슬라이드 제목 도형과 하단 로고는 슬라이드 마스터를 이용하여 출력형태와 동일하게 작성합니다(슬라이드 1에는 생략).
- 문제와 세부조건, 세부조건 번호 ◯ (점선원)는 입력하지 않습니다.
- 각 개체의 위치는 오른쪽의 슬라이드와 동일하게 구성합니다.
- 그림 삽입 문제의 경우 반드시 「내 PCW문서WITQWPicture」 폴더에서 정확한 파일을 선택하여 삽입하십시오.
- 각 슬라이드를 각각의 파일로 작업해서 저장할 경우 실격 처리됩니다.

kpc 한국생산성본부

[전체구성] (60점)
(1) 슬라이드 크기 및 순서 : 크기를 A4 용지로 설정하고 슬라이드 순서에 맞게 작성한다.
(2) 슬라이드 마스터 : 2~6슬라이드의 제목, 하단 로고, 슬라이드 번호는 슬라이드 마스터를 이용하여 작성한다.
  - 제목 글꼴(돋움, 40pt, 왼쪽), 가운데 맞춤, 도형(선 없음)
  - 하단 로고「내 PCW문서WITQWPicture₩로고1.jpg」, 배경(회색) 투명색으로 설정

[슬라이드 1] <표지 디자인> (40점)
(1) 표지 디자인 : 도형, 워드아트 및 그림을 이용하여 작성한다.

세부조건
① 도형 편집
  - 도형에 그림 채우기 :
   「내 PCW문서WITQWPicture₩ 그림1.jpg」, 투명도 50%
  - 도형 효과 :
   부드러운 가장자리 5포인트
② 워드아트 삽입
  - 변환 : 삼각형
  - 글꼴 : 궁서, 굵게
  - 텍스트 반사 :
   전체 반사, 터치
③ 그림 삽입
  「내 PCW문서WITQWPicture₩ 로고1.jpg」
  - 배경(회색) 투명색으로 설정

[슬라이드 2] <목차 슬라이드> (60점)
(1) 출력형태와 같이 도형을 이용하여 목차를 작성한다(글꼴 : 돋움, 24pt).
(2) 도형 : 선 없음

세부조건
① 텍스트에 하이퍼링크 적용
  -> '슬라이드 5'
② 그림 삽입
  「내 PCW문서WITQWPicture₩ 그림4.jpg」
  - 자르기 기능 이용

[슬라이드 3] <텍스트/동영상 슬라이드> (60점)
(1) 텍스트 작성 : 글머리 기호 사용(◆, ➤)
  ◆문단(굴림, 24pt, 굵게, 줄간격 : 1.5줄), ➤문단(굴림, 20pt, 줄간격 : 1.5줄)

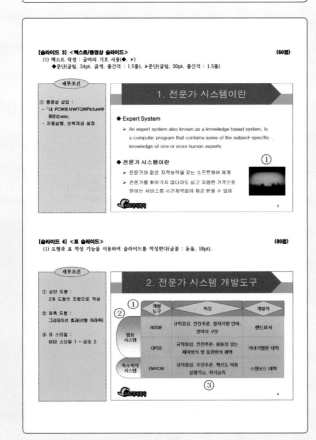

세부조건
① 동영상 삽입 :
  -「내 PCW문서WITQWPicture₩ 동영상.wmv」
  - 자동실행, 반복재생 설정

[슬라이드 4] <표 슬라이드> (80점)
(1) 도형과 표 작성 기능을 이용하여 슬라이드를 작성한다(글꼴 : 돋움, 18pt).

세부조건
① 상단 도형 :
  2개 도형의 조합으로 작성
② 좌측 도형 :
  그라데이션 효과(선형 아래쪽)
③ 표 스타일 :
  테마 스타일 1 - 강조 2

[슬라이드 5] <차트 슬라이드> (100점)
(1) 차트 작성 기능을 이용하여 슬라이드를 작성한다.
(2) 차트 : 종류(묶은 세로 막대형), 글꼴(돋움, 16pt), 외곽선

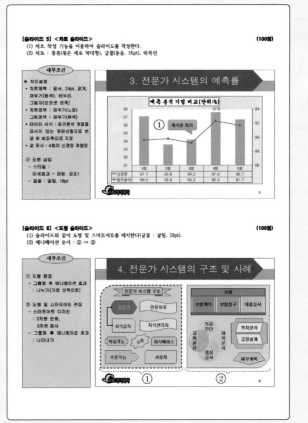

세부조건
※ 차트설명
  - 차트제목 : 궁서, 24pt, 굵게, 채우기(흰색), 테두리, 그림자(오프셋 왼쪽)
  - 차트영역 : 채우기(노랑)
  - 그림영역 : 채우기(흰색)
  - 데이터 서식 : 회귀분석 계열을 표식이 있는 꺾은선형으로 변경 후 보조축으로 지정
  - 값 표시 : 4회의 신경망 계열만
① 도형 삽입
  - 스타일 :
   미세효과 - 파랑, 강조1
  - 글꼴 : 굴림, 18pt

[슬라이드 6] <도형 슬라이드> (100점)
(1) 슬라이드와 같이 도형 및 스마트아트를 배치한다(글꼴 : 굴림, 18pt).
(2) 애니메이션 순서 : ① ⇒ ②

세부조건
① 도형 편집
  - 그룹화 후 애니메이션 효과
   : 나누기(가로 안쪽으로)
② 도형 및 스마트아트 편집
  - 스마트아트 디자인
   : 3차원 만화,
    3차원 경사
  - 그룹화 후 애니메이션 효과
   : 나타내기

★ ITQ 답안 작성 요령

※ 해당 프로그램은 개인이 연습할 수 있는 답안전송 프로그램으로 실제 답안은 전송되지 않습니다. 또한 시험장 운영체제 및 KOAS 버전에 따라 세부적인 부분에서 차이가 있을 수 있습니다.

❶ KOAS 수험자(연습용)을 더블클릭하여 실행합니다.

❷ [KOAS 연습용 시험과목 선택] 대화상자가 표시되면 '시험 과목'과 '수험자 성명'을 입력한 후 <선택>을 클릭합니다.

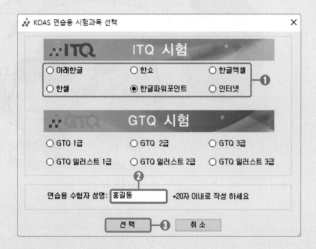

❸ [수험자 등록] 대화상자가 표시되면 본인의 수험번호를 입력한 후 <확인>을 클릭합니다. 이어서, 수험번호 확인 메시지 창에서 수험번호를 확인한 후 <확인>을 클릭합니다.

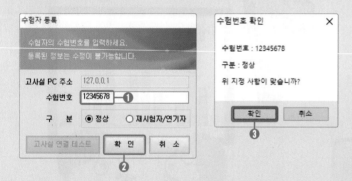

❹ [수험자 버전 선택] 대화상자가 표시되면 사용할 버전을 선택한 후 <확인>을 클릭합니다. 이어서, 수험자 정보(수험번호, 성명, 수험과목 등)를 최종적으로 확인한 후 <확인>을 클릭합니다.

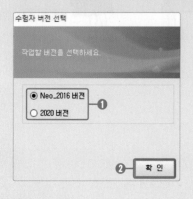 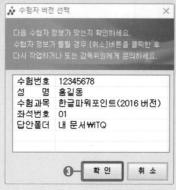

답안 파일 저장 및 감독관 PC로 파일 전송하기

① PowerPoint 2016을 실행하여 본인의 '수험번호-성명(12345678-홍길동)'으로 [내PC]-[문서]-[ITQ] 폴더에 저장합니다.

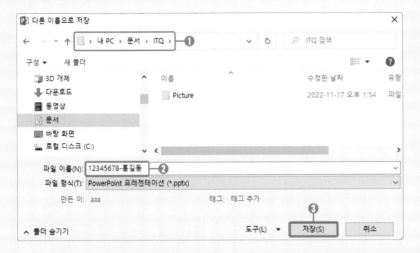

② 저장된 답안 파일을 전송하기 위해 [답안 전송]을 클릭합니다. 이어서, 답안파일 전송 메시지 창에서 <확인>을 클릭합니다.

  ※ 수험자 유의사항에 따라 주기적으로 답안 파일을 저장한 후 [답안 전송]을 클릭합니다.

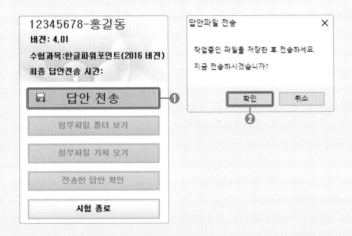

③ [고사실 PC로 답안 파일 보내기] 대화상자가 표시되면 답안 파일의 존재 유무를 확인한 후 [답안전송]을 클릭합니다. 이어서, 성공 메시지 창에서 <확인>을 클릭합니다.

④ 답안 파일 전송 상태가 '성공'인지 확인한 후 <닫기>를 클릭합니다.

  ※ 답안 파일은 [내PC]-[문서]-[ITQ] 폴더에 저장되어야 하며, 답안전송이 실패로 표시될 경우 다시 [답안전송]을 클릭합니다.

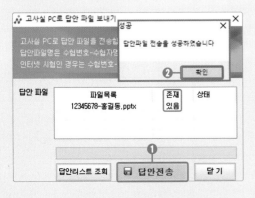
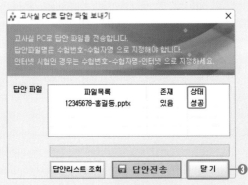

MEMO

출제유형 마스터하기

[전체 구성] (60점) 페이지 설정 및 슬라이드 마스터

- 파워포인트 2016 프로그램을 실행하여 답안 파일을 저장합니다.
- 문제 조건에 따라 슬라이드의 크기를 변경합니다.
- 슬라이드 마스터를 작성한 후 슬라이드를 추가합니다.

출제 유형 미리보기

소스파일: 없음   완성파일: 12345678-홍길동.pptx

[전체구성]

(1) 슬라이드 크기 및 순서 : 크기를 A4 용지로 설정하고 슬라이드 순서에 맞게 작성한다.

(2) 슬라이드 마스터 : 2~6슬라이드의 제목, 하단 로고, 슬라이드 번호는 슬라이드 마스터를 이용하여 작성한다.

- 제목 글꼴(돋움, 40pt, 흰색), 왼쪽 맞춤, 도형(선 없음)
- 하단 로고(「내 PC₩문서₩ITQ₩Picture₩로고2.jpg」, 배경(회색) 투명색으로 설정)

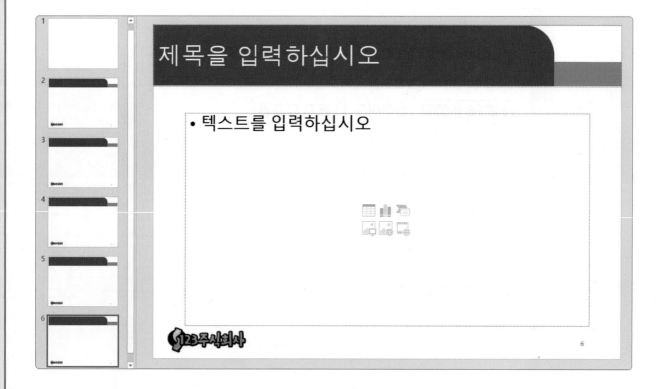

01 답안 파일 저장하기

파일명은 본인의 "수험번호-성명"으로 입력하여 답안 폴더(내 PC\문서\ITQ)에 하나의 파일로 저장해야 하며, 답안 문서 파일명이 "수험번호-성명"과 일치하지 않거나, 답안 파일을 전송하지 않아 미제출로 처리될 경우 실격 처리합니다.
(예 : 12345678-홍길동.pptx)

❶ [시작(■)]–[PowerPoint 2016(P)]을 클릭하여 파워포인트 2016을 실행한 후 **[새 프레젠테이션]**을 선택합니다.

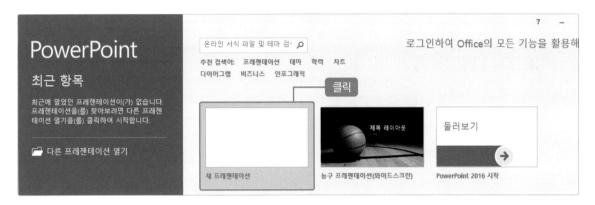

❷ 파일을 저장하기 위해 **[파일] 탭–[저장]–[찾아보기]**를 클릭합니다.

➕ 프로그램 왼쪽 상단의 [빠른 실행 도구 모음]에서 '저장' 아이콘(💾)을 클릭하거나, Ctrl+S를 눌러 파일을 저장할 수도 있습니다. 답안 파일은 수시로 저장해야 하므로 Ctrl+S를 사용하는 것을 추천합니다.

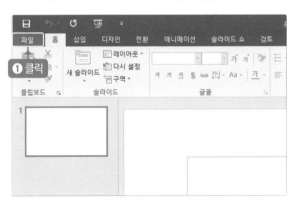 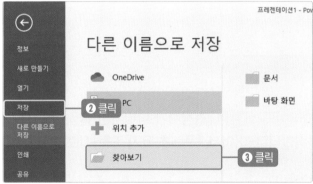

❸ [다른 이름으로 저장] 대화상자가 나타나면 [내 PC]–[문서]–[ITQ] 폴더에 **12345678 -홍길동**과 같이 본인의 "수험번호-성명" 형식으로 입력한 후 <저장>을 클릭합니다.

❹ 저장이 완료되면 제목 표시줄에 파일 이름이 **12345678-홍길동**으로 변경된 것을 확인합니다.

02 슬라이드 크기 변경하기

(1) 슬라이드 크기 및 순서 : 크기를 A4 용지로 설정하고 슬라이드 순서에 맞게 작성한다.

❶ 슬라이드의 크기를 변경하기 위해 [디자인] 탭-[사용자 지정] 그룹에서 **[슬라이드 크기(☐)]-[사용자 지정 슬라이드 크기]**를 클릭합니다.

❷ [슬라이드 크기] 대화상자가 나타나면 슬라이드 크기를 **A4 용지(210×297mm)**로 선택하고 <확인>을 클릭합니다. 이어서, [콘텐츠 크기 조정] 대화상자가 나타나면 <최대화> 또는 <맞춤 확인>을 클릭합니다.

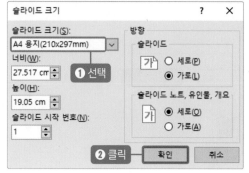
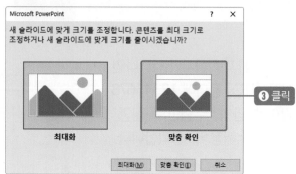

슬라이드 마스터 작성하기

(2) 슬라이드 마스터 : 2~6슬라이드의 제목, 하단 로고, 슬라이드 번호는 슬라이드 마스터를 이용하여 작성한다.
- 제목 글꼴(돋움, 40pt, 흰색), 왼쪽 맞춤, 도형(선 없음)
- 하단 로고(「내 PC\문서\ITQ\Picture\로고2.jpg」, 배경(회색) 투명색으로 설정)

1. 제목 도형 삽입하기

❶ [슬라이드 2] ~ [슬라이드 6]에 공통으로 표시되는 제목 도형을 슬라이드 마스터에 삽입하기 위해 [보기] 탭-[마스터 보기] 그룹에서 **[슬라이드 마스터(▦)]**를 클릭합니다.

❷ 왼쪽 [축소판 그림 창]에서 세 번째 **[제목 및 내용 레이아웃]**을 클릭합니다.

❸ 《출력형태》와 같이 제목 도형을 만들기 위해 [삽입] 탭-[일러스트레이션] 그룹에서 **[도형(◇)]-[사각형]-[직사각형(□)]**을 클릭합니다.

❹ 도형이 선택되면 아래 그림과 같이 드래그하여 뒤쪽 도형을 그립니다.

💬 · 삽입할 도형을 선택하면 마우스 포인터가 ＋모양으로 바뀌며, 원하는 위치에 드래그하면 도형이 삽입됩니다.
  · 삽입된 도형 주변에 나타나는 조절점(○)을 이용하여 크기를 조절한 후 위치를 변경합니다.

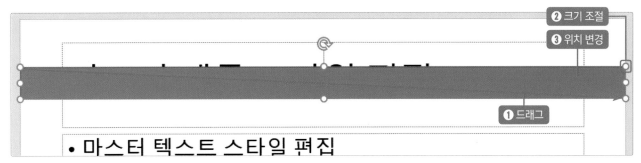

❺ 도형의 윤곽선을 없애기 위해 [그리기 도구-서식] 탭-[도형 스타일] 그룹에서 **[도형 윤곽선]-[윤곽선 없음]**을 클릭합니다.

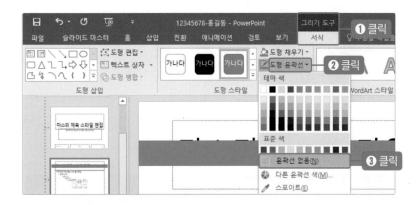

시험꿀팁
슬라이드 마스터에서 작업하는 2~6 슬라이드의 제목 도형은 '선 없음'이 고정적으로 출제됩니다.

❻ 현재 도형 스타일을 계속 유지하기 위해 도형 위에서 마우스 오른쪽 버튼을 클릭하여 **[기본 도형으로 설정]**을 선택합니다.

➕ 여러 가지 서식이 적용된 도형에 '기본 도형으로 설정'을 지정하면, 이후에 도형을 그릴 때 설정한 서식이 그대로 적용되어 반복 작업을 최소화할 수 있습니다.

❼ 앞쪽 도형을 삽입하기 위해 [삽입] 탭-[일러스트레이션] 그룹에서 **[도형(⬙)]-[사각형]-[한쪽 모서리가 둥근 사각형(▢)]**을 클릭합니다.

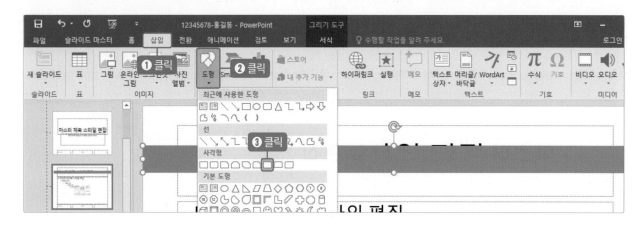

❽ 아래 그림을 참고하여 앞쪽 도형을 그립니다.

➕ 슬라이드 마스터에서 작업하는 도형의 크기 및 위치는 [슬라이드2]《목차 슬라이드》를 참고하여 작업합니다.

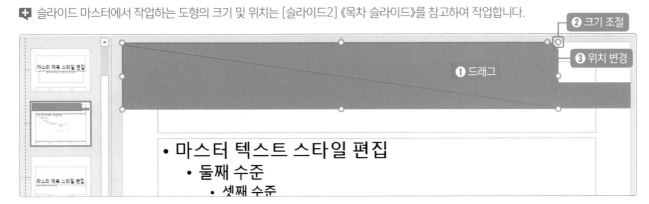

❾ 도형의 노란색 조절점(○)을 왼쪽으로 드래그하여 《출력형태》와 비슷한 모양으로 만듭니다.

시험꿀팁

도형 및 텍스트 상자의 위치를 변경할 때는 마우스 커서가 ✥ 모양일 때 드래그하여 이동시킬 수 있으며, 키보드 방향키(←, →, ↑, ↓)를 이용하면 세밀하게 위치를 변경할 수 있습니다.

❿ 도형의 색상을 변경하기 위해 [그리기 도구-서식] 탭-[도형 스타일] 그룹에서 **[도형 채우기]-[청회색, 텍스트 2]**를 클릭합니다.

➕ ITQ 파워포인트 시험은 흑백 문제지로 출제되며, 도형 채우기 색상에 대한 별도의 지시사항이 없기 때문에 도형의 명도를 다르게 지정하여 겹치는 도형의 모양을 구분시킵니다.

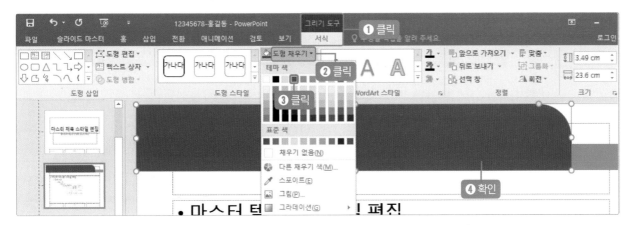

2. 제목 글꼴 지정하기   – 제목 글꼴(돋움, 40pt, 흰색), 왼쪽 맞춤

❶ 도형 뒤쪽의 '마스터 제목 스타일 편집' 텍스트 상자를 도형 앞으로 가져오기 위해 테두리 위에서 마우스 오른쪽 버튼을 클릭한 후 [맨 앞으로 가져오기]를 선택합니다.

➕ [그리기 도구-서식] 탭-[정렬] 그룹에서 [앞으로 가져오기(📑)]-[맨 앞으로 가져오기] 메뉴를 이용해도 됩니다.

❷ 마스터 제목 텍스트 상자의 크기 및 위치를 아래 그림과 같이 변경합니다.

➕ 텍스트 상자의 테두리를 드래그하여 위치를 이동시킨 후 오른쪽 가운데 조절점(ㅇ)으로 슬라이드 가로 크기에 맞추어 크기를 변경합니다.

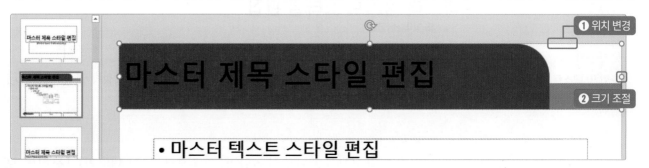

❸ 텍스트 상자가 선택된 상태에서 [홈] 탭-[글꼴] 그룹에서 **글꼴(돋움), 글꼴 크기(40pt), 글꼴 색(흰색, 배경 1)**을 지정합니다. 이어서, [단락] 그룹에서 텍스트 정렬이 **왼쪽 맞춤(🖹)**으로 지정된 것을 확인합니다.

➕ 슬라이드 마스터 작업 시 제목의 텍스트 정렬은 '왼쪽'과 '가운데'가 자주 출제됩니다.

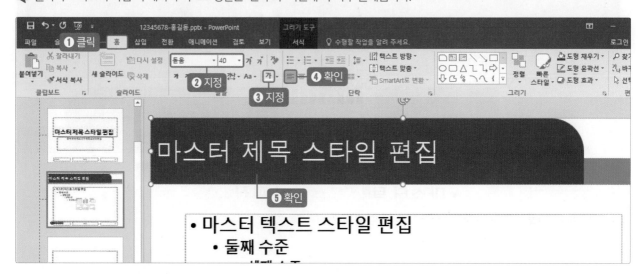

3. 로고 그림 삽입하기   – 하단 로고(「내 PC\문서\ITQ\Picture\로고2.jpg」, 배경(회색) 투명색으로 설정)

❶ 로고 그림을 삽입하기 위해 [삽입] 탭-[이미지] 그룹에서 **[그림(🖼)]**을 클릭합니다.

❷ [그림 삽입] 대화상자가 나타나면 [내 PC]-[문서]-[ITQ]-[Picture] 폴더에서 **로고2.jpg** 파일을 선택한 후 <삽입>을 클릭합니다.

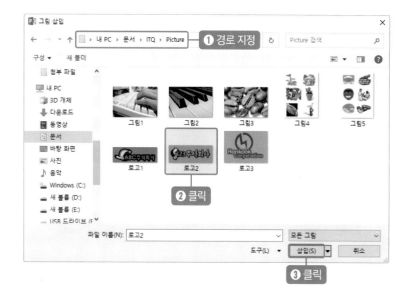

❸ 그림이 삽입되면 로고의 회색 배경을 투명색으로 설정하기 위해 [그림 도구-서식] 탭-[조정] 그룹에서 **[색(🖼)]-[투명한 색 설정]**을 클릭합니다.

❹ 마우스 포인터가 🖉 모양으로 바뀌면 로고의 회색 배경을 클릭하여 투명하게 변경합니다.

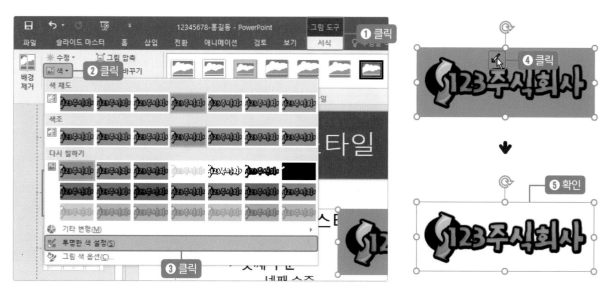

시험꿀팁

삽입한 로고의 배경을 투명하게 만드는 문제는 고정적으로 출제됩니다.

❺ 문제지의 [슬라이드 2] 《목차 슬라이드》를 참고하여 로고의 크기 및 위치를 조절합니다.

➕ 그림 주변의 조절점(○)을 드래그하여 로고의 크기를 조절하고, 그림의 중앙 부분을 드래그하여 위치를 변경합니다.

4. 슬라이드 번호 삽입하기   – 슬라이드 번호는 슬라이드 마스터를 이용하여 작성한다.

❶ 슬라이드 번호를 표시하기 위해 [삽입] 탭-[텍스트] 그룹에서 **[머리글/바닥글( )]**을 클릭합니다. [머리글/바닥글] 대화상자가 나타나면 **슬라이드 번호, 제목 슬라이드에는 표시 안 함**을 체크한 후 <모두 적용>을 클릭합니다.

➕ 문제지를 보면 [슬라이드 1]에는 슬라이드 번호가 없기 때문에 '제목 슬라이드에는 표시 안 함' 옵션을 체크합니다.

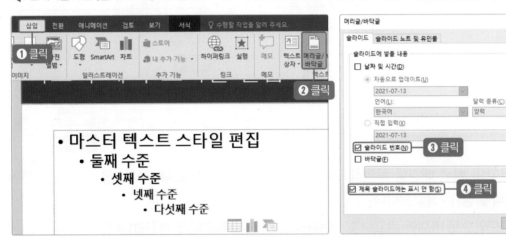

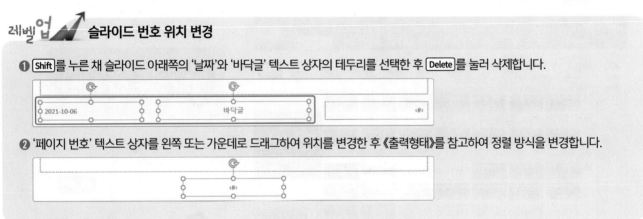
레벨업 **슬라이드 번호 위치 변경**

❶ Shift 를 누른 채 슬라이드 아래쪽의 '날짜'와 '바닥글' 텍스트 상자의 테두리를 선택한 후 Delete 를 눌러 삭제합니다.

❷ '페이지 번호' 텍스트 상자를 왼쪽 또는 가운데로 드래그하여 위치를 변경한 후 《출력형태》를 참고하여 정렬 방식을 변경합니다.

❷ 슬라이드 마스터 작업이 완료되면 [슬라이드 마스터] 탭-[닫기] 그룹에서 **[마스터 보기 닫기( )]**를 클릭하여 슬라이드 편집 화면으로 돌아갑니다.

❶ 왼쪽의 [축소판 그림 창]에서 [슬라이드 1]을 클릭한 후 Enter를 눌러 [슬라이드 2]를 추가합니다. 이어서, **제목 도형, 로고, 슬라이드 번호**가 적용되었는지 확인합니다.

➕ 만약 아래와 같은 레이아웃이 표시되지 않을 경우, [슬라이드 2]의 빈 곳 위에서 마우스 오른쪽 버튼을 눌러 [레이아웃]-[제목 및 내용]을 선택합니다.

❷ 확인이 끝나면 Enter를 4번 더 눌러 [슬라이드 6]까지 추가한 후 Ctrl+S를 눌러 답안 파일을 저장합니다.

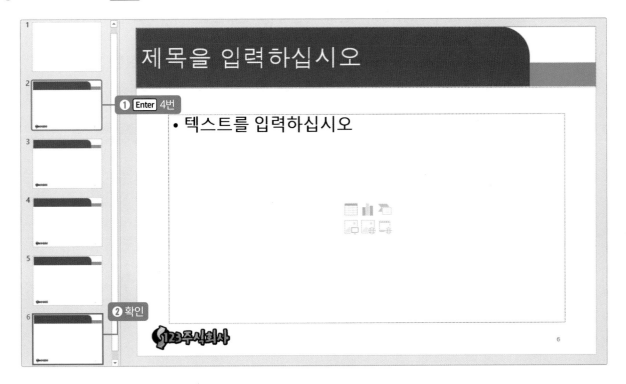

1 **아래 조건에 맞추어 슬라이드 마스터를 작성해 보세요.**

소스파일: 없음
완성파일: 12345678-이순신.pptx

《조건》 (1) 슬라이드 크기 및 순서 : 크기를 A4 용지로 설정하고 슬라이드 순서에 맞게 작성한다.

(2) 슬라이드 마스터 : 2~6슬라이드의 제목, 하단 로고, 슬라이드 번호는 슬라이드 마스터를 이용하여 작성한다.

　- 제목 글꼴(굴림, 40pt, 흰색), 가운데 맞춤, 도형(선 없음)

　- 하단 로고(「내 PC\문서\ITQ\Picture\로고1.jpg」, 배경(회색) 투명색으로 설정)

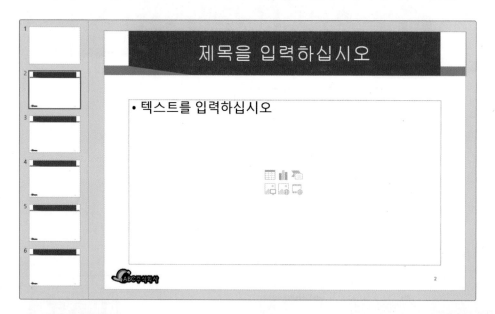

2 **아래 조건에 맞추어 슬라이드 마스터를 작성해 보세요.**

소스파일: 없음
완성파일: 12345678-정약용.pptx

《조건》 (1) 슬라이드 크기 및 순서 : 크기를 A4 용지로 설정하고 슬라이드 순서에 맞게 작성한다.

(2) 슬라이드 마스터 : 2~6슬라이드의 제목, 하단 로고, 슬라이드 번호는 슬라이드 마스터를 이용하여 작성한다.

　- 제목 글꼴(돋움, 40pt, 흰색), 왼쪽 맞춤, 도형(선 없음)

　- 하단 로고(「내 PC\문서\ITQ\Picture\로고2.jpg」, 배경(회색) 투명색으로 설정)

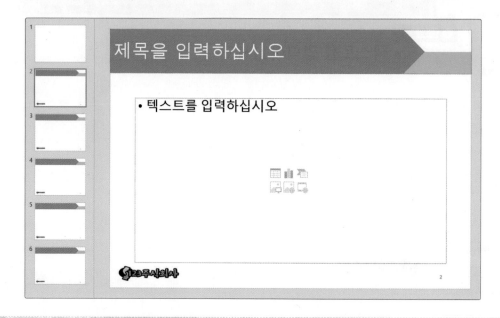

3 아래 조건에 맞추어 슬라이드 마스터를 작성해 보세요.

소스파일: 없음
완성파일: 12345678-유관순.pptx

《조건》 (1) 슬라이드 크기 및 순서 : 크기를 A4 용지로 설정하고 슬라이드 순서에 맞게 작성한다.

(2) 슬라이드 마스터 : 2~6슬라이드의 제목, 하단 로고, 슬라이드 번호는 슬라이드 마스터를 이용하여 작성한다.
 - 제목 글꼴(돋움, 40pt, '파랑, 강조1'), 가운데 맞춤, 도형(선 없음)
 - 하단 로고(「내 PC\문서\ITQ\Picture\로고3.jpg」, 배경(연보라) 투명색으로 설정)

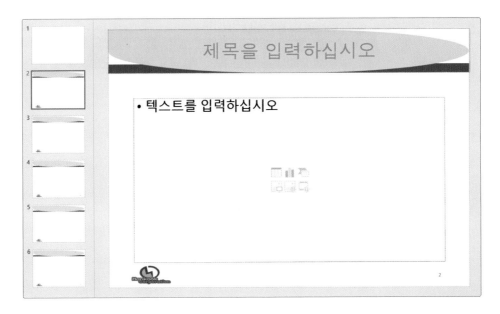

4 아래 조건에 맞추어 슬라이드 마스터를 작성해 보세요.

소스파일: 없음
완성파일: 12345678-안중근.pptx

《조건》 (1) 슬라이드 크기 및 순서 : 크기를 A4 용지로 설정하고 슬라이드 순서에 맞게 작성한다.

(2) 슬라이드 마스터 : 2~6슬라이드의 제목, 하단 로고, 슬라이드 번호는 슬라이드 마스터를 이용하여 작성한다.
 - 제목 글꼴(돋움, 40pt, 빨강), 가운데 맞춤, 도형(선 없음)
 - 하단 로고(「내 PC\문서\ITQ\Picture\로고2.jpg」, 배경(회색) 투명색으로 설정)

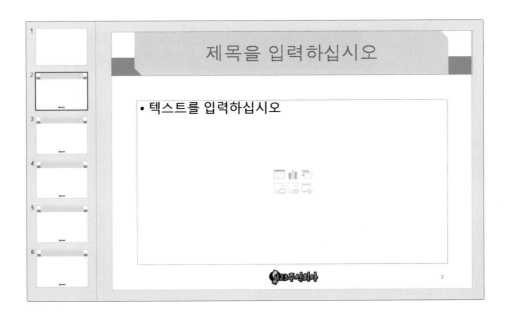

5 아래 조건에 맞추어 슬라이드 마스터를 작성해 보세요.

소스파일: 없음
완성파일: 12345678-김구.pptx

《조건》 (1) 슬라이드 크기 및 순서 : 크기를 A4 용지로 설정하고 슬라이드 순서에 맞게 작성한다.

(2) 슬라이드 마스터 : 2~6슬라이드의 제목, 하단 로고, 슬라이드 번호는 슬라이드 마스터를 이용하여 작성한다.
  - 제목 글꼴(굴림, 40pt, 흰색), 가운데 맞춤, 도형(선 없음)
  - 하단 로고(「내 PC\문서\ITQ\Picture\로고1.jpg」, 배경(회색) 투명색으로 설정)

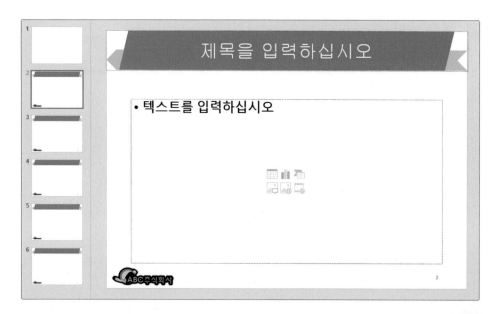

6 아래 조건에 맞추어 슬라이드 마스터를 작성해 보세요.

소스파일: 없음
완성파일: 12345678-윤봉길.pptx

《조건》 (1) 슬라이드 크기 및 순서 : 크기를 A4 용지로 설정하고 슬라이드 순서에 맞게 작성한다.

(2) 슬라이드 마스터 : 2~6슬라이드의 제목, 하단 로고, 슬라이드 번호는 슬라이드 마스터를 이용하여 작성한다.
  - 제목 글꼴(돋움, 40pt, 흰색), 가운데 맞춤, 도형(선 없음)
  - 하단 로고(「내 PC\문서\ITQ\Picture\로고1.jpg」, 배경(회색) 투명색으로 설정)

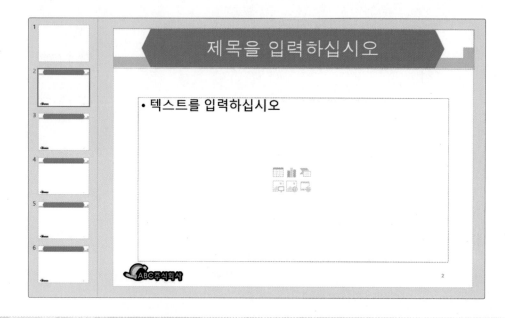

[슬라이드 1] 표지 디자인
(40점)

- 도형 안에 그림을 채웁니다.
- 워드아트를 이용하여 텍스트를 입력합니다.
- 로고 그림을 넣어 배경을 투명하게 변경합니다.

출제 유형 미리보기

소스파일: 02차시(문제).pptx   완성파일: 02차시(완성).pptx

[슬라이드 1]《표지 디자인》

(1) 표지 디자인 : 도형, 워드아트 및 그림을 이용하여 작성한다.

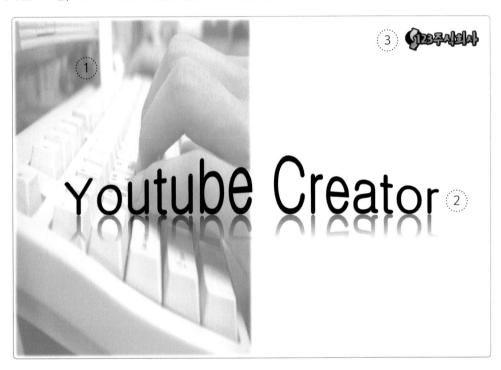

《세부 조건》

① 도형 편집
- 도형에 그림 채우기 :「내 PC₩문서₩ITQ₩Picture₩그림1.jpg」, 투명도 50%
- 도형 효과 : 부드러운 가장자리 5포인트
② 워드아트 삽입
- 변환 : 삼각형
- 글꼴 : 굴림, 굵게
- 텍스트 반사 : 근접 반사, 터치
③ 그림 삽입
-「내 PC₩문서₩ITQ₩Picture₩로고2.jpg」
- 배경(회색) 투명색으로 설정

⭐ **과정 미리보기**   도형 삽입 ➜ 도형에 그림 채우기 및 효과 지정 ➜ 워드아트 삽입 ➜ 워드아트 편집 ➜ 로고 삽입

도형 편집하기

① 도형 편집
  – 도형에 그림 채우기 : 「내 PC\문서\ITQ\Picture\그림1.jpg」, 투명도 50%
  – 도형 효과 : 부드러운 가장자리 5포인트

1. 도형 삽입하기

❶ 02차시(문제).pptx 파일을 실행합니다. 왼쪽 [축소판 그림 창]에서 [슬라이드 1]을 선택한 후 [홈] 탭-[슬라이드] 그룹에서 [레이아웃(▦)]-[빈 화면]을 클릭합니다.

➕ [슬라이드 1] 위에서 마우스 오른쪽 버튼을 클릭하여 [레이아웃]-[빈 화면]을 선택해도 됩니다.

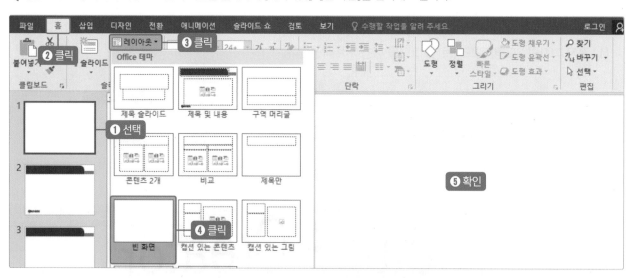

❷ 직사각형을 삽입하기 위해 [삽입] 탭-[일러스트레이션] 그룹에서 [도형(◈)]-[사각형]-[직사각형(▭)]을 클릭합니다. 이어서, 아래 그림을 참고하여 도형을 그립니다.

➕ 표지 디자인에 사용되는 도형의 모양과 크기는 문제지를 참고하여 작업합니다.

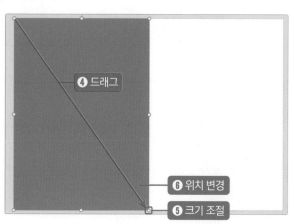

레벨업 📈 **아이콘 크기**

화면에 보이는 리본 메뉴의 아이콘은 모니터의 크기(해상도)에 따라 교재와 다르게 보일 수 있습니다.

 (넓은 화면)    (좁은 화면)

2. 도형에 그림을 채우고 효과 적용하기

– 도형에 그림 채우기 : 「내 PC₩문서₩ITQ₩Picture₩그림1.jpg」, 투명도 50%

– 도형 효과 : 부드러운 가장자리 5포인트

❶ 도형을 그림으로 채우기 위해 도형이 선택된 상태에서 [그리기 도구-서식] 탭-[도형 스타일] 그룹에서 **[도형 채우기]-[그림]**을 클릭합니다.

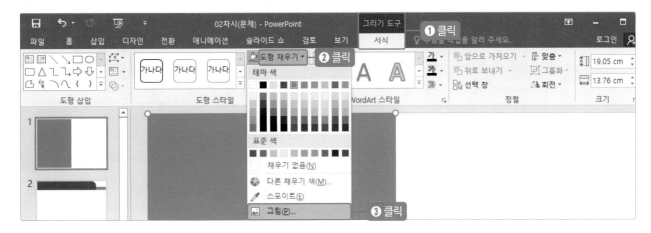

❷ [그림 삽입] 창이 나타나면 [파일에서 찾아보기]를 클릭합니다. [그림 삽입] 대화상자가 나타나면 [내 PC]-[문서]-[ITQ]-[Picture] 폴더에서 **그림1.jpg**를 선택한 후 <삽입>을 클릭합니다.

 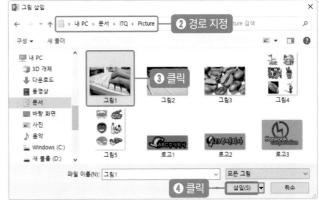

시험꿀팁

[슬라이드 1] 표지 디자인 작업 시 도형 안에 그림을 채우는 문제가 고정적으로 출제되고 있습니다. 이때, 도형의 모양뿐만 아니라 삽입된 그림의 회전 상태가 《출력형태》와 동일해야 하니 유의하시기 바랍니다.

❸ 도형에 그림이 삽입되면 투명도를 설정하기 위해 도형 위에서 마우스 오른쪽 버튼을 클릭하여 **[그림 서식]**을 선택합니다.

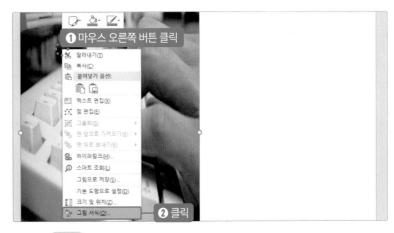

④ 화면 오른쪽에 [그림 서식] 작업창이 표시되면 [채우기 및 선(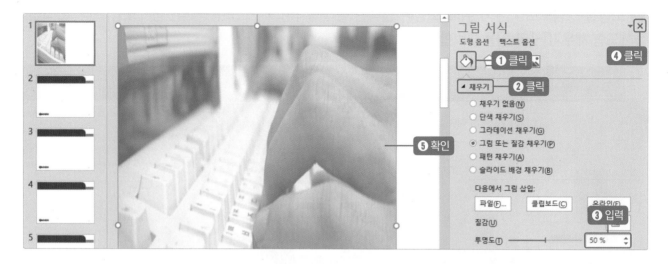)]-[채우기]를 클릭하여 **투명도(50%)**를 입력한 후 <닫기(❌)>를 클릭합니다.

⑤ 도형 효과를 적용하기 위해 [그리기 도구-서식] 탭-[도형 스타일] 그룹에서 **[도형 효과]-[부드러운 가장자리]-[5 포인트]**를 클릭합니다.

⑥ Esc 를 눌러 도형 선택을 해제한 후 문제지의 [슬라이드 1]《표지 디자인》과 같은지 확인합니다.

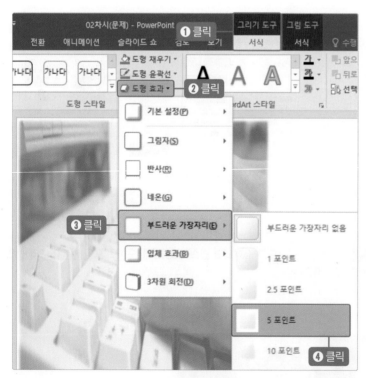
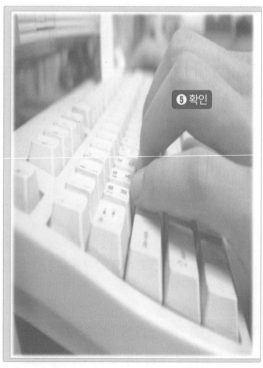

시험꿀팁

그림을 삽입한 도형에 '부드러운 가장자리' 효과를 지정하는 문제가 고정적으로 출제되고 있습니다. 제시된 조건에 알맞은 효과의 크기(포인트)를 선택하도록 합니다.

⑫ 워드아트 삽입하기

② 워드아트 삽입
- 변환 : 삼각형
- 글꼴 : 굴림, 굵게
- 텍스트 반사 : 근접반사, 터치

1. 워드아트 삽입 및 글꼴 서식 지정하기

❶ 워드아트를 삽입하기 위해 [삽입] 탭-[텍스트] 그룹에서 [WordArt 삽입(가)]을 클릭한 후 임의의 워드아트 스타일을 선택합니다.

➕ 다음 작업 과정에서 워드아트의 서식을 지울 예정이기 때문에 임의의 워드아트 스타일을 선택합니다.

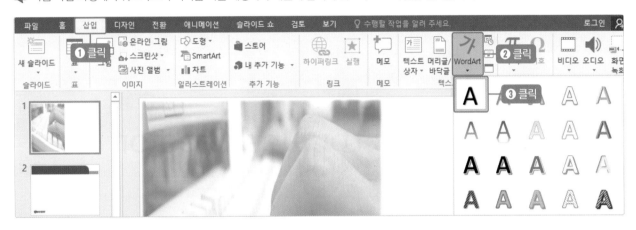

❷ '필요한 내용을 적으십시오.'라는 문구의 워드아트가 삽입되면 적용된 서식을 지우기 위해 [그리기 도구-서식] 탭-[WordArt 스타일] 그룹에서 **자세히 버튼(▼)**을 클릭한 후 [WordArt 서식 지우기]를 선택합니다.

❸ '필요한 내용을 적으십시오.'라는 문장이 블록으로 지정된 상태에서 문제지의 [슬라이드 1]《표지 디자인》을 참고하여 바로 **Youtube Creator**를 입력합니다.

➕ 블록 지정이 해제되었을 경우 안쪽 내용을 드래그하여 워드아트 내용을 블록으로 지정합니다.

❹ 이번에는 글꼴 서식을 변경하기 위해 워드아트의 테두리를 클릭하고 [홈] 탭-[글꼴] 그룹에서 **글꼴(굴림)**과 **글꼴 스타일(굵게)**을 지정합니다.

레벨업 **텍스트 상자 글꼴 서식 변경 방법**

❶ 텍스트 상자의 테두리를 마우스로 클릭하여 글꼴 서식을 변경합니다.
❷ 텍스트 상자 안쪽의 내용을 블록으로 지정한 후 글꼴 서식을 변경합니다.

2. 워드아트에 텍스트 효과 지정하기 ─ 텍스트 반사 : 근접 반사, 터치 ─ 변환 : 삼각형

❶ 입력된 워드아트에 반사 효과를 적용하기 위해 [그리기 도구-서식] 탭-[WordArt 스타일] 그룹에서 [**텍스트 효과**]-[**반사**]-[**근접 반사, 터치(▒)**]를 클릭합니다.

❷ 변환 효과를 적용하기 위해 [그리기 도구-서식] 탭-[WordArt 스타일] 그룹에서 **[텍스트 효과]**-**[변환]-[삼각형()]**을 클릭합니다.

시험꿀팁

워드아트의 모양은 '위쪽 수축, 아래쪽 수축, 역삼각형, 삼각형, 갈매기형 수장, 역갈매기형 수장, 물결1' 등 다양한 유형으로 출제됩니다.

❸ 문제지의 [슬라이드 1]《표지 디자인》을 참고하여 조절점(○)으로 워드아트의 크기를 조절하고 위치를 변경합니다.

➕ · 워드아트에 [변환] 효과를 적용한 후에는 조절점(○)을 이용하여 크기를 조절할 수 있습니다.

· Ctrl + Shift 를 누른 채 모서리쪽의 조절점을 드래그하면 중앙을 기준으로 동일한 비율을 유지하면서 크기를 조절할 수 있습니다.

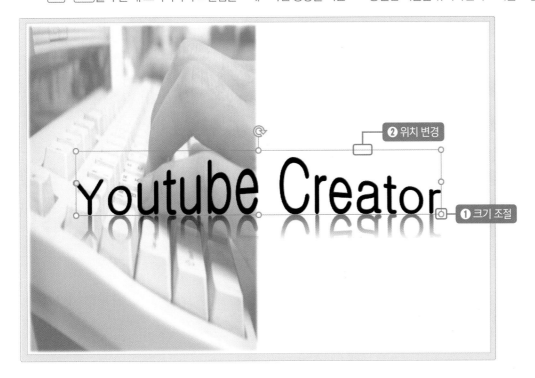

③ 그림 삽입
 - 「내 PC₩문서₩ITQ₩Picture₩로고2.jpg」
 - 배경(회색) 투명색으로 설정

❶ 로고 그림을 삽입하기 위해 [삽입] 탭-[이미지] 그룹에서 **[그림(🖼)]**을 클릭합니다. [그림 삽입] 대화상자
가 나타나면 [내 PC]-[문서]-[ITQ]-[Picture] 폴더에서 **로고2.jpg** 파일을 선택한 후 <삽입>을 클릭합
니다.

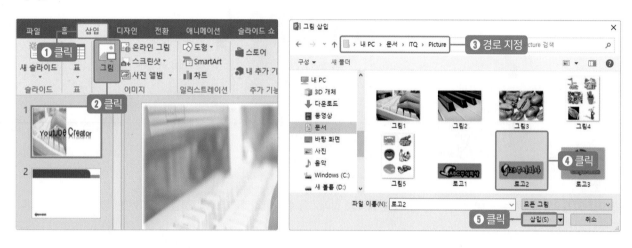

❷ 삽입된 로고의 회색 배경을 투명색으로 설정하기 위해 [그림 도구-서식] 탭-[조정] 그룹에서 **[색(🖼)]**-
[투명한 색 설정]을 클릭합니다.

❸ 마우스 포인터가 🔖 모양으로 바뀌면 로고의 회색 배경을 클릭하여 투명하게 변경합니다.

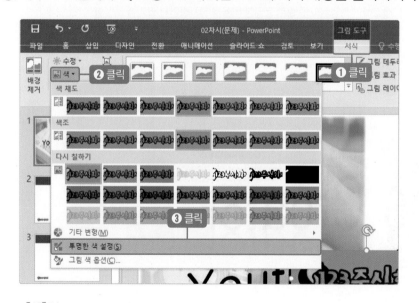
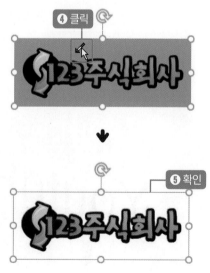

시험꿀팁

삽입한 로고의 배경을 투명하게 만드는 문제는 고정적으로 출제됩니다.

④ 문제지의 [슬라이드 1] 《표지 디자인》을 참고하여 로고의 크기 및 위치를 조절합니다.

⑤ [슬라이드 1] 작업이 완료되면 Ctrl + S 를 눌러 답안 파일을 저장합니다.

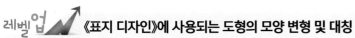 레벨업 《표지 디자인》에 사용되는 도형의 모양 변형 및 대칭

《출력형태》를 참고하여 도형의 모양이 기본 모양과 다를 경우 다음과 같이 작업합니다.

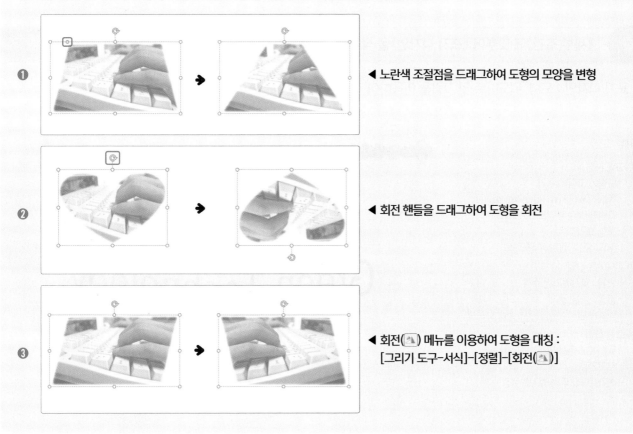

❶ ◀ 노란색 조절점을 드래그하여 도형의 모양을 변형

❷ ◀ 회전 핸들을 드래그하여 도형을 회전

❸ ◀ 회전( ) 메뉴를 이용하여 도형을 대칭 :
[그리기 도구-서식]-[정렬]-[회전( )]

1 《세부 조건》에 맞추어 《표지 디자인》을 작성해 보세요.

소스파일: 02차시-1(문제).pptx
완성파일: 02차시-1(완성).pptx

(1) 표지 디자인 : 도형, 워드아트 및 그림을 이용하여 작성한다.

《세부 조건》

① 도형 편집
- 도형에 그림 채우기 :
「내 PC₩문서₩ITQ₩Picture₩
그림2.jpg」, 투명도 50%
- 도형 효과 :
부드러운 가장자리 5포인트

② 워드아트 삽입
- 변환 : 물결 1
- 글꼴 : 돋움, 굵게
- 텍스트 반사 : 근접 반사, 터치

③ 그림 삽입
- 「내 PC₩문서₩ITQ₩Picture₩
로고1.jpg」
- 배경(회색) 투명색으로 설정

2 《세부 조건》에 맞추어 《표지 디자인》을 작성해 보세요.

소스파일: 02차시-2(문제).pptx
완성파일: 02차시-2(완성).pptx

(1) 표지 디자인 : 도형, 워드아트 및 그림을 이용하여 작성한다.

《세부 조건》

① 도형 편집
- 도형에 그림 채우기 :
「내 PC₩문서₩ITQ₩Picture₩
그림1.jpg」, 투명도 50%
- 도형 효과 :
부드러운 가장자리 5포인트

② 워드아트 삽입
- 변환 : 역갈매기형 수장
- 글꼴 : 돋움, 굵게
- 텍스트 반사 : 근접 반사, 4 pt 오프셋

③ 그림 삽입
- 「내 PC₩문서₩ITQ₩Picture₩
로고2.jpg」
- 배경(회색) 투명색으로 설정

3 《세부 조건》에 맞추어 《표지 디자인》을 작성해 보세요.

소스파일: 02차시-3(문제).pptx
완성파일: 02차시-3(완성).pptx

⑴ 표지 디자인 : 도형, 워드아트 및 그림을 이용하여 작성한다.

《세부 조건》

① 도형 편집
- 도형에 그림 채우기 :
「내 PC₩문서₩ITQ₩Picture₩
그림1.jpg」, 투명도 50%
- 도형 효과 :
부드러운 가장자리 5포인트

② 워드아트 삽입
- 변환 : 중지
- 글꼴 : 굴림, 굵게
- 텍스트 반사 : 근접 반사, 터치

③ 그림 삽입
- 「내 PC₩문서₩ITQ₩Picture₩
로고3.jpg」
- 배경(연보라) 투명색으로 설정

4 《세부 조건》에 맞추어 《표지 디자인》을 작성해 보세요.

소스파일: 02차시-4(문제).pptx
완성파일: 02차시-4(완성).pptx

⑴ 표지 디자인 : 도형, 워드아트 및 그림을 이용하여 작성한다.

《세부 조건》

① 도형 편집
- 도형에 그림 채우기 :
「내 PC₩문서₩ITQ₩Picture₩
그림3.jpg」, 투명도 30%
- 도형 효과 :
부드러운 가장자리 10포인트

② 워드아트 삽입
- 변환 : 아래쪽 수축
- 글꼴 : 굴림, 굵게
- 텍스트 반사 : 근접 반사, 터치

③ 그림 삽입
- 「내 PC₩문서₩ITQ₩Picture₩
로고2.jpg」
- 배경(회색) 투명색으로 설정

5 《세부 조건》에 맞추어 《표지 디자인》을 작성해 보세요.

소스파일: 02차시-5(문제).pptx
완성파일: 02차시-5(완성).pptx

(1) 표지 디자인 : 도형, 워드아트 및 그림을 이용하여 작성한다.

《세부 조건》

① 도형 편집
- 도형에 그림 채우기 :
「내 PC₩문서₩ITQ₩Picture₩
그림3.jpg」, 투명도 50%
- 도형 효과 :
부드러운 가장자리 5포인트
② 워드아트 삽입
- 변환 : 갈매기형 수장
- 글꼴 : 굴림, 굵게
- 텍스트 반사 : 1/2 반사, 4 pt 오프셋
③ 그림 삽입
- 「내 PC₩문서₩ITQ₩Picture₩
로고1.jpg」
- 배경(회색) 투명색으로 설정

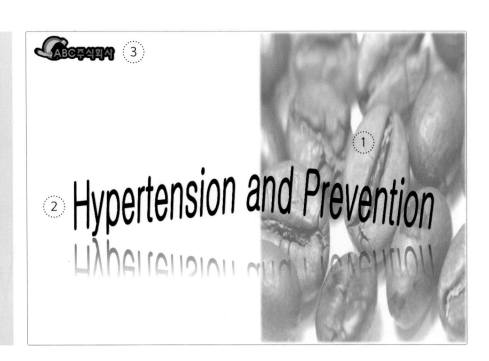

6 《세부 조건》에 맞추어 《표지 디자인》을 작성해 보세요.

소스파일: 02차시-6(문제).pptx
완성파일: 02차시-6(완성).pptx

(1) 표지 디자인 : 도형, 워드아트 및 그림을 이용하여 작성한다.

《세부 조건》

① 도형 편집
- 도형에 그림 채우기 :
「내 PC₩문서₩ITQ₩Picture₩
그림1.jpg」, 투명도 50%
- 도형 효과 :
부드러운 가장자리 5포인트
② 워드아트 삽입
- 변환 : 위쪽 수축
- 글꼴 : 돋움, 굵게
- 텍스트 반사 : 근접 반사, 8 pt 오프셋
③ 그림 삽입
- 「내 PC₩문서₩ITQ₩Picture₩
로고1.jpg」
- 배경(회색) 투명색으로 설정

[슬라이드 2] 목차 슬라이드
(60점)

- 도형과 텍스트 상자를 이용하여 목차를 완성합니다.
- 특정 텍스트에 하이퍼링크를 적용합니다.
- 그림을 삽입한 후 필요한 부분만 잘라냅니다.

출제 유형 미리보기

소스파일: 03차시(문제).pptx 완성파일: 03차시(완성).pptx

[슬라이드 2] 《목차 슬라이드》

(1) 《출력형태》와 같이 도형을 이용하여 목차를 작성한다(글꼴 : 굴림, 24pt).

(2) 도형 : 선 없음

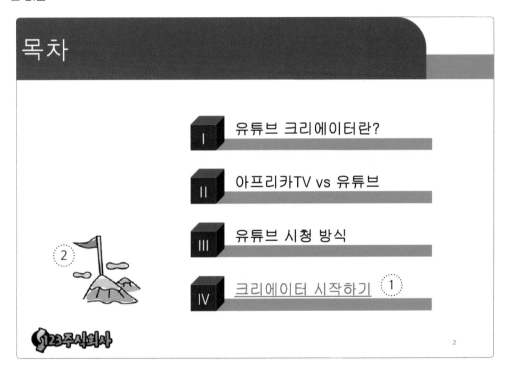

《세부 조건》

① 텍스트에 하이퍼링크 적용 → '슬라이드 6'

② 그림 삽입
 - 「내 PC₩문서₩ITQ₩Picture₩그림4.jpg」
 - 자르기 기능 이용

⭐ 과정 미리보기 목차 도형 작성 후 번호 입력 ➡ 가로 텍스트 상자 작성 ➡ 하이퍼링크 적용 ➡ 그림 삽입 ➡ 그림 편집

슬라이드 제목 입력 및 목차 도형 작성하기

(1) 《출력형태》와 같이 도형을 이용하여 목차를 작성한다(글꼴 : 굴림, 24pt).
(2) 도형 : 선 없음

1. 슬라이드 제목 입력하기

❶ 03차시(문제).pptx 파일을 실행한 후 [슬라이드 2]를 선택하여 슬라이드 제목을 입력합니다.

❷ 콘텐츠 상자를 삭제하기 위해 테두리를 선택한 후 Delete를 누릅니다.

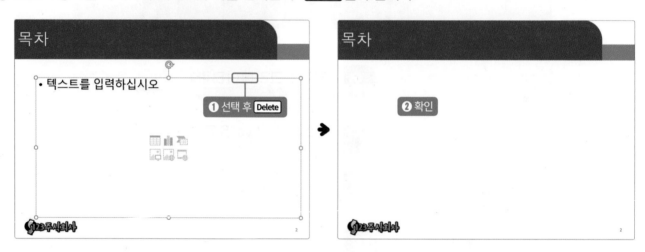

2. 목차 도형 작성하기

❶ 목차 도형 중에서 뒤쪽 도형을 작성하기 위해 [삽입] 탭-[일러스트레이션] 그룹에서 **[도형(▧)]-[사각형]-[직사각형(▭)]**을 선택하여 도형을 그립니다.

➕ 목차 도형의 크기와 위치는 [슬라이드 2]《목차 슬라이드》를 참고하여 작업합니다.

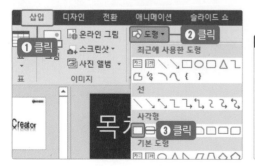
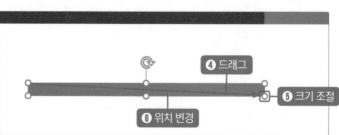

❷ 이번에는 앞쪽 도형을 작성하기 위해 [삽입] 탭-[일러스트레이션] 그룹에서 **[도형()]-[기본 도형]-[정육면체()]**를 선택하여 도형을 그립니다.

➕ 도형이 배치된 순서가 다를 경우 도형 위에서 마우스 오른쪽 버튼을 눌러 [맨 앞으로 가져오기] 또는 [맨 뒤로 보내기]를 클릭하여 배치 순서를 변경할 수 있습니다.

❸ 도형 채우기 색을 변경하기 위해 [그리기 도구-서식] 탭-[도형 스타일] 그룹에서 **[도형 채우기]-[진한 파랑]**을 클릭합니다.

➕ ITQ 파워포인트 시험에서 실제 문제지는 흑백으로 출제됩니다. 색상과 관련된 별도의 지시사항이 없는 경우에는 도형의 밝고 어두운 정도를 확인하여 임의의 색상을 선택하도록 합니다.

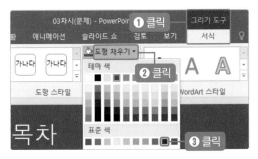

 **도형 선 없음**

❶ 슬라이드 마스터에서 도형을 작업할 때 도형 윤곽선을 '윤곽선 없음'으로 선택한 후 '기본 도형으로 설정'을 지정하였기 때문에 [슬라이드 2] 작업 시 윤곽선의 서식을 별도로 변경하지 않습니다.

❷ 만약 '기본 도형으로 설정'이 적용되지 않아 삽입한 도형에 윤곽선이 나타날 경우에는 [그리기 도구-서식] 탭-[도형 스타일] 그룹에서 [도형 윤곽선]-[윤곽선 없음]을 클릭합니다.

3. 텍스트 입력 및 가로 텍스트 상자 삽입하기   – 글꼴 : 굴림, 24pt

❶ 도형 안쪽에 목차 번호를 입력하기 위해 정육면체 도형이 선택된 상태에서 **ㅈ**을 입력하고 한자 를 누릅니다. 이어서, 숫자 목록이 나오면 아래로 스크롤하여 **I**를 선택한 후 Esc 를 누릅니다.

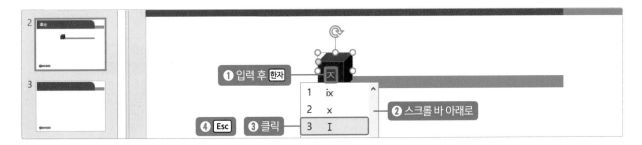

❷ 정육면체 도형이 선택된 상태에서 [홈] 탭-[글꼴] 그룹에서 **글꼴(굴림), 글꼴 크기(24pt)**를 지정합니다.

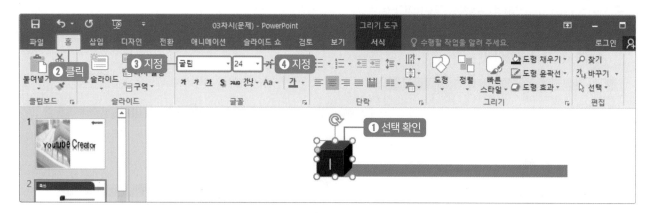

❸ 목차 내용을 입력하기 위해 [삽입] 탭-[텍스트] 그룹에서 **[텍스트 상자(█)]-[가로 텍스트 상자]**를 클릭합니다.

➕ [삽입] 탭 [일러스트레이션] 그룹에서 [도형(█)]-[기본 도형] 안에서도 '텍스트 상자'를 선택할 수 있습니다.

❹ 마우스 포인터가 ↓모양으로 바뀌면 정육면체의 오른쪽 빈 곳을 클릭하여 목차 내용(**유튜브 크리에이터란?**)을 입력한 후 Esc를 누릅니다.

❺ [홈] 탭-[글꼴] 그룹에서 **글꼴(굴림), 글꼴 크기(24pt)**를 지정한 후 텍스트 상자의 위치를 변경합니다.

➕ 텍스트 상자가 선택된 상태에서 키보드의 방향키를 누르면 개체의 위치를 세밀하게 조절할 수 있으며, 위치는 문제지의 [슬라이드 2] 《목차 슬라이드》를 참고하여 변경합니다.

4. 목차 도형 및 텍스트 상자를 복사하여 내용 수정하기

❶ 다음과 같이 도형과 텍스트 상자가 모두 포함되도록 드래그합니다.

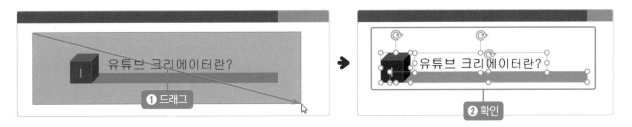

❷ 선택된 도형과 텍스트 상자를 복사하기 위해 Ctrl + Shift 를 누른 채 아래로 드래그합니다.

➕ Ctrl + Shift 를 누른 채 드래그하면 수평 또는 수직 방향으로 반듯하게 복사할 수 있습니다.

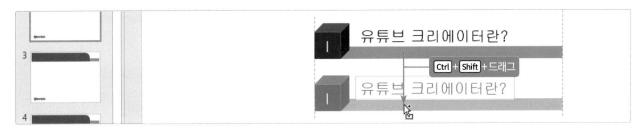

❸ 동일한 방법으로 2번 더 반복하여 목차 작성에 필요한 모든 개체를 복사합니다.

❹ 복사된 개체에 입력된 내용을 블록으로 지정한 다음 아래 그림과 같이 수정합니다.

➕ 입력할 목차의 내용은 [슬라이드 2]《목차 슬라이드》를 참고하여 수정합니다.

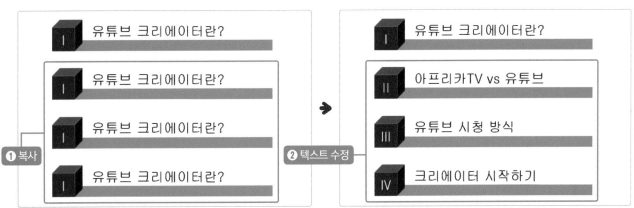

레벨업 📈 도형 및 텍스트 상자 글자 수정

❶ 도형 안쪽을 더블 클릭하여 블록으로 지정한 후 'ㅈ'+한자를 이용하여 번호를 수정합니다.

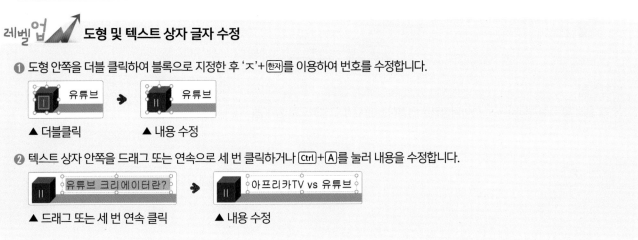

▲ 더블클릭   ▲ 내용 수정

❷ 텍스트 상자 안쪽을 드래그 또는 연속으로 세 번 클릭하거나 Ctrl + A 를 눌러 내용을 수정합니다.

▲ 드래그 또는 세 번 연속 클릭   ▲ 내용 수정

02 텍스트에 하이퍼링크 적용하기

① 텍스트에 하이퍼링크 적용
  → '슬라이드 6'

❶ 하이퍼링크를 적용하기 위해 '크리에이터 시작하기' 텍스트를 드래그하여 블록으로 지정한 후 [삽입] 탭-
[링크] 그룹에서 [하이퍼링크(🌐)]를 클릭합니다.

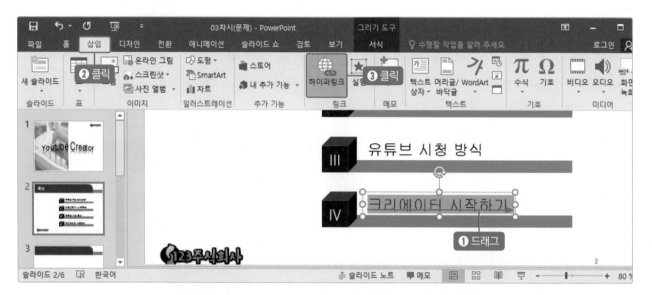

❷ [하이퍼링크 삽입] 대화상자가 나타나면 '연결 대상'은 **현재 문서**를 클릭하고, '이 문서에서 위치 선택'은
슬라이드 6을 선택한 후 <확인>을 클릭합니다.

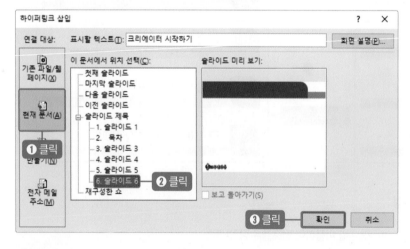

시험꿀팁

'현재 문서'의 특정 슬라이드로 하이퍼링크를 연결하는 문제가 고정적으로 출제됩니다.

❸ [Esc]를 눌러 하이퍼링크가 적용된 텍스트를 확인합니다. 하이퍼링크가 적용된 텍스트는 밑줄과 함께 파란 색으로 표시됩니다.

❹ 6번 슬라이드로 연결되는지 확인하기 위해 [Shift]+[F5]를 눌러 슬라이드 쇼를 실행한 후 하이퍼링크가 적용 된 텍스트를 클릭합니다.

➕ ・[F5]를 누르면 첫 번째 슬라이드부터 확인이 가능하고, [Shift]+[F5]를 누르면 현재 활성화된 슬라이드부터 슬라이드 쇼가 실행됩니다.
　　・하이퍼링크가 설정된 곳에 마우스 포인터를 가져가면 마우스 포인터가 🖑 모양으로 바뀝니다.

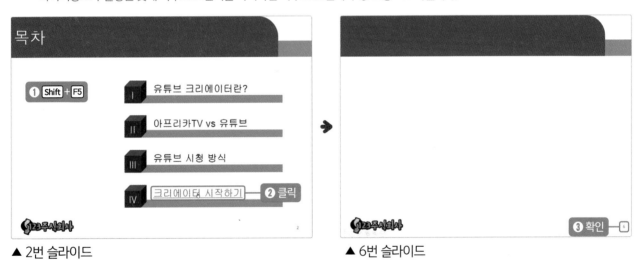

▲ 2번 슬라이드　　　　　　　　　　　　　　▲ 6번 슬라이드

❺ [Esc]를 눌러 슬라이드 쇼를 종료한 후 다음 작업을 위해 [슬라이드 2]를 클릭합니다.

➕ 하이퍼링크를 클릭하여 실행한 후에는 글자색이 변경되지만 채점 기준과는 무관합니다.

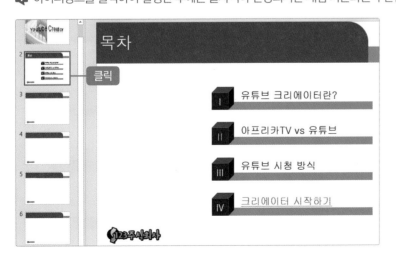

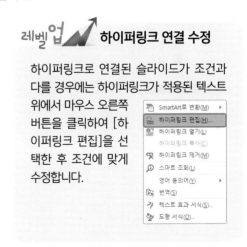

레벨업 📈 **하이퍼링크 연결 수정**

하이퍼링크로 연결된 슬라이드가 조건과 다를 경우에는 하이퍼링크가 적용된 텍스트 위에서 마우스 오른쪽 버튼을 클릭하여 [하 이퍼링크 편집]을 선 택한 후 조건에 맞게 수정합니다.

03 그림 삽입하고 자르기

② 그림 삽입
- 「내 PC₩문서₩ITQ₩Picture₩그림4.jpg」
- 자르기 기능 이용

❶ 그림을 삽입하기 위해 [삽입] 탭-[이미지] 그룹에서 **[그림(🖼)]**을 클릭합니다.

❷ [그림 삽입] 대화상자가 나타나면 [내 PC]-[문서]-[ITQ]-[Picture] 폴더에서 **그림4.jpg** 파일을 선택한 후 <삽입>을 클릭합니다.

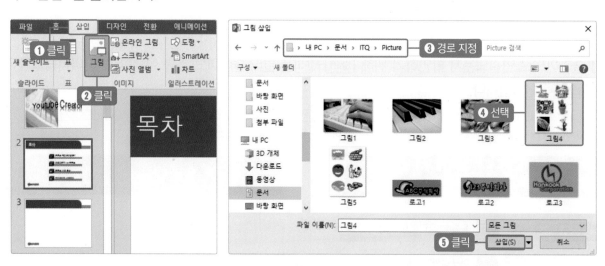

❸ 삽입된 그림에서 불필요한 부분을 잘라내기 위해 [그림 도구-서식] 탭-[크기] 그룹에서 **[자르기(🖼)]**를 클릭합니다.

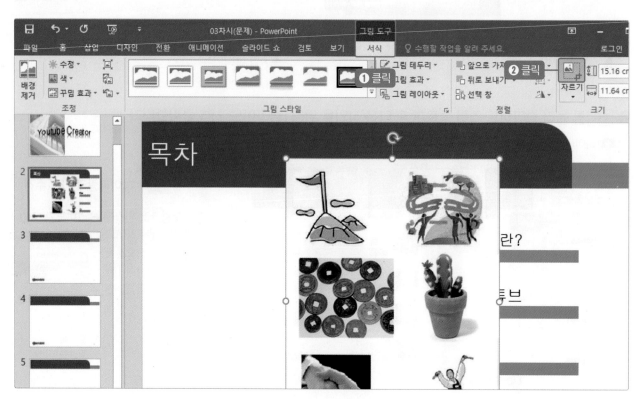

❹ 삽입된 그림에 자르기 핸들이 표시되면 다음과 같이 드래그하여 **첫 번째 그림**만 남긴 후 `Esc`를 눌러 그림 자르기를 완료합니다.

➕ 자르기 핸들로 원하는 그림만 잘라낸 다음 슬라이드의 빈 공간을 클릭해도 결과는 동일합니다.

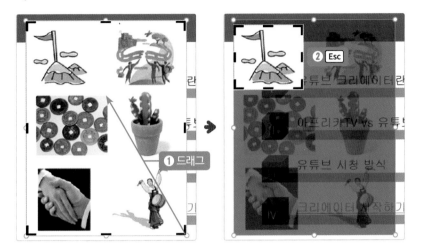

시험꿀팁

[슬라이드 2]에서는 자르기 기능을 이용하여 문제지와 동일한 이미지만 표시되도록 설정하는 문제가 고정적으로 출제됩니다.

❺ 그림을 드래그하여 위치를 이동시킵니다.

➕ 그림의 위치는 문제지의 [슬라이드 2]《목차 슬라이드》를 참고하여 변경합니다.

❻ [슬라이드 2] 작업이 완료되면 `Ctrl`+`S`를 눌러 답안 파일을 저장합니다.

소스파일: 03차시-1(문제).pptx
완성파일: 03차시-1(완성).pptx

1 《세부 조건》에 맞추어 《목차 슬라이드》를 작성해 보세요.

(1) 출력형태와 같이 도형을 이용하여 목차를 작성한다(글꼴 : 굴림, 24pt).

(2) 도형 : 선 없음

《세부 조건》

① 텍스트에 하이퍼링크 적용
→ '슬라이드 6'

② 그림 삽입
– 「내 PC\문서\ITQ\Picture\
그림4.jpg」
– 자르기 기능 이용

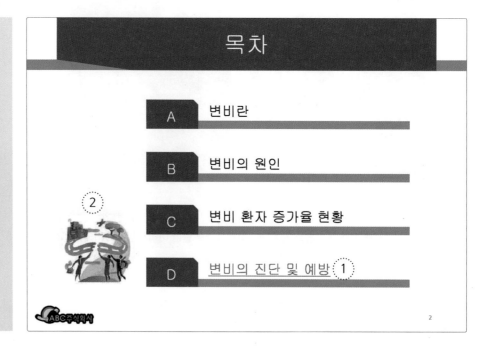

소스파일: 03차시-2(문제).pptx
완성파일: 03차시-2(완성).pptx

2 《세부 조건》에 맞추어 《목차 슬라이드》를 작성해 보세요.

(1) 출력형태와 같이 도형을 이용하여 목차를 작성한다(글꼴 : 굴림, 24pt).

(2) 도형 : 선 없음

《세부 조건》

① 텍스트에 하이퍼링크 적용
→ '슬라이드 6'

② 그림 삽입
– 「내 PC\문서\ITQ\Picture\
그림4.jpg」
– 자르기 기능 이용

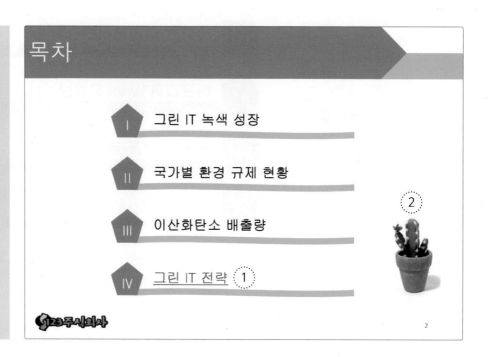

3 《세부 조건》에 맞추어 《목차 슬라이드》를 작성해 보세요.

소스파일: 03차시-3(문제).pptx
완성파일: 03차시-3(완성).pptx

(1) 출력형태와 같이 도형을 이용하여 목차를 작성한다(글꼴 : 굴림, 24pt).
(2) 도형 : 선 없음

《세부 조건》

① 텍스트에 하이퍼링크 적용
  → '슬라이드 3'
② 그림 삽입
  - 「내 PC₩문서₩ITQ₩Picture₩
    그림4.jpg」
  - 자르기 기능 이용

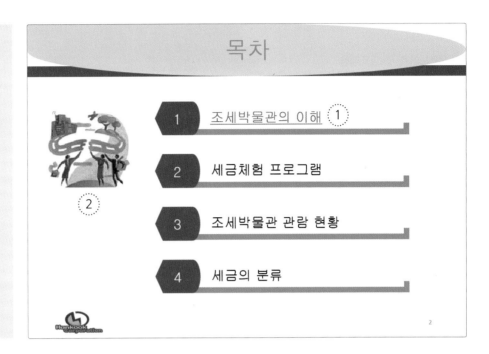

4 《세부 조건》에 맞추어 《목차 슬라이드》를 작성해 보세요.

소스파일: 03차시-4(문제).pptx
완성파일: 03차시-4(완성).pptx

(1) 출력형태와 같이 도형을 이용하여 목차를 작성한다(글꼴 : 돋움, 24pt).
(2) 도형 : 선 없음

《세부 조건》

① 텍스트에 하이퍼링크 적용
  → '슬라이드 5'
② 그림 삽입
  - 「내 PC₩문서₩ITQ₩Picture₩
    그림5.jpg」
  - 자르기 기능 이용

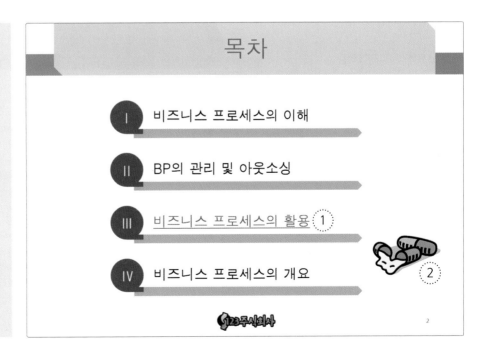

5 《세부 조건》에 맞추어 《목차 슬라이드》를 작성해 보세요.

소스파일: 03차시-5(문제).pptx
완성파일: 03차시-5(완성).pptx

(1) 출력형태와 같이 도형을 이용하여 목차를 작성한다(글꼴 : 돋움, 24pt).
(2) 도형 : 선 없음

《세부 조건》

① 텍스트에 하이퍼링크 적용
→ '슬라이드 5'
② 그림 삽입
- 「내 PC\문서\ITQ\Picture\
그림5.jpg」
- 자르기 기능 이용

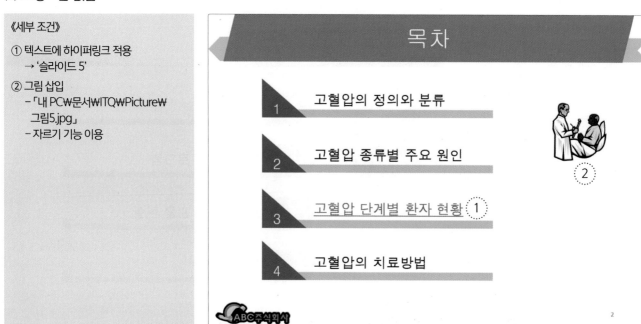

6 《세부 조건》에 맞추어 《목차 슬라이드》를 작성해 보세요.

소스파일: 03차시-6(문제).pptx
완성파일: 03차시-6(완성).pptx

(1) 출력형태와 같이 도형을 이용하여 목차를 작성한다(글꼴 : 굴림, 24pt).
(2) 도형 : 선 없음

《세부 조건》

① 텍스트에 하이퍼링크 적용
→ '슬라이드 6'
② 그림 삽입
- 「내 PC\문서\ITQ\Picture\
그림4.jpg」
- 자르기 기능 이용

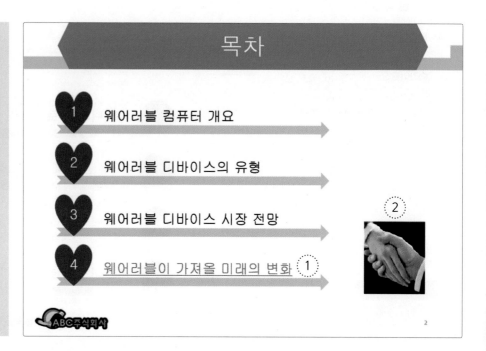

[슬라이드 3] 텍스트/동영상 슬라이드
(60점)

· 텍스트를 입력한 후 목록 수준을 변경합니다.
· 글머리 기호를 삽입합니다.
· 동영상을 삽입하고 재생 옵션을 변경합니다.

출제 유형 미리보기
소스파일: 04차시(문제).pptx   완성파일: 04차시(완성).pptx

[슬라이드 3]《텍스트/동영상 슬라이드》

(1) 텍스트 작성 : 글머리 기호 사용(❖, ✓)
   ❖문단(굴림, 24pt, 굵게, 줄 간격 : 1.5줄), ✓문단(굴림, 20pt, 줄 간격 : 1.5줄)

Ⅰ. 유튜브 크리에이터란?

❖YouTube Creator
   ✓A type of internet celebrity and videographer.
   ✓Some YouTube creator have corporate sponsors who pay for
     product placement in their clips or production of online ads.

❖유튜브 크리에이터
   ✓동영상 플랫폼인 유튜브에 동영상을 업로드하는 사람
     을 유튜버라고 하고, 자신이 만든 콘텐츠를 업로드하
     는 사람을 유튜브 크리에이터라고 한다.

①

3

《세부 조건》
① 동영상 삽입 :
   - 「내 PC₩문서₩ITQ₩Picture₩동영상.wmv」
   - 자동 실행, 반복 재생 설정

⭐ **과정 미리보기** 텍스트 입력 ➔ 글머리 기호 매기기 ➔ 문단 서식 지정 ➔ 아래쪽 텍스트 상자 작성 ➔ 동영상 삽입

01 텍스트 작성하기

(1) 텍스트 작성 : 글머리 기호 사용(❖, ✓)
　　❖문단(굴림, 24pt, 굵게, 줄 간격 : 1.5줄), ✓문단(굴림, 20pt, 줄 간격 : 1.5줄)

1. 텍스트 입력 및 하위 목록 지정하기

❶ 04차시(문제).pptx 파일을 실행한 후 [슬라이드 3]을 선택하여 슬라이드 제목을 입력합니다.

➕ 로마 숫자는 "ㅈ"+[한자]를 눌러 "I"을 선택합니다.

❷ 텍스트 상자에 서식을 설정하기 위해 콘텐츠 상자 테두리 위에서 마우스 오른쪽 버튼을 클릭하여 **[도형 서식]**을 선택합니다.

❸ 화면 오른쪽의 [도형 서식] 작업창에서 [텍스트 옵션]-[텍스트 상자(🅰)]의 **자동 맞춤 안 함**을 선택한 후 **<닫기(❌)>**를 클릭합니다.

➕ 텍스트 상자는 입력된 내용이 넘치면 글꼴 크기와 줄 간격이 텍스트 상자의 크기에 맞추어 줄어들도록 기본적으로 설정되어 있습니다. 텍스트 상자 옵션에서 '자동 맞춤 안 함'을 선택하면 텍스트 상자의 크기와 무관하게 내용을 입력할 수 있습니다.

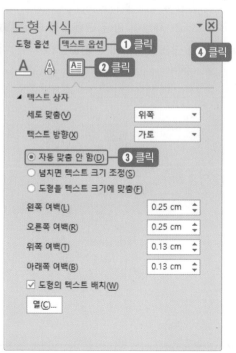
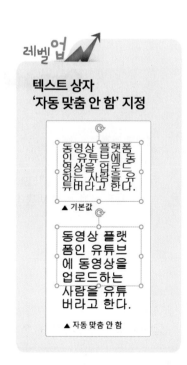

❹ 박스 안쪽을 클릭하여 YouTube Creator를 입력하고 [Enter]를 눌러 다음 문단으로 이동합니다. 이어서, [Tab]을 눌러 하위 목록으로 지정합니다.

➕ 영어를 입력할 때 오탈자가 발생할 수 있으므로 입력 후에는 한 번 더 확인합니다.

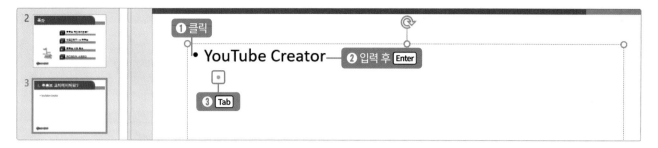

❺ 문제지 [슬라이드 3]《텍스트/동영상 슬라이드》를 참고하여 하위 수준의 내용을 입력합니다.

➕ ·첫 줄을 입력한 후 [Enter]를 누르면 커서가 다음 줄로 이동되면서 새로운 글머리 기호가 나타납니다.
   ·내용이 2줄 이상인 경우에는 [Enter]를 누르지 않고 계속 이어서 입력합니다.

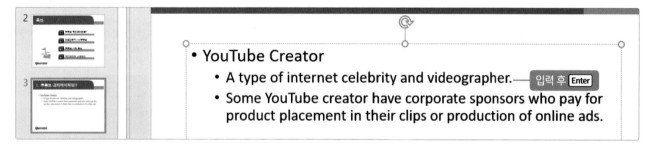

2. 글머리 기호 삽입 및 문단 서식 지정하기   – ❖문단(굴림, 24pt, 굵게, 줄 간격 : 1.5줄), ✓문단(굴림, 20pt, 줄 간격 : 1.5줄)

❶ 첫 번째 문단의 제목을 블록으로 지정한 후 [홈] 탭-[단락] 그룹에서 **[글머리 기호(☰ ▾)]의 목록 단추(▾)를** 클릭하여 **[별표 글머리 기호(❖)]를** 선택합니다.

➕ 글머리 기호를 입력한 후 한 칸을 띄어 내용을 입력(❖ YouTube...)하는 문제도 출제되기 때문에 [슬라이드 3]《텍스트/동영상 슬라이드》를 참고하여 작업합니다.

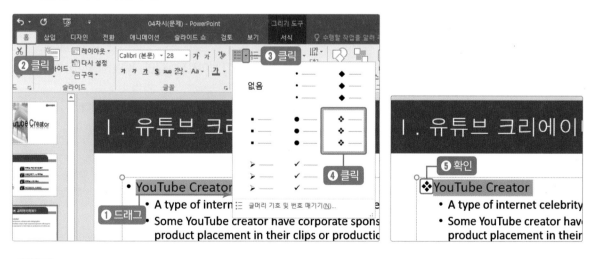

시험꿀팁

글머리 기호는 '❖, ✓, ■, ■, ●, •, ➢' 모양이 주로 출제됩니다.

❷ 블록이 지정된 상태에서 [홈] 탭-[글꼴] 그룹에서 **글꼴(굴림), 글꼴 크기(24pt), 글꼴 스타일(굵게)**을 지정한 후 [홈] 탭-[단락] 그룹에서 [줄 간격]을 **1.5**로 선택합니다.

➕ 만약 텍스트의 블록이 해제되었을 경우에는 문단의 제목을 다시 블록으로 지정한 후 서식을 변경합니다.

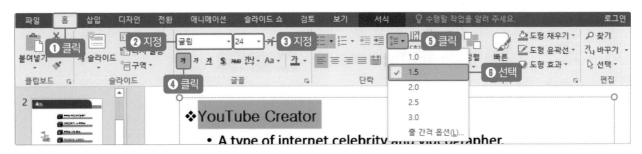

❸ 하위 목록의 문단 내용을 모두 드래그하여 선택한 후 [홈] 탭-[단락] 그룹에서 [글머리 기호(☰▾)]의 목록 단추(▾)를 클릭하여 [대조표 글머리 기호(✓)]를 선택합니다.

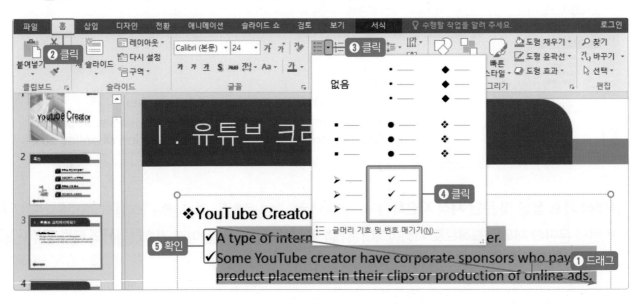

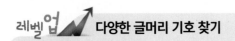
다양한 글머리 기호 찾기

시험에서는 다양한 모양의 글머리 기호가 출제됩니다. 만약, 똑같은 모양의 글머리 기호가 보이지 않는다면 다음 방법을 이용하여 글머리 기호를 찾아 삽입합니다.

❶ [홈] 탭-[단락] 그룹에서 [글머리 기호(☰▾)]의 목록 단추(▾)를 클릭하여 [글머리 기호 및 번호 매기기]를 클릭합니다.

❷ [글머리 기호 및 번호 매기기] 대화상자가 나타나면 <사용자 지정>을 클릭합니다.

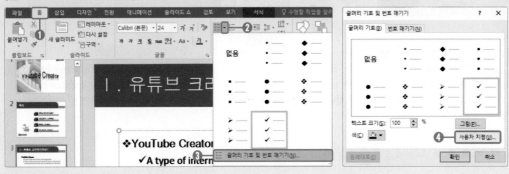

❸ [기호] 대화상자가 나타나면 글꼴을 'Wingdings'로 선택한 후 [슬라이드 3] 《텍스트/동영상 슬라이드》와 동일한 글머리 기호를 찾아 <확인>을 클릭합니다.

❹ [글머리 기호 및 번호 매기기] 대화상자로 돌아오면 추가된 글머리 기호를 선택한 후 <확인>을 클릭합니다.

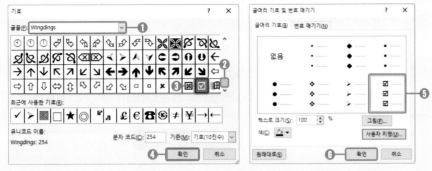

※ 글꼴에 'Windings'가 보이지 않는다면 MS-office를 업데이트한 후 다시 실행합니다.

❹ 블록이 지정된 상태에서 [홈] 탭-[글꼴] 그룹에서 **글꼴(굴림), 글꼴 크기(20pt)**를 지정한 후 [홈] 탭-[단락] 그룹에서 [줄 간격]을 1.5로 선택합니다.

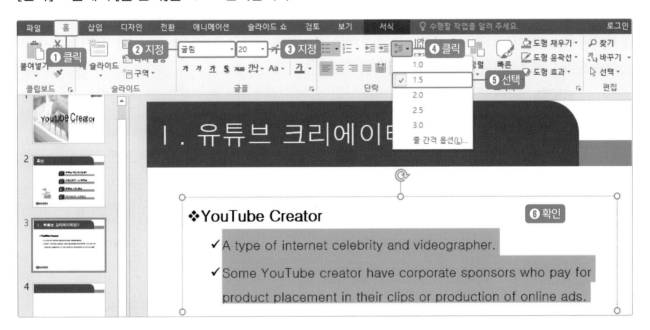

❺ 텍스트 상자 아래쪽의 가운데 조절점(○)을 드래그하여 크기를 줄입니다.

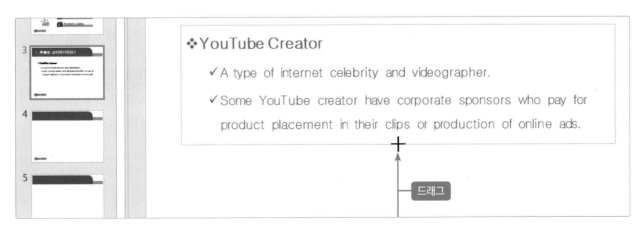

3. 아래쪽 텍스트 상자 작성하기

❶ 텍스트 상자를 복사하기 위해 Ctrl+Shift를 누른 채 텍스트 상자의 테두리를 아래로 드래그하여 복사합니다.

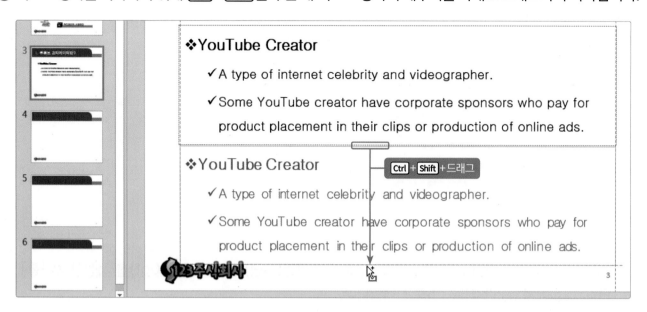

❷ 복사된 텍스트 상자에 제목을 입력하기 위해 제목 맨 앞쪽을 클릭한 후 Ctrl+Delete를 두 번 눌러서 내용을 삭제합니다. 이어서, **유튜브 크리에이터**를 입력합니다.

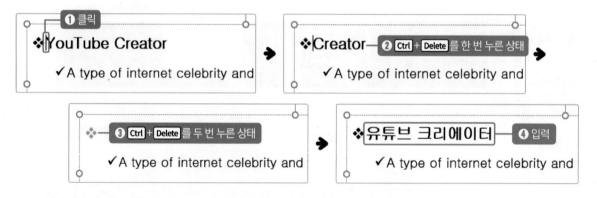

❸ 두 번째 문단의 하위 목록 내용 전체를 블록으로 지정한 후 문제지를 참고하여 내용을 입력합니다.

> ・내용을 블록으로 지정한 상태에서 Delete를 누르면 영문 내용과 함께 글머리 기호까지 삭제되므로 블록 지정 후 곧바로 내용을 입력합니다.
> ・작업을 취소하려면 Ctrl+Z를 누릅니다.

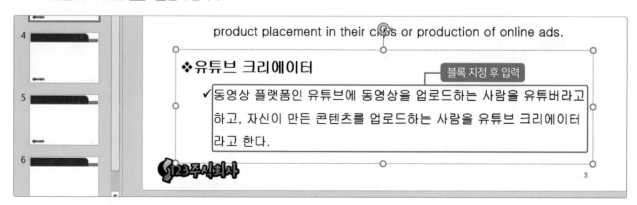

④ [슬라이드3] 《텍스트/동영상 슬라이드》를 참고하여 텍스트 상자의 오른쪽 조절점(○)을 왼쪽으로 드래그하여 텍스트 상자의 가로 크기를 조절합니다.

　· 문제지와 동일하게 하위 목록 내용의 오른쪽 끝 글자('람', '하')가 표시되도록 텍스트 상자의 가로 크기를 조절합니다.
　· 만약 오탈자가 없음에도 오른쪽 끝 글자가 출력형태와 동일하게 맞춰지지 않을 경우에는 Shift + Enter 를 눌러 강제로 줄을 바꿔서 맞춥니다.

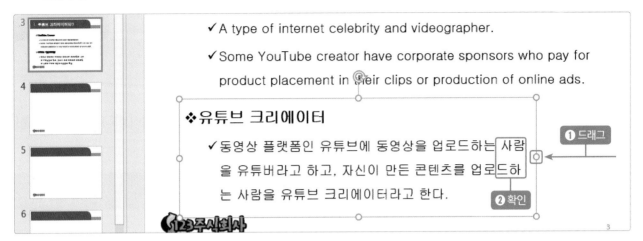

02 동영상 삽입하기

① 동영상 삽입 :
　- 「내 PC\문서\ITQ\Picture\동영상.wmv」
　- 자동 실행, 반복 재생 설정

❶ 동영상을 삽입하기 위해 [삽입] 탭-[미디어] 그룹에서 [비디오(▣)]-[내 PC의 비디오]를 클릭합니다.

❷ [비디오 삽입] 대화상자가 나타나면 [내 PC]-[문서]-[ITQ]-[Picture] 폴더에서 동영상.wmv 파일을 선택한 후 <삽입>을 클릭합니다.

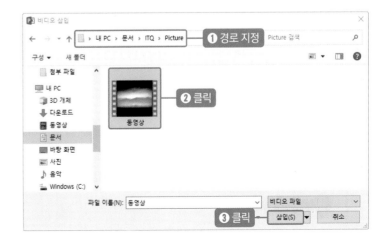

❸ 동영상이 삽입되면 [슬라이드3] 《텍스트/동영상 슬라이드》를 참고하여 크기와 위치를 조절합니다.

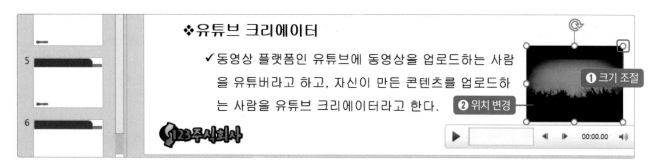

❹ 비디오 옵션을 변경하기 위해 동영상이 선택된 상태에서 [비디오 도구-재생] 탭-[비디오 옵션] 그룹에서 시작을 **자동 실행**으로 선택한 후 **반복 재생** 항목에 체크합니다.

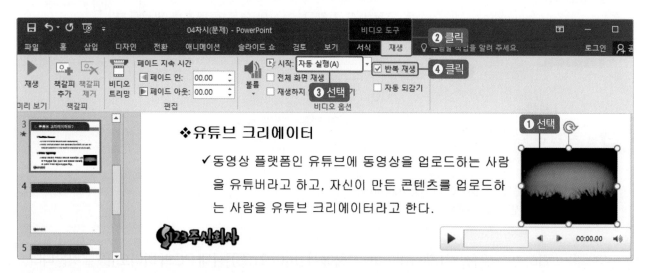

❺ [슬라이드 3] 작업이 완료되면 Ctrl + S 를 눌러 답안 파일을 저장합니다.

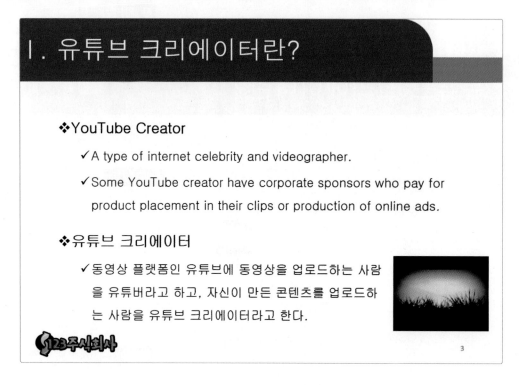

실력탄탄

1 《세부 조건》에 맞추어 《텍스트/동영상 슬라이드》를 작성해 보세요.

소스파일: 04차시-1(문제).pptx
완성파일: 04차시-1(완성).pptx

(1) 텍스트 작성 : 글머리 기호 사용(❖, ▪)
　❖문단(굴림, 24pt, 굵게, 줄 간격 : 1.5줄), ▪문단(굴림, 20pt, 줄 간격 : 1.5줄)

《세부 조건》

① 동영상 삽입 :
　- 「내 PC₩문서₩ITQ₩Picture₩
　　동영상.wmv」
　- 자동 실행, 반복 재생 설정

A. 변비란

❖Constipation is

　▪ Defined as having a bowel movement fewer than three times per week
　▪ Some people who are constipated find it painful to have a bowel movement and often experience straining, bloating, and the sensation of a full bowel

❖변비란

　▪ 배변 시 무리한 힘이 필요하거나 대변이 과도하게 딱딱한 경우, 배변이 3~4일에 한번 미만인 경우로 변비는 전 인구의 5~20%가 증상을 호소할 만큼 매우 흔한 증상으로 남자보다 여자에게 흔하게 발생

ABC주식회사

①

3

---

2 《세부 조건》에 맞추어 《텍스트/동영상 슬라이드》를 작성해 보세요.

소스파일: 04차시-2(문제).pptx
완성파일: 04차시-2(완성).pptx

(1) 텍스트 작성 : 글머리 기호 사용(❖, ▪)
　❖문단(돋움, 24pt, 굵게, 줄 간격 : 1.5줄), ▪문단(돋움, 20pt, 줄 간격 : 1.5줄)

《세부 조건》

① 동영상 삽입 :
　- 「내 PC₩문서₩ITQ₩Picture₩
　　동영상.wmv」
　- 자동 실행, 반복 재생 설정

Ⅰ. 그린 IT 녹색 성장

❖ Green computing

　▪ The primary objective of such a program is to account for the triple bottom line and criteria for measuring organizational success

①

❖ 그린 IT 녹색 성장

　▪ 컴퓨터를 사용할 때 소모되는 에너지를 절약하자는 기술 캠페인
　▪ 냉각장치, CPU, GPU 프로세서 재설계, 대체에너지 사용, 가상화 등을 통해 컴퓨팅을 할 때 소비되는 전력 에너지를 줄임

123주식회사

3

3 《세부 조건》에 맞추어 《텍스트/동영상 슬라이드》를 작성해 보세요.

소스파일: 04차시-3(문제).pptx
완성파일: 04차시-3(완성).pptx

(1) 텍스트 작성 : 글머리 기호 사용(✓, ❖)

✓문단(굴림, 24pt, 굵게, 줄 간격 : 1.5줄), ❖문단(굴림, 20pt, 줄 간격 : 1.5줄)

《세부 조건》

① 동영상 삽입 :
- 「내 PC₩문서₩ITQ₩Picture₩
동영상.wmv」
- 자동 실행, 반복 재생 설정

1. 조세박물관의 이해

✓**Tax Museum**

 ❖The Tax Museum organizes and displays the contents of the tax system and materials related to historical events of each period from the period of the Three States to the present age

①

✓**설립 취지**

 ❖세금의 역사, 우수한 조세제도, 국세행정의 발전과정 소개

 ❖세금의 중요성과 국세행정에 대한 이해

 ❖우리나라의 역사와 민족의 우수성에 대한 자긍심 고취

3

---

4 《세부 조건》에 맞추어 《텍스트/동영상 슬라이드》를 작성해 보세요.

소스파일: 04차시-4(문제).pptx
완성파일: 04차시-4(완성).pptx

(1) 텍스트 작성 : 글머리 기호 사용(◆, ✓)

◆문단(굴림, 24pt, 굵게, 줄 간격 : 1.5줄), ✓문단(굴림, 20pt, 줄 간격 : 1.5줄)

《세부 조건》

① 동영상 삽입 :
- 「내 PC₩문서₩ITQ₩Picture₩
동영상.wmv」
- 자동 실행, 반복 재생 설정

Ⅰ. 비즈니스 프로세스의 이해

◆ **Expectation effect**

 ✓BPM provides the greatest ROI opportunity of any IT initiative by delivering

 ✓A reduction in time for process completion

①

◆ **비즈니스 프로세스의 개념**

 ✓고객을 위해 가치를 창조하는 업무 활동의 집합으로 기업 경영 활동에서 목표를 달성해 나가는 일련의 단계로서 마케팅, 제조, 판매, 회계, 유통 및 고객 관리 등의 활동

3

5 《세부 조건》에 맞추어 《텍스트/동영상 슬라이드》를 작성해 보세요.

소스파일: 04차시-5(문제).pptx
완성파일: 04차시-5(완성).pptx

(1) 텍스트 작성 : 글머리 기호 사용(◆, ▪)

◆문단(굴림, 24pt, 굵게, 줄 간격 : 1.5줄), ▪문단(굴림, 20pt, 줄 간격 : 1.5줄)

《세부 조건》

① 동영상 삽입 :
- 「내 PC₩문서₩ITQ₩Picture₩
  동영상.wmv」
- 자동 실행, 반복 재생 설정

1. 고혈압의 정의와 분류

◆Classification of hypertension

▪ A systolic blood pressure of 140mgHg and a diastolic blood pressure of 90mgHg are considered as criteria for high blood pressure, and if either systolic or diastolic blood pressure is higher than the standard

◆고혈압이란?

▪ 고혈압이란 혈관에 가해지는 혈류의 압력이 높은 것

▪ 혈관은 집집마다 수돗물을 공급하는 수도관과 같은 기능을 하는 것으로 혈액은 혈관을 타고 이동하면서 우리 몸 세포에 영양분과 산소를 골고루 공급함

3

---

6 《세부 조건》에 맞추어 《텍스트/동영상 슬라이드》를 작성해 보세요.

소스파일: 04차시-6(문제).pptx
완성파일: 04차시-6(완성).pptx

(1) 텍스트 작성 : 글머리 기호 사용(◆, ➤)

◆문단(굴림, 24pt, 굵게, 줄 간격 : 1.5줄), ➤문단(굴림, 20pt, 줄 간격 : 1.5줄)

《세부 조건》

① 동영상 삽입 :
- 「내 PC₩문서₩ITQ₩Picture₩
  동영상.wmv」
- 자동 실행, 반복 재생 설정

1. 웨어러블 컴퓨터 개요

◆ Wearable computer

➤Accessories, such as watches, glasses, etc., for the purpose of supplementing/enhancing human abilities with free hands, an electronic device that is integrated into clothing, body

◆ 웨어러블 컴퓨터란?

➤입을 수 있는 컴퓨터, 컴퓨터 기능의 디지털 장치를 자유롭게 착용하는 융합 컴퓨팅 기술

➤일상생활에 필요한 각종 디지털 기기나 기능을 의복에 통합

3

[슬라이드 4] 표 슬라이드
(80점)

· 표를 삽입하고 스타일을 지정합니다.
· 필요한 셀을 병합하여 데이터를 입력합니다.
· 도형을 삽입한 후 그라데이션을 적용합니다.

출제 유형 미리보기

소스파일: 05차시(문제).pptx   완성파일: 05차시(완성).pptx

[슬라이드 4]《표 슬라이드》

(1) 도형과 표 작성 기능을 이용하여 슬라이드를 작성한다(글꼴 : 돋움, 18pt).

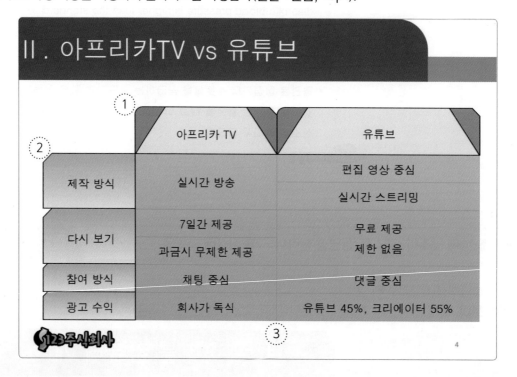

《세부 조건》
① 상단 도형 : 2개 도형의 조합으로 작성
② 좌측 도형 : 그라데이션 효과(선형 아래쪽)
③ 표 스타일 : 테마 스타일 1 – 강조 1

⭐ **과정 미리보기** 표 삽입 및 스타일 지정 ➡ 상단 도형 삽입 후 복사 ➡ 좌측 도형 삽입(그라데이션 지정) 후 복사

(1) 도형과 표 작성 기능을 이용하여 슬라이드를 작성한다(글꼴 : 돋움, 18pt).
《세부 조건》
③ 표 스타일 : 테마 스타일 1 – 강조 1

1. 표 삽입하기

❶ 05차시(문제).pptx 파일을 실행한 후 [슬라이드 4]를 선택하여 슬라이드 제목을 입력합니다.

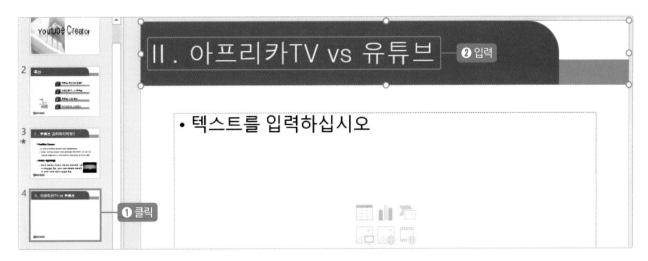

❷ 표를 삽입하기 위해 [삽입] 탭-[표] 그룹에서 [표(▦)]를 클릭합니다. 이어서, 2x6 표 크기를 선택한 후 클릭하여 표를 삽입합니다.

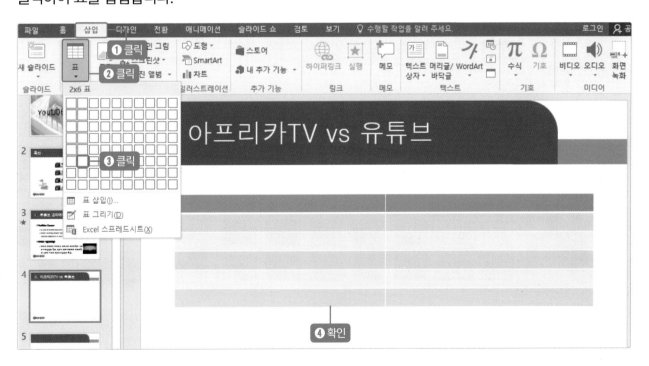

레벨업 📈 표를 삽입하는 다양한 방법

표를 삽입하는 방법은 다양하기 때문에 편한 방법을 사용하여 표를 작성할 수 있습니다.

❶ [삽입] 탭-[표 그룹]에서 [표(▦)]-[표 삽입]을 클릭합니다. [표 삽입] 대화상자가 나타나면 '열 개수(2)'와 '행 개수(6)'를 입력한 후 <확인>을 클릭합니다.

※ 열은 표의 가로 칸의 개수를, 행은 표의 세로 줄의 개수를 입력합니다.

❷ 슬라이드 중앙의 [개체 삽입 아이콘]에서 [표 삽입(▦)] 아이콘을 클릭하여 [표 삽입] 대화상자가 나타나면 '열 개수'와 '행 개수'를 입력하여 표를 삽입합니다.

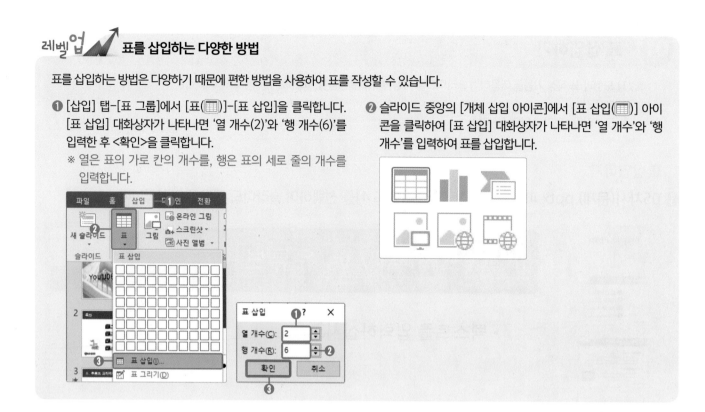

2. 스타일 지정하기
– 표 스타일 : 테마 스타일 1 – 강조 1

❶ 표가 삽입되면 표 스타일을 적용하기 위해 [표 도구-디자인] 탭-[표 스타일] 그룹에서 자세히 버튼(▼)을 클릭한 후 [테마 스타일 1 – 강조 1]을 선택합니다.

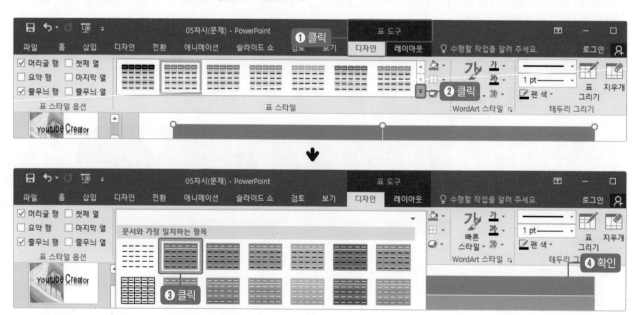

시험꿀팁
표 스타일은 '테마 스타일 1 – 강조 1' ~ '테마 스타일 1 – 강조 6'이 주로 출제됩니다.

❷ 스타일이 변경되면 표가 선택된 상태에서 [표 도구-디자인] 탭-[표 스타일 옵션] 그룹에서 **머리글 행**과 **줄무늬 행**의 체크(✓)를 해제하여 행의 구분을 없앱니다.

3. 표의 크기 조절 및 셀 병합하기 — 별도의 지시사항이 없을 경우 출력형태를 참조하여 작업

❶ 표 주변에 나타난 조절점(◎)을 드래그하여 아래 그림과 같이 크기를 조절합니다. 이어서, 표의 테두리를 드래그하여 위치를 변경합니다.

> 💬 · 마우스 포인터가 ⤡ 모양일 때 드래그하여 표의 크기를 조절할 수 있습니다.
> · 마우스 포인터가 ✛ 모양일 때 드래그하여 표의 위치를 이동할 수 있습니다.

❷ [슬라이드 4]《표 슬라이드》를 참고하여 병합할 셀을 선택한 후 [표 도구-레이아웃] 탭-[병합] 그룹에서 **[셀 병합]**을 클릭합니다.

➕ 병합할 셀을 선택한 후 마우스 오른쪽 버튼을 클릭하여 바로 가기 메뉴에서 [셀 병합]을 클릭해도 됩니다.

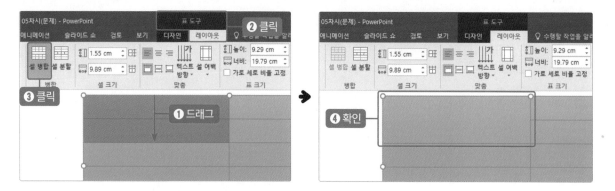

❸ 같은 방법으로 오른쪽 열의 3~4행도 셀을 병합합니다.

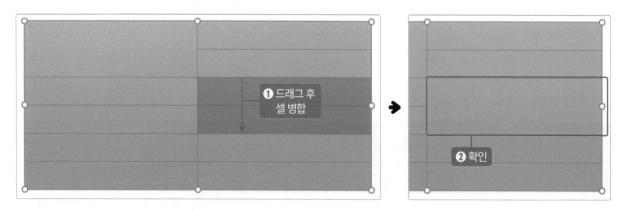

 **셀 분할하기**

표를 만들 때 '셀 병합' 보다 '셀 분할'이 더 편리한 경우가 있기 때문에 사용 방법을 함께 알아두는 것이 좋습니다.

❶ 분할하려는 셀 안에 커서를 두고 [표 도구-레이아웃] 탭-[병합] 그룹에서 [셀 분할(▦)]을 클릭합니다.

※ 셀 안에서 마우스 오른쪽 버튼을 클릭하여 바로 가기 메뉴에서 [셀 분할]을 클릭해도 됩니다.

❷ [셀 분할] 대화상자가 나타나면 분할하려는 열이나 행의 개수를 입력한 후 <확인>을 클릭합니다.

※ 셀 분할 시 '열 개수'는 셀을 세로(칸)로 분할하고, 행 개수는 셀을 가로(줄)로 분할합니다.

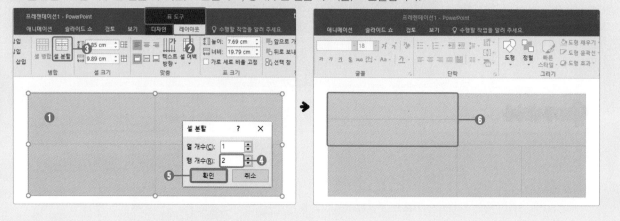

4. 데이터 입력 및 서식 지정하기　　– 글꼴 : 돋움, 18pt

❶ [슬라이드 4] 《표 슬라이드》를 참고하여 표 안에 데이터를 입력합니다.

➕ 표 안에서 셀을 이동할 때는 Tab 또는 방향키(↑, ↓, ←, →)를 이용하여 각각의 셀에 데이터를 입력합니다.

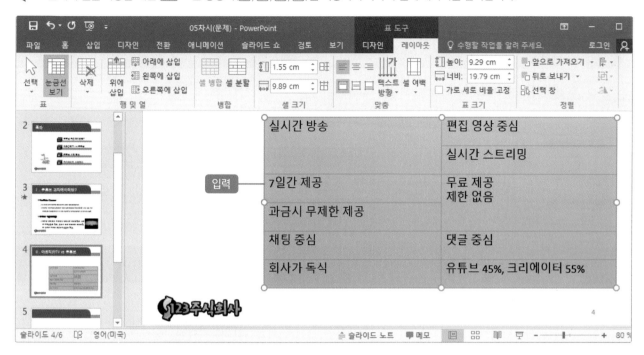

❷ 표의 테두리를 선택한 후 [홈] 탭-[글꼴] 그룹에서 **글꼴(돋움), 글꼴 크기(18pt)**를 지정합니다.

➕ 셀 내용 전체를 블록으로 지정한 후 글꼴 서식을 변경해도 결과는 동일합니다.

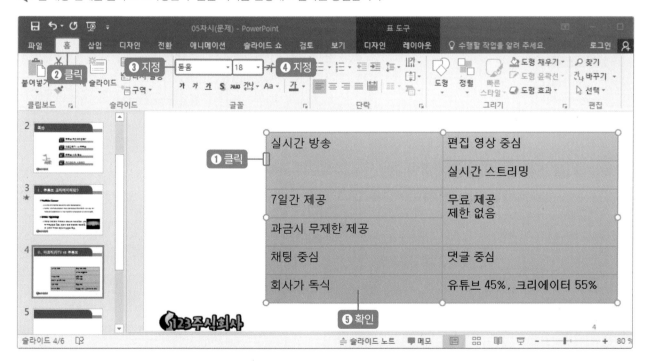

❸ 표 전체 글꼴 서식이 변경되면 [홈] 탭-[단락] 그룹에서 **가운데 맞춤(▤)**을 클릭하고, [텍스트 맞춤]에서 **중간(▤)**을 선택한 후 [줄 간격]을 1.5로 지정합니다.

➕ 텍스트 맞춤과 줄 간격에 대한 별도의 지시사항은 없지만 문제지의 [슬라이드 4]《표 슬라이드》를 참고하여 동일하게 작성합니다. 단, 줄 간격은 채점 기준과 무관하기 때문에 변경하지 않아도 됩니다.

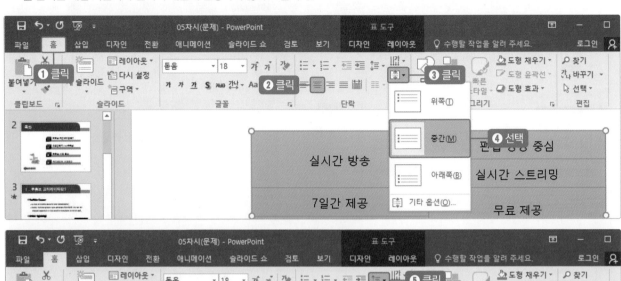

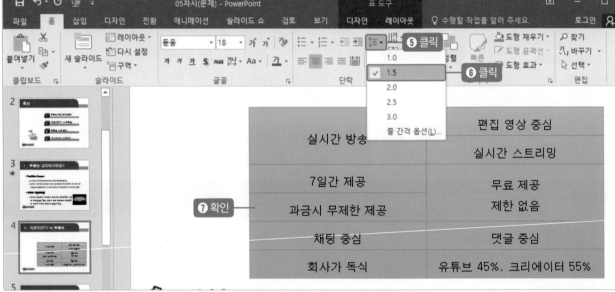

❹ 열의 너비를 조절하기 위해 열 사이의 구분선을 왼쪽으로 드래그합니다.

➕ 열 사이의 구분선에 마우스 포인터를 위치시키면 ◀▶ 모양으로 바뀌며, 해당 구분선을 기준으로 왼쪽과 오른쪽 셀의 너비를 변경할 수 있습니다.

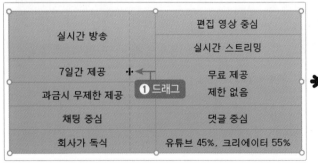

02 상단 도형 삽입하기

(1) 도형과 표 작성 기능을 이용하여 슬라이드를 작성한다(글꼴 : 돋움, 18pt).
《세부 조건》
① 상단 도형 : 2개 도형의 조합으로 작성

1. 뒤쪽 도형 삽입하기

❶ 상단 도형 중 뒤쪽 도형을 삽입하기 위해 [삽입] 탭-[일러스트레이션] 그룹에서 [도형(⬡)]-[사각형]-
[한쪽 모서리는 잘리고 다른 쪽 모서리는 둥근 사각형(▱)]을 클릭하여 도형을 그립니다.

➕ [슬라이드 4]《표 슬라이드》를 참고하여 도형의 크기 및 위치를 조절합니다.

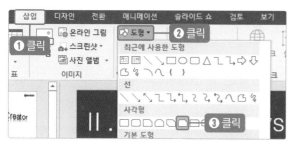
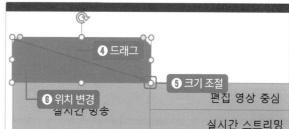

❷ 도형의 윤곽선을 지정하기 위해 [그리기 도구-서식] 탭-[도형 스타일] 그룹에서 [도형 윤곽선]-[검정,
텍스트 1]을 클릭합니다.

시험꿀팁

[슬라이드 4]《표 슬라이드》의 출력형태를 확인해 보면 도형에 테두리가 적용되어 있기 때문에 '도형 윤곽선'을 임의의 색(예: 검정색)
으로 선택합니다.

❸ 윤곽선이 있는 도형 스타일을 계속 유지하기 위해
도형 위에서 마우스 오른쪽 버튼을 클릭하여 **[기본
도형으로 설정]**을 선택합니다.

➕ 해당 슬라이드부터 작성되는 대부분의 도형은 윤곽선이 표시
되기 때문에 윤곽선이 지정된 도형을 '기본 도형으로 설정'한
후 작업을 이어가도록 합니다.

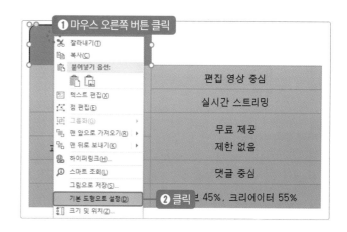

2. 앞쪽 도형 삽입 후 복사하기   - 글꼴 : 돋움, 18pt

❶ 이번엔 앞쪽 도형을 삽입하기 위해 [삽입] 탭-[일러스트레이션] 그룹에서 [도형(⬦)]-[기본 도형]-[사다리꼴(△)]을 클릭하여 도형을 그립니다.

➕ 앞쪽 도형의 크기 및 위치는 [슬라이드 4] 《표 슬라이드》를 참고하여 작업합니다.

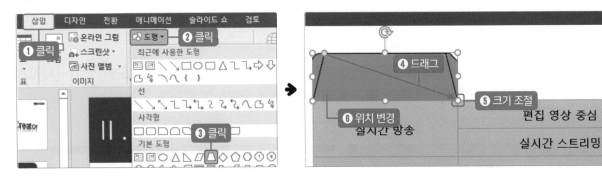

❷ '사다리꼴' 도형의 **노란색 조절점(◦)**을 오른쪽으로 드래그하여 모양을 변형시킵니다.

➕ 변형된 도형의 모양은 [슬라이드 4] 《표 슬라이드》를 참고합니다.

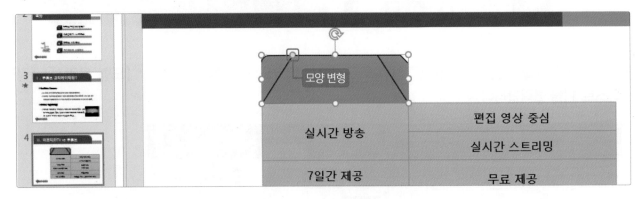

❸ [그리기 도구-서식] 탭-[도형 스타일] 그룹에서 [도형 채우기]를 클릭한 후 뒤쪽 도형보다 **연한 색상**을 선택합니다.

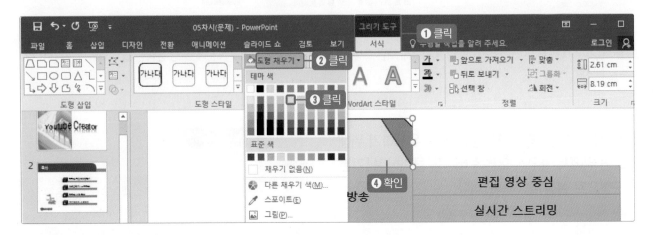

시험꿀팁

별도의 지시사항이 없는 상태에서는 도형 채우기의 색상을 임의의 색으로 지정합니다. 단, 현재와 같이 겹치는 도형을 작업할 경우 두 개의 도형이 서로 구분될 수 있도록 다른 색상을 지정하도록 하며, '흰색'과 '검정색'은 선택하지 않습니다.

❹ '사다리꼴' 도형이 선택된 상태에서 **아프리카TV**를 입력한 후 Esc 를 누릅니다. 이어서, [홈] 탭-[글꼴] 그룹에서 **글꼴(돋움), 글꼴 크기(18pt), 글꼴 색(검정, 텍스트 1)**을 지정합니다.

➕ 《출력형태》를 참고하여 도형에 입력된 텍스트의 색상을 '검정' 또는 '흰색'으로 지정합니다.

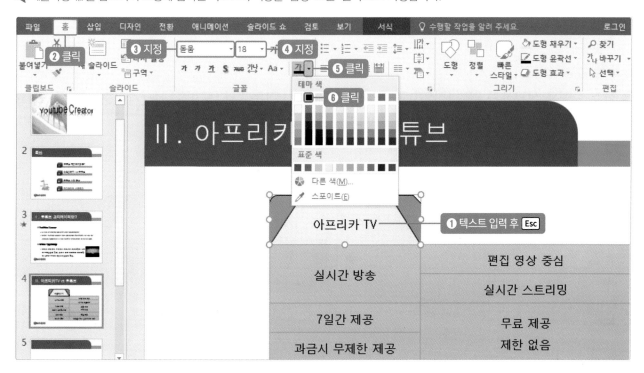

❺ 다음과 같이 겹쳐진 두 개의 도형을 선택한 후 Ctrl + Shift 를 누른 채 오른쪽으로 드래그하여 복사합니다.

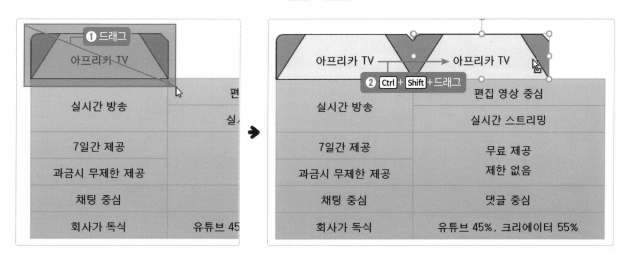

❻ 복사된 도형의 오른쪽 가운데 조절점(○)을 드래그하여 두 개 도형의 가로 너비를 조절한 후 내용을 변경합니다.

➕ 텍스트가 입력된 도형 안쪽을 빠르게 3번 클릭하거나, Ctrl + A 를 누르면 문장 전체를 블록으로 지정할 수 있습니다.

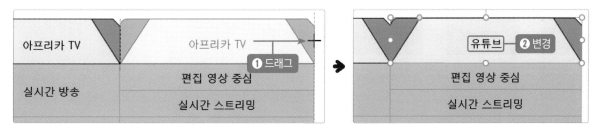

03 좌측 도형 삽입하기

(1) 도형과 표 작성 기능을 이용하여 슬라이드를 작성한다(글꼴 : 돋움, 18pt).
《세부 조건》
② 좌측 도형 : 그라데이션 효과(선형 아래쪽)

1. 도형 삽입하기

❶ 좌측 도형을 삽입하기 위해 [삽입] 탭-[일러스트레이션] 그룹에서 **[도형(⬡)]-[사각형]-[한쪽 모서리가 잘린 사각형(◻)]**을 클릭하여 도형을 그립니다.

> 💬 · [슬라이드 4]《표 슬라이드》를 참고하여 좌측 도형의 크기 및 위치를 조절합니다.
> · Alt 를 누른 채 조절점(○)을 드래그하면 도형의 크기를 세밀하게 조절할 수 있습니다.

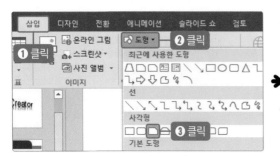 

❷ 삽입된 도형을 좌우 대칭시키기 위해 [그리기 도구-서식] 탭-[정렬] 그룹에서 **[회전(🔄)]-[좌우 대칭]**을 클릭합니다.

> 💬 도형이 선택된 상태에서 [좌우 대칭] 작업을 해야 하며, 만약 도형 선택이 해제되었을 경우에는 다시 도형을 선택합니다.

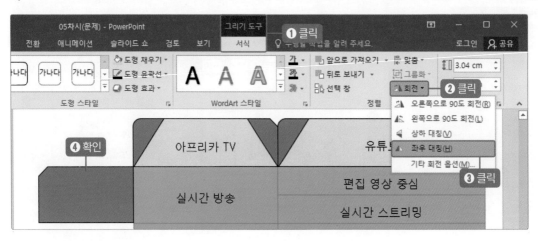

레벨업 📈 **도형의 색상**

ITQ 시험은 도형의 색상을 지정하는 지시시항이 없기 때문에 문제지를 참고하여 명도(밝고 어두운 정도)로 구분하여 작업합니다.

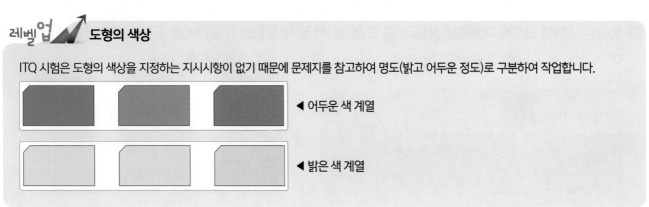

◀ 어두운 색 계열

◀ 밝은 색 계열

2. 그라데이션 적용 후 도형 복사하기   – 좌측 도형 : 그라데이션 효과(선형 아래쪽), 글꼴 : 돋움, 18pt

❶ 그라데이션을 적용하기 위해 [그리기 도구-서식] 탭-[도형 스타일] 그룹에서 **[도형 채우기]-[그라데이션]-[밝은 그라데이션]-[선형 아래쪽]**을 클릭합니다.

➕ [밝은 그라데이션]과 [어두운 그라데이션]의 구분은 문제지의 [슬라이드 4] 《표 슬라이드》를 참고하여 작업합니다.

❷ 그라데이션이 적용되면 **제작 방식**을 입력한 후 Esc 를 누릅니다. 이어서, [홈] 탭-[글꼴] 그룹에서 **글꼴(돋움), 글꼴 크기(18pt), 글꼴 색(검정, 텍스트 1)**을 지정합니다.

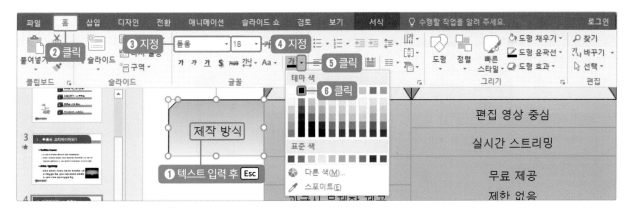

❸ Ctrl + Shift 를 누른 채 작성된 도형을 아래쪽으로 드래그하여 복사한 후 내용을 변경합니다.

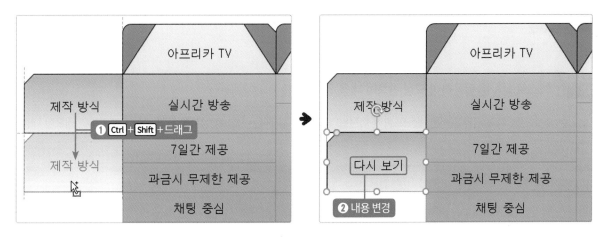

❹ 다시 [Ctrl]+[Shift]를 누른 채 도형을 아래쪽으로 드래그하여 복사한 후 높이를 조절하고 내용을 변경합니다.

➕ 아래쪽 가운데 조절점(○)을 드래그하여 도형의 크기를 조절합니다.

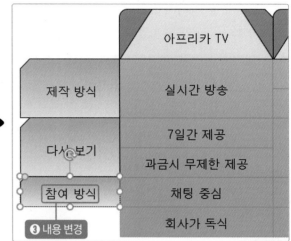

❺ 같은 방법으로 아래쪽에 도형을 복사한 후 내용을 변경합니다.

❻ [슬라이드 4] 작업이 완료되면 [Ctrl]+[S]를 눌러 답안 파일을 저장합니다.

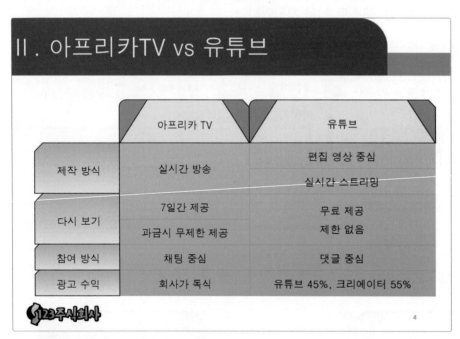

레벨업 **텍스트 상자를 활용하여 도형 안쪽에 내용 입력하기**

도형을 삽입한 후 회전을 하게 되면 입력된 내용도 함께 회전됩니다. 이런 경우에는 텍스트 상자를 도형 안쪽에 추가하여 필요한 내용을 입력합니다.

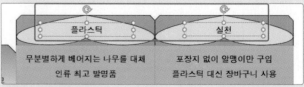

1 《세부 조건》에 맞추어 《표 슬라이드》를 작성해 보세요.

소스파일: 05차시-1(문제).pptx
완성파일: 05차시-1(완성).pptx

(1) 도형과 표 작성 기능을 이용하여 슬라이드를 작성한다(글꼴 : 돋움, 18pt).

《세부 조건》

① 상단 도형 :
  2개 도형의 조합으로 작성
② 좌측 도형 :
  그라데이션 효과(선형 아래쪽)
③ 표 스타일 :
  테마 스타일 1 – 강조 1

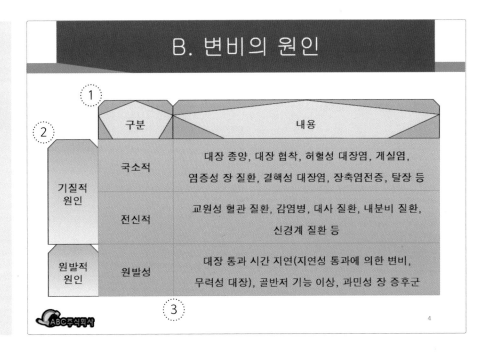

2 《세부 조건》에 맞추어 《표 슬라이드》를 작성해 보세요.

소스파일: 05차시-2(문제).pptx
완성파일: 05차시-2(완성).pptx

(1) 도형과 표 작성 기능을 이용하여 슬라이드를 작성한다(글꼴 : 돋움, 18pt).

《세부 조건》

① 상단 도형 :
  2개 도형의 조합으로 작성
② 좌측 도형 :
  그라데이션 효과(선형 아래쪽)
③ 표 스타일 :
  테마 스타일 1 – 강조 1

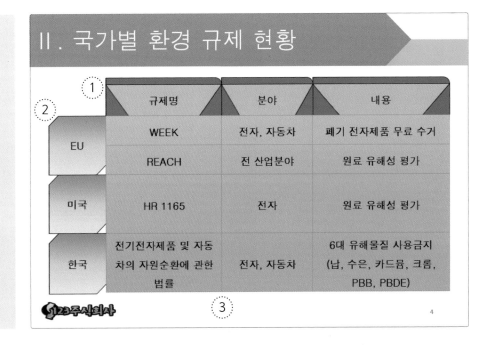

3 《세부 조건》에 맞추어 《표 슬라이드》를 작성해 보세요.

소스파일: 05차시-3(문제).pptx
완성파일: 05차시-3(완성).pptx

(1) 도형과 표 작성 기능을 이용하여 슬라이드를 작성한다(글꼴 : 돋움, 18pt).

《세부 조건》

① 상단 도형 :
2개 도형의 조합으로 작성

② 좌측 도형 :
그라데이션 효과(선형 아래쪽)

③ 표 스타일 :
테마 스타일 1 - 강조 6

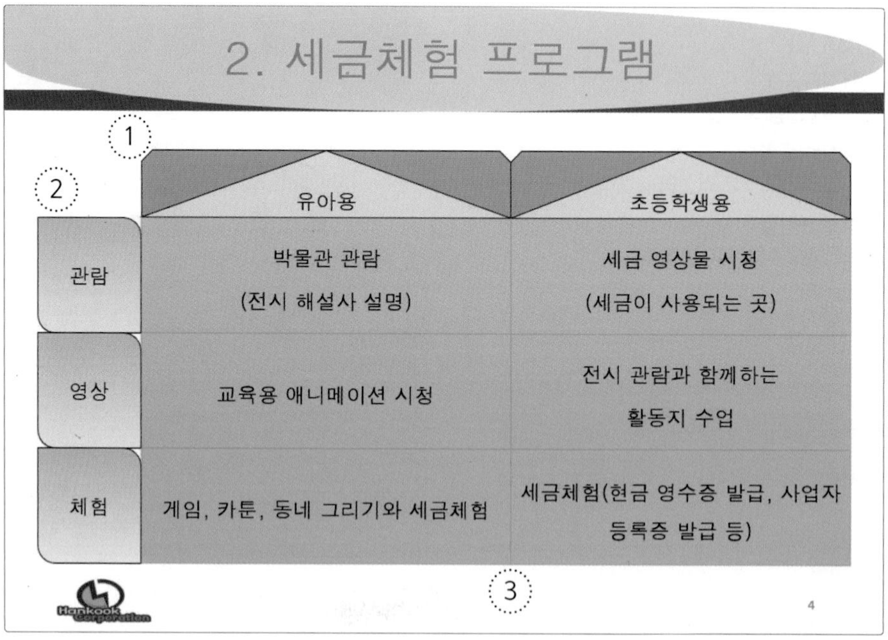

4 《세부 조건》에 맞추어 《표 슬라이드》를 작성해 보세요.

소스파일: 05차시-4(문제).pptx
완성파일: 05차시-4(완성).pptx

(1) 도형과 표 작성 기능을 이용하여 슬라이드를 작성한다(글꼴 : 돋움, 18pt).

《세부 조건》

① 상단 도형 :
2개 도형의 조합으로 작성

② 좌측 도형 :
그라데이션 효과(선형 아래쪽)

③ 표 스타일 :
테마 스타일 1 - 강조 4

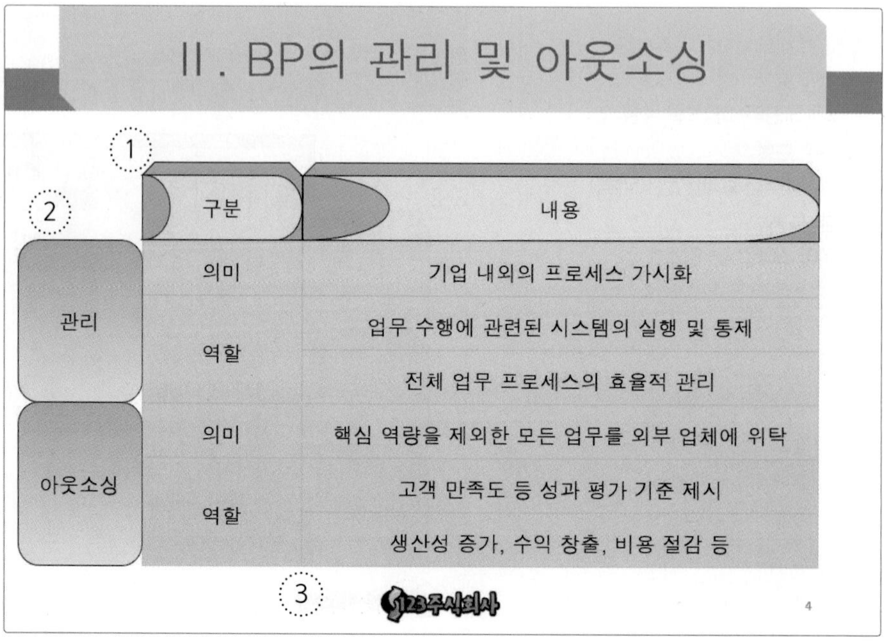

5 《세부 조건》에 맞추어 《표 슬라이드》를 작성해 보세요.

소스파일: 05차시-5(문제).pptx
완성파일: 05차시-5(완성).pptx

(1) 도형과 표 작성 기능을 이용하여 슬라이드를 작성한다(글꼴 : 굴림, 18pt).

《세부 조건》

① 상단 도형 :
2개 도형의 조합으로 작성

② 좌측 도형 :
그라데이션 효과(선형 아래쪽)

③ 표 스타일 :
테마 스타일 1 – 강조 6

6 《세부 조건》에 맞추어 《표 슬라이드》를 작성해 보세요.

소스파일: 05차시-6(문제).pptx
완성파일: 05차시-6(완성).pptx

(1) 도형과 표 작성 기능을 이용하여 슬라이드를 작성한다(글꼴 : 돋움, 18pt).

《세부 조건》

① 상단 도형 :
2개 도형의 조합으로 작성

② 좌측 도형 :
그라데이션 효과(선형 아래쪽)

③ 표 스타일 :
테마 스타일 1 – 강조 6

2. 웨어러블 디바이스 유형

	제품	기능
액세서리형	안경	일상 영상 기록, 증강현실 등 음성인식, 내비게이션, 음성통화, 메시지 전송, 통역
의류일체형	신발	가속도계, 자이로스코프, 압력센서 등에 기반한 활동 흥미 유도, GPS 내장을 통한 목적지 내비게이션
신체부착형	패치	통증완화, 근육치료, 자세교정 등의 의료장비
생체이식형	콘택트렌즈	눈물의 포도당 수치 측정을 통한 당뇨병 지수 모니터링

ABC주식회사

[슬라이드 5] 차트 슬라이드
(100점)

· 차트를 삽입한 후 필요한 데이터를 입력합니다.
· 차트의 레이아웃을 변경한 후 차트를 편집합니다.
· 도형을 삽입한 후 스타일을 지정합니다.

출제 유형 미리보기

소스파일: 06차시(문제).pptx　　완성파일: 06차시(완성).pptx

[슬라이드 5]《차트 슬라이드》

(1) 차트 작성 기능을 이용하여 슬라이드를 작성한다.

(2) 차트 : 종류(묶은 세로 막대형), 글꼴(돋움, 16pt), 외곽선

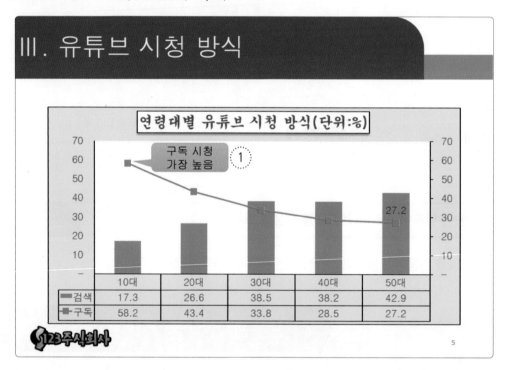

《세부 조건》

※ 차트 설명
- · 차트 제목 : 궁서, 24pt, 굵게, 채우기(흰색), 테두리, 그림자(오프셋 아래쪽)
- · 차트 영역 : 채우기(노랑), 그림 영역 : 채우기(흰색)
- · 데이터 서식 : 구독 계열을 표식이 있는 꺾은선형으로 변경 후 보조 축으로 지정
- · 값 표시 : 50대의 구독 계열만

① 도형 삽입
- – 스타일 : 미세 효과 – 파랑, 강조 1
- – 글꼴 : 굴림, 18pt

⭐ **과정 미리보기**　차트 삽입 및 데이터 입력 ➜ 차트 레이아웃 변경 ➜ 차트 세부 조건 설정 ➜ 도형 삽입

01 차트 작성하기

(1) 차트 작성 기능을 이용하여 슬라이드를 작성한다.
(2) 차트 : 종류(묶은 세로 막대형), 글꼴(돋움, 16pt), 외곽선
《세부 조건》
 • 데이터 서식 : 구독 계열을 표식이 있는 꺾은선형으로 변경 후 보조 축으로 지정

1. 차트 삽입하기

❶ 06차시(문제).pptx 파일을 실행한 후 [슬라이드 5]를 선택하여 슬라이드 제목을 입력합니다.

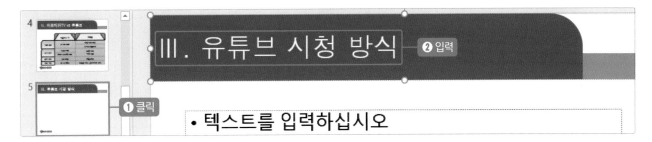

❷ 차트를 삽입하기 위해 [삽입] 탭-[일러스트레이션] 그룹에서 [차트(📊)]를 클릭합니다.

❸ [차트 삽입] 대화상자가 나타나면 [콤보]를 클릭하고 **계열1**은 **묶은 세로 막대형**을 선택합니다. 이어서, **계열2**는 **표식이 있는 꺾은선형**을 선택하고, **보조 축**을 체크한 후 <확인>을 클릭합니다.

➕ • 슬라이드 중앙의 [개체 삽입 아이콘]에서 [차트 삽입(📊)] 아이콘을 클릭해도 [차트 삽입] 대화상자가 나타납니다.
 • '계열 3'은 삭제할 것이므로 기본 값 그대로 둡니다.

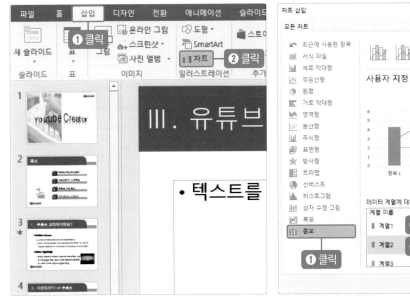

시험꿀팁
• 차트 모양은 '묶은 세로 막대형'이 고정적으로 출제되며, 특정 계열을 '표식이 있는 꺾은선형'으로 변경한 후 보조 축으로 지정해야 합니다.
• [콤보]-[사용자 지정 조합]을 이용하여 차트를 작성하면 계열별로 차트의 종류와 보조 축을 한 번에 지정할 수 있어 편리합니다.

2. 데이터 입력하기

❶ 차트가 삽입되면서 워크시트가 나타나면 채우기 핸들(⬛)을 아래로 드래그하여 항목을 5개로 만듭니다.

➕ 데이터 입력에 필요한 항목(10대~50대)과 계열(검색, 구독)은 [슬라이드 5]《차트 슬라이드》를 참고하여 작업합니다.

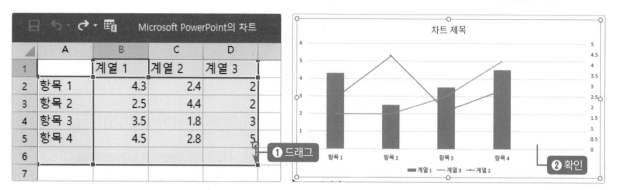

❷ 계열은 **검색**과 **구독** 계열 뿐이므로 채우기 핸들(⬛)을 왼쪽으로 드래그하여 계열을 2개로 만듭니다.

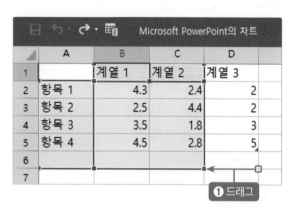
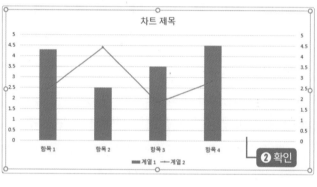

❸ 불필요한 [D1:D5] 영역을 드래그한 후 [Delete]를 눌러 삭제합니다.

➕ 차트에 사용할 데이터 범위를 정확하게 지정했다면 불필요한 영역을 삭제하지 않아도 결과는 동일합니다.

❹ [슬라이드 5] 《차트 슬라이드》를 참고하여 데이터를 입력한 후 워크시트의 <닫기(☒)>를 클릭합니다.

➕ ・차트 아래 '데이터 표'를 참고하여 내용을 입력하며, Tab 또는 키보드 방향키(↑,↓,←,→)를 눌러 다른 셀로 이동합니다.
　　・워크시트를 닫은 후에 입력된 데이터를 수정하려면 [차트 도구]-[디자인] 탭-[데이터] 그룹에서 [데이터 편집(🗹)]을 클릭합니다.

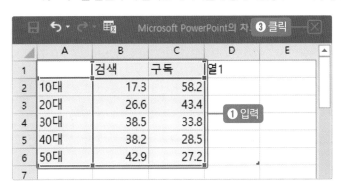
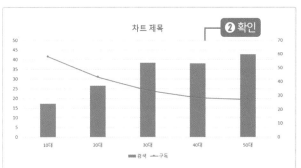

레벨업 📈 워크시트에서 데이터 서식 지정하기

소스파일: 데이터 서식.pptx

다음과 같이 천 단위마다 쉼표(,)가 표시되거나, % 값을 소수 첫째 자리까지 표시하도록 문제가 출제될 수도 있으므로 데이터 서식을 지정하는 방법을 알아두어야 합니다.

	항목 1	항목 2	항목 3	항목 4	항목 5
계열 1	5,780	3,015	1,873	5,484	3,451
계열 2	52.5%	20.5%	13.1%	44.5%	62.8%

❶ 입력된 데이터에 천 단위마다 쉼표를 표시하기 위해 [B2:B6] 영역을 드래그하여 범위로 지정하고 Ctrl+1을 누릅니다.

➕ 입력된 데이터를 수정하려면 [차트 도구]-[디자인] 탭-[데이터] 그룹에서 [데이터 편집(🗹)]을 클릭합니다.

❷ [셀 서식] 대화상자가 나타나면 [표시 형식] 탭에서 '범주'는 '숫자'를 선택하고, '1000 단위 구분 기호(,) 사용'에 체크한 후 <확인>을 클릭합니다.

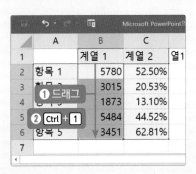
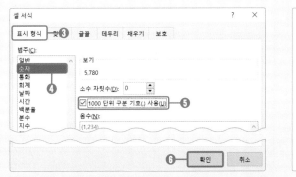

❸ 이번에는 백분율의 소수 첫째 자리까지 표시하기 위해 다음과 같이 범위를 지정하고 Ctrl+1을 누릅니다.

❹ [셀 서식] 대화상자가 나타나면 [표시 형식] 탭에서 '범주'는 '백분율'을 선택하고, '소수 자릿수'를 '1'로 지정한 후 <확인>을 클릭합니다.

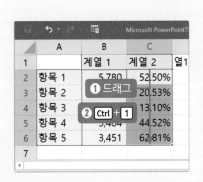
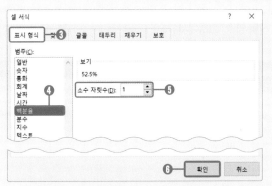

3. 차트 전체 글꼴 및 테두리 설정하기 — 글꼴(돋움, 16pt), 외곽선

❶ 차트가 선택된 상태에서 [홈] 탭-[글꼴] 그룹에서 **글꼴(돋움), 글꼴 크기(16pt)**를 지정합니다.

❷ 차트의 테두리에 서식을 설정하기 위해 [차트 도구-서식] 탭-[도형 스타일] 그룹에서 **[도형 윤곽선]-[검정, 텍스트 1]**을 클릭합니다.

➕ 차트의 테두리 색상은 별도의 지시사항이 없기 때문에 문제지의 [슬라이드 5] 《차트 슬라이드》를 참고하여 '검정, 텍스트 1'로 지정합니다.

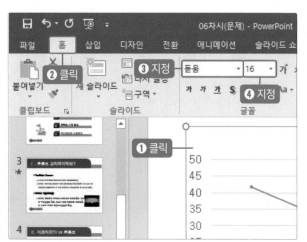
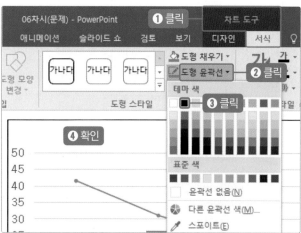

 **차트 구성 요소**

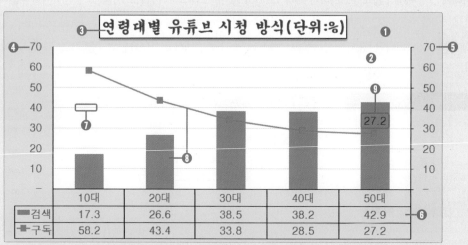

❶ 차트 영역 　❷ 그림 영역 　❸ 차트 제목 　❹ 세로(값) 축 　❺ 보조 세로(값) 축

❻ 데이터 표 　❼ 눈금선 　❽ 데이터 계열 　❾ 데이터 레이블

• [차트 도구-서식] 탭-[현재 선택 영역] 그룹에서 [차트 요소(차트 영역 ▼)]를 클릭하면 차트 각각의 구성 요소를 빠르게 선택할 수 있습니다.

02 차트 레이아웃 변경하기

❶ 차트 레이아웃을 변경하기 위해 차트가 선택된 상태에서 [차트 도구-디자인] 탭-[차트 레이아웃] 그룹에서 **[빠른 레이아웃(📊)]-[레이아웃 5]**를 클릭합니다.

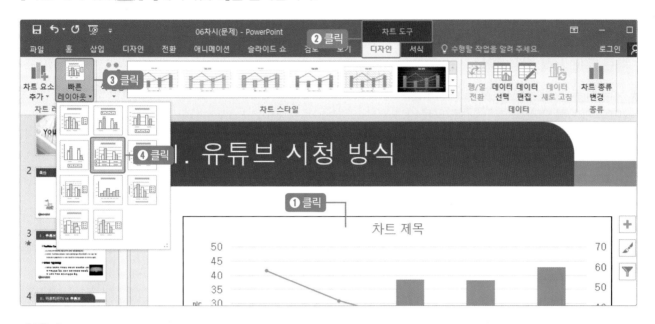

시험꿀팁

[슬라이드 5]《차트 슬라이드》출력형태와 같이 차트 아래쪽에 데이터 표를 표시하기 위해서는 [레이아웃 5]를 선택하여 작업하는 것이 편리합니다.

❷ 차트의 레이아웃이 변경되면 왼쪽 '축 제목'을 삭제하기 위해 **축 제목**을 클릭한 후 Delete 를 누릅니다.

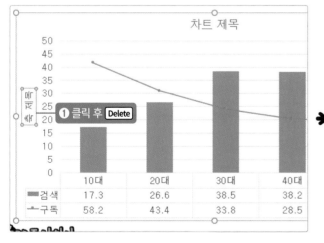
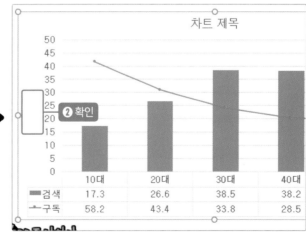

03 차트 세부 조건 설정하기

《세부 조건》
- 차트 제목 : 궁서, 24pt, 굵게, 채우기(흰색), 테두리, 그림자(오프셋 아래쪽)
- 차트 영역 : 채우기(노랑), 그림 영역 : 채우기(흰색)
- 값 표시 : 50대의 구독 계열만

1. 차트 제목 서식 지정하기

❶ 차트 제목을 클릭한 후 **차트 제목** 텍스트를 블록으로 지정합니다. 이어서, 제목(**연령대별 유튜브 시청 방식 (단위:%)**)를 입력한 후 `Esc`를 누릅니다.

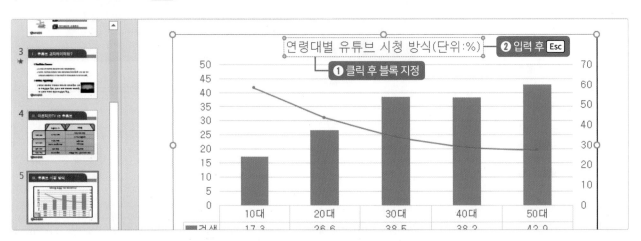

❷ 글꼴 서식을 변경하기 위해 [홈] 탭-[글꼴] 그룹에서 **글꼴(궁서), 글꼴 크기(24pt), 글꼴 스타일(굵게)**을 지정합니다.

➕ 차트 제목 선택이 해제되었을 경우 차트 제목의 테두리를 클릭하여 선택합니다.

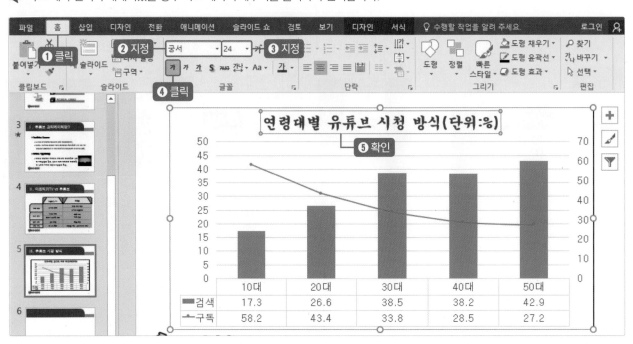

❸ 차트 제목에 서식을 지정하기 위해 [차트 도구-서식] 탭-[도형 스타일] 그룹에서 **[도형 채우기]-[흰색, 배경 1]**을 선택한 후 **[도형 윤곽선]-[검정, 텍스트 1]**을 클릭합니다.

➕ 차트 제목의 테두리 색상은 별도의 지시사항이 없기 때문에 문제지의 [슬라이드 5]《차트 슬라이드》를 참고하여 '검정, 텍스트 1'로 지정합니다.

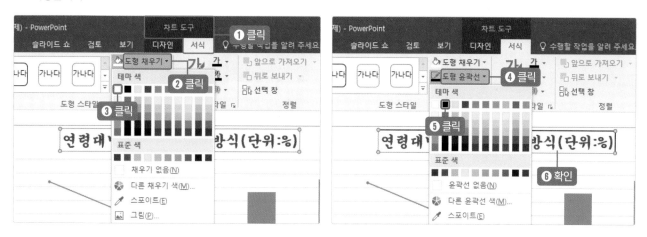

❹ 마지막으로 차트 제목에 그림자 효과를 지정하기 위해 [차트 도구-서식] 탭-[도형 스타일] 그룹에서 **[도형 효과]-[그림자]-[바깥쪽-오프셋 아래쪽]**을 클릭합니다.

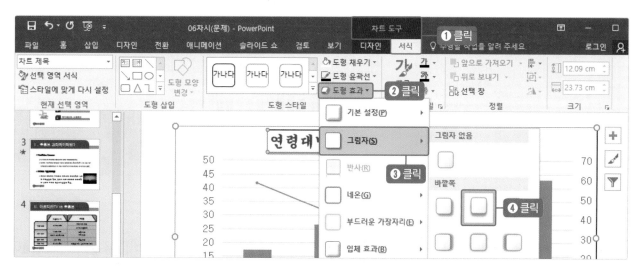

❺ 차트 제목 작업이 완료되면 [슬라이드 5]《차트 슬라이드》와 비교하여 결과가 같은지 확인합니다.

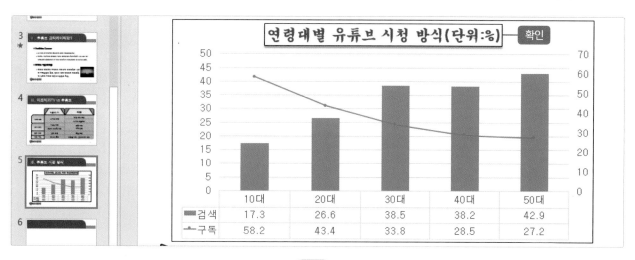

2. 차트 영역 및 그림 영역 서식 지정하기　　― 차트 영역 : 채우기(노랑), 그림 영역 : 채우기(흰색)

❶ 차트 영역에 색상을 채우기 위해 차트의 테두리를 선택하고 [차트 도구-서식] 탭-[도형 스타일] 그룹에서 **[도형 채우기]-[노랑]**을 클릭합니다.

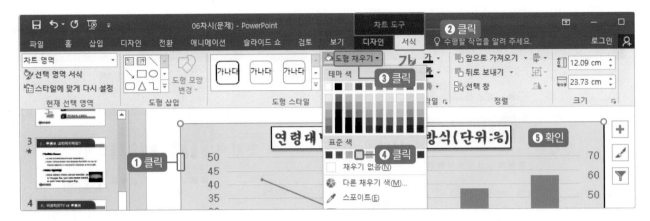

❷ 이어서, 그림 영역을 선택하고 [차트 도구-서식] 탭-[도형 스타일] 그룹에서 **[도형 채우기]-[흰색, 배경 1]**을 클릭합니다.

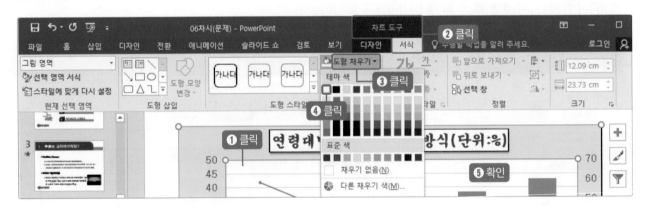

3. 표식의 형식과 크기 변경하기　　― 별도의 지시사항이 없을 경우 출력형태를 참조하여 작업

❶ 꺾은선형 그래프의 표식을 설정하기 위해 꺾은선형 그래프 위에서 마우스 오른쪽 버튼을 클릭하여 **[데이터 계열 서식]**을 선택합니다.

💬 꺾은선형 그래프 계열을 선택하기가 어려운 경우에는 화면 우측 아래에 있는 '확대/축소' 기능을 이용합니다.

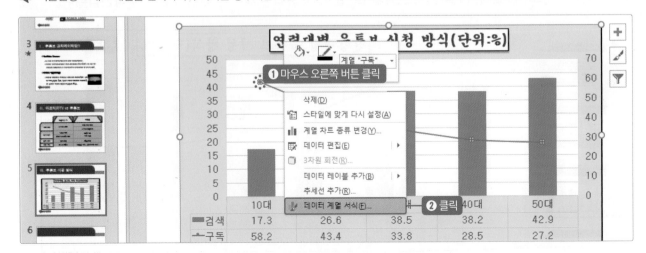

❷ [데이터 계열 서식] 작업창이 활성화되면 [채우기 및 선(🖊)]-[표식]-[표식 옵션]에서 **기본 제공**을 클릭합니다.

❸ **형식을 문제지와 동일하게 선택하고, 크기를 임의의 크기(10)로 지정한 후 <닫기(❌)>를 클릭합니다.**

➕ [슬라이드 5] 《차트 슬라이드》를 참고하여 '표식'의 형식을 선택하고, '크기'를 '10'정도로 지정합니다.

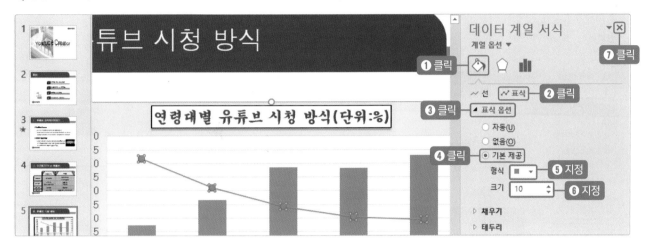

4. 값 표시하기   – 값 표시 : 50대의 구독 계열만

❶ '구독' 계열의 '50대' 요소에만 값을 표시하기 위해 **구독** 계열을 클릭하여 전체를 선택한 후 **50대** 요소만 다시 선택합니다.

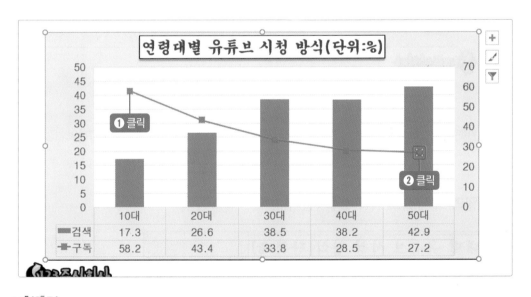

	10대	20대	30대	40대	50대
■ 검색	17.3	26.6	38.5	38.2	42.9
◆ 구독	58.2	43.4	33.8	28.5	27.2

시험꿀팁

데이터 레이블(값 표시)은 특정 계열 요소 하나에만 값을 표시하는 문제가 출제되기도 하고, 해당 계열 전체에 값을 표시하는 문제가 출제되기도 합니다.

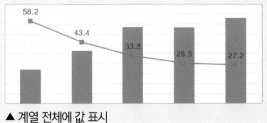

▲ 계열 전체에 값 표시

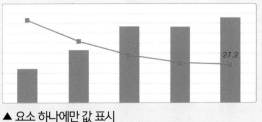

▲ 요소 하나에만 값 표시

❷ 50대 요소 위쪽에 데이터 레이블을 넣기 위해 [차트 도구-디자인] 탭-[차트 레이아웃] 그룹에서 [**차트 요소 추가(⬛)**]-[**데이터 레이블**]-[**위쪽**]을 클릭합니다.

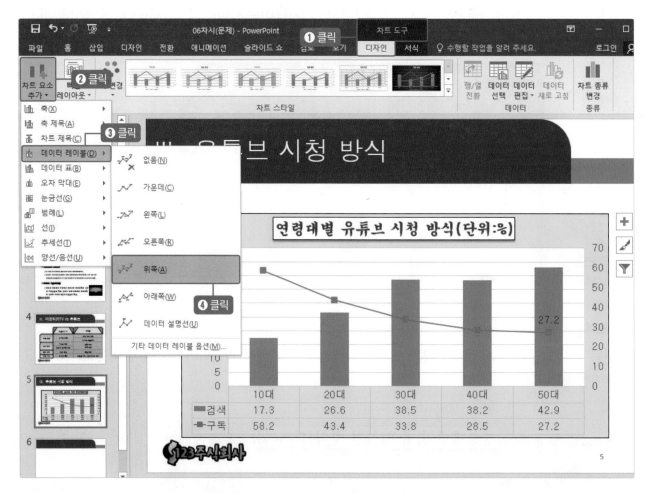

시험꿀팁

데이터 레이블의 위치는 '가운데, 왼쪽, 오른쪽, 위쪽, 아래쪽' 등 다양하게 출제되며, [슬라이드 5] 《차트 슬라이드》를 참고하여 지정합니다.

❸ 데이터 레이블이 구독 계열의 50대 요소 위쪽에 추가됩니다.

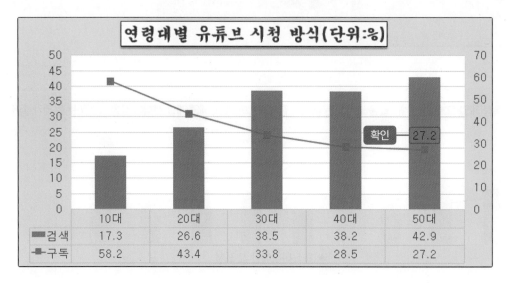

5. 축 서식 지정하기   – 별도의 지시사항이 없을 경우 출력형태를 참조하여 작업

❶ 문제지의 [슬라이드 5] 《차트 슬라이드》를 확인해 보면 세로(값) 축의 표시 결과가 현재 차트와 다르기 때문에 축 서식을 변경해야 합니다.

❷ 축 서식을 설정하기 위해 **세로 축(값)** 위에서 마우스 오른쪽 버튼을 클릭하여 **[축 서식]**을 선택합니다.

➕ 세로(값) 축을 더블 클릭해도 오른쪽에 [축 서식] 작업창이 활성화됩니다.

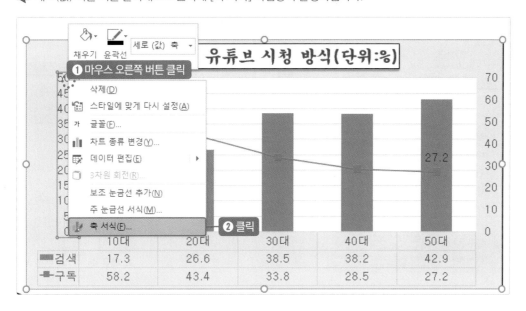

❸ [축 서식] 작업창의 [축 옵션]에서 **경계-최대** 값에 70을 입력하고, **단위-주** 값에 10을 입력합니다.

❹ 최소값인 '0'을 '–'로 표시하기 위해 [표시 형식]에서 **범주**를 **회계**로 지정한 후 **기호**를 **없음**으로 선택합니다.

❺ 축에 실선을 표시하기 위해 [채우기 및 선(🖊)]-[선]에서 **실선**을 클릭한 후 **색(검정, 텍스트 1)**을 선택합니다.

➕ [슬라이드 5] 《차트 슬라이드》의 차트 그림을 참고하여 축 서식을 작업하며, 다음 작업을 위해 [축 서식] 작업창을 닫지 않습니다.

❻ 오른쪽 보조 세로(값) 축을 설정하기 위해 [축 서식] 작업창이 열린 상태에서 보조 축을 클릭한 후 [선]에서 **실선**을 선택하고 색을 **검정, 텍스트 1**로 지정합니다.

❼ 이어서, [축 옵션(📊)]-[표시 형식]에서 **범주**를 **회계**로 지정한 후 **기호를 없음**으로 선택합니다.

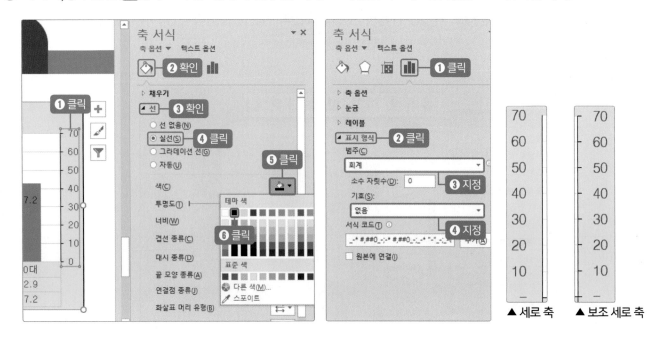

▲ 세로 축　　▲ 보조 세로 축

6. 눈금선 삭제 및 데이터 표 테두리 지정하기　　– 별도의 지시사항이 없을 경우 출력형태를 참조하여 작업

❶ 차트에 표시된 눈금선을 없애기 위해 주 눈금선을 클릭합니다. [주 눈금선 서식] 작업창이 표시되면 [채우기 및 선(🖋)]-[선]에서 **선 없음**을 선택합니다.

> 💬 [차트 도구-디자인] 탭-[차트 레이아웃] 그룹에서 [차트 요소 추가]-[눈금선]-[기본 주 가로]를 클릭해도 주 눈금선을 삭제할 수 있습니다.

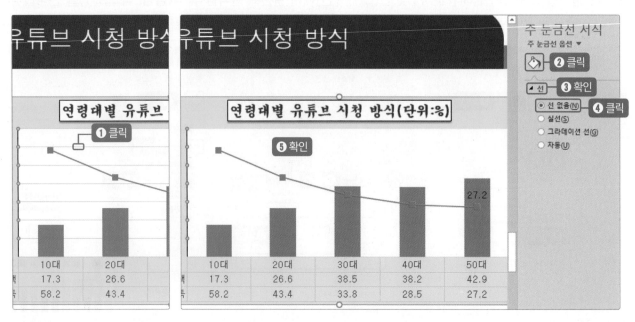

시험꿀팁

차트 삽입 시 눈금선이 기본으로 세팅되기 때문에 [슬라이드 5]《차트 슬라이드》와 동일하게 작업하기 위해서는 주 눈금선 옵션을 '선 없음'으로 지정하도록 합니다.

❷ 마지막으로 데이터 표를 클릭한 후 [데이터 표 서식] 작업창의 [표 옵션]-[채우기 및 선(🖌)]-[테두리]에서 **실선**을 선택합니다. 이어서, 색을 **검정, 텍스트 1**로 선택한 후 <닫기(✖)>를 클릭합니다.

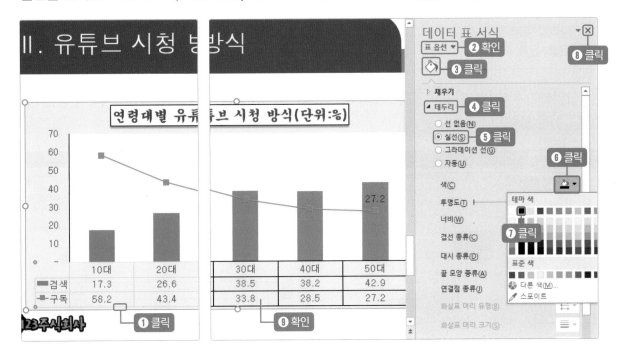

❸ 작업이 완료되면 [슬라이드 5] 《차트 슬라이드》와 비교하여 결과가 같은지 확인합니다.

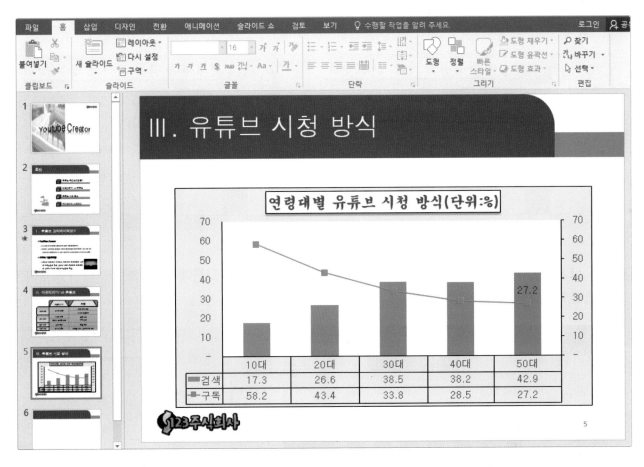

① 도형 삽입
- 스타일 : 미세 효과 – 파랑, 강조 1
- 글꼴 : 굴림, 18pt

❶ 도형을 삽입하기 위해 [삽입] 탭-[일러스트레이션] 그룹에서 [도형(⬚)]-[설명선]-[모서리가 둥근 사각형 설명선(⬚)]을 클릭합니다.

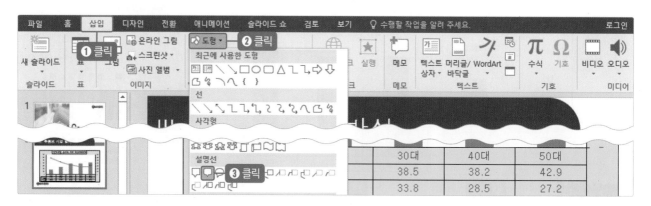

❷ 차트의 그림 영역 안쪽에 도형을 그린 후 조절점(○)으로 크기를 조절하고 위치를 변경합니다. 이어서, 노란색 조절점(○)을 드래그하여 도형의 모양을 변형시킵니다.

➕ 도형의 크기, 위치, 모양은 문제지의 [슬라이드 5]《차트 슬라이드》를 참고하여 작업합니다.

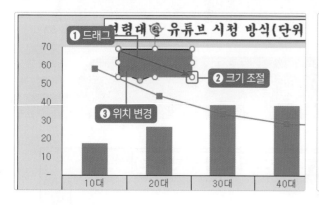
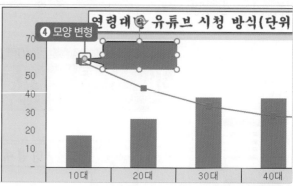

❸ 도형 스타일을 지정하기 위해 [그리기 도구-서식] 탭-[도형 스타일] 그룹에서 자세히 버튼(▽)을 클릭한 후 [미세 효과 – 파랑, 강조 1]을 선택합니다.

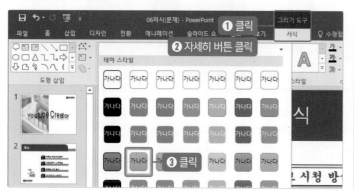
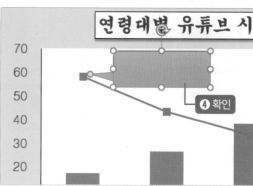

❹ 도형이 선택된 상태에서 텍스트를 입력한 후 Esc를 누릅니다. 이어서, [홈] 탭-[글꼴] 그룹에서 **글꼴(굴림)**,
글꼴 크기(18pt)를 지정한 후 [단락] 그룹에서 **가운데 맞춤(≡)**을 클릭합니다.

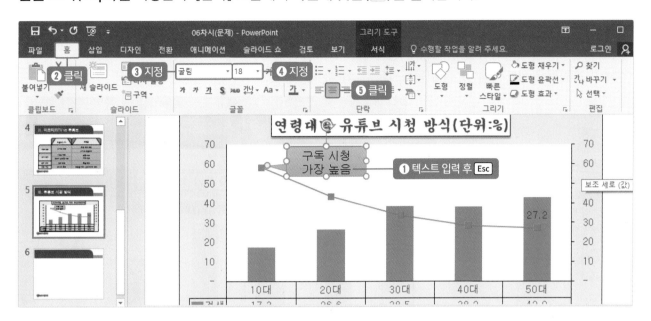

❺ [슬라이드 5] 작업이 완료되면 Ctrl+S를 눌러 답안 파일을 저장합니다.

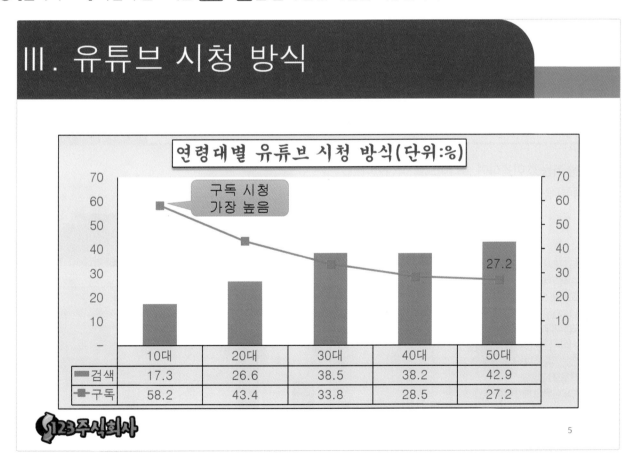

시험꿀팁

차트에 삽입되는 도형의 모양은 다양하게 출제되며, 도형 스타일은 '미세 효과'를 기준으로 여러 가지 색상이 출제되고 있습니다.

1 《세부 조건》에 맞추어 《차트 슬라이드》를 작성해 보세요.

소스파일: 06차시-1(문제).pptx
완성파일: 06차시-1(완성).pptx

(1) 차트 작성 기능을 이용하여 슬라이드를 작성한다.
(2) 차트 : 종류(묶은 세로 막대형), 글꼴(돋움, 16pt), 외곽선

《세부 조건》

※ 차트 설명
· 차트 제목 : 돋움, 20pt, 굵게,
채우기(흰색), 테두리,
그림자(오프셋 오른쪽)
· 차트 영역 : 채우기(노랑)
그림 영역 : 채우기(흰색)
· 데이터 서식 : 여자 계열을 표식이
있는 꺾은선형으로 변경 후
보조 축으로 지정
· 값 표시 : 2016년의 여자 계열만

① 도형삽입
– 스타일 :
미세 효과 – 주황, 강조 2
– 글꼴 : 돋움, 18pt

C. 변비 환자 증가율 현황

성별 변비 환자 증가율(단위:%)

여자 환자 증가 ①

	2013년	2014년	2015년	2016년	2017년
남자	20.6	28.1	36.3	24.5	41.4
여자	43.8	55.2	42.3	30.8	55.6

ABC주식회사

5

2 《세부 조건》에 맞추어 《차트 슬라이드》를 작성해 보세요.

소스파일: 06차시-2(문제).pptx
완성파일: 06차시-2(완성).pptx

(1) 차트 작성 기능을 이용하여 슬라이드를 작성한다.
(2) 차트 : 종류(묶은 세로 막대형), 글꼴(돋움, 16pt), 외곽선

《세부 조건》

※ 차트 설명
· 차트 제목 : 궁서, 24pt, 굵게,
채우기(흰색), 테두리,
그림자(오프셋 오른쪽)
· 차트 영역 : 채우기(노랑)
그림 영역 : 채우기(흰색)
· 데이터 서식 : 단위당 배출량 계열을
표식이 있는 꺾은선형으로 변경 후
보조 축으로 지정
· 값 표시 : 모니터의 배출비중 계열만

① 도형삽입
– 스타일 :
미세 효과 – 녹색, 강조 6
– 글꼴 : 굴림, 18pt

III. 이산화탄소 배출량

IT 제품별 이산화탄소 배출량(%)

39 가장 많음 ①

	서버	모니터	프린터	유선통신	무선통신
배출비중	23	39	6	15	9
단위당 배출량	1,674	1,242	827	367	583

123주식회사

5

3 《세부 조건》에 맞추어 《차트 슬라이드》를 작성해 보세요.

소스파일: 06차시-3(문제).pptx
완성파일: 06차시-3(완성).pptx

(1) 차트 작성 기능을 이용하여 슬라이드를 작성한다.

(2) 차트 : 종류(묶은 세로 막대형), 글꼴(굴림, 16pt), 외곽선

《세부 조건》

※ 차트 설명
- 차트 제목 : 굴림, 24pt, 굵게,
  채우기(흰색), 테두리,
  그림자(오프셋 대각선 왼쪽 위)
- 차트 영역 : 채우기(노랑)
  그림 영역 : 채우기(흰색)
- 데이터 서식 : 청소년 계열을 표식이
  있는 꺾은선형으로 변경 후
  보조 축으로 지정
- 값 표시 : 청소년 계열만
① 도형 삽입
  - 스타일 :
    미세 효과 – 황금색, 강조 4
  - 글꼴 : 돋움, 18pt

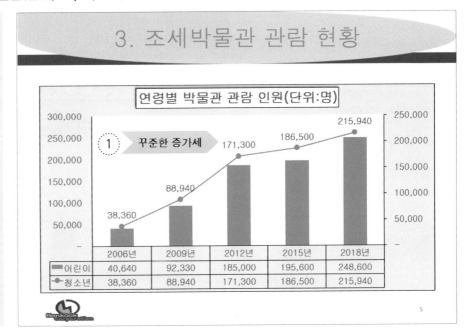

4 《세부 조건》에 맞추어 《차트 슬라이드》를 작성해 보세요.

소스파일: 06차시-4(문제).pptx
완성파일: 06차시-4(완성).pptx

(1) 차트 작성 기능을 이용하여 슬라이드를 작성한다.

(2) 차트 : 종류(묶은 세로 막대형), 글꼴(돋움, 16pt), 외곽선

《세부 조건》

※ 차트 설명
- 차트 제목 : 돋움, 24pt, 굵게,
  채우기(흰색), 테두리,
  그림자(오프셋 위쪽)
- 차트 영역 : 채우기(노랑)
  그림 영역 : 채우기(흰색)
- 데이터 서식 : 2018년 계열을 표식이
  있는 꺾은선형으로 변경 후
  보조 축으로 지정
- 값 표시 : 제조계의 2017년 계열만
① 도형 삽입
  - 스타일 :
    미세 효과 – 주황, 강조 2
  - 글꼴 : 돋움, 18pt

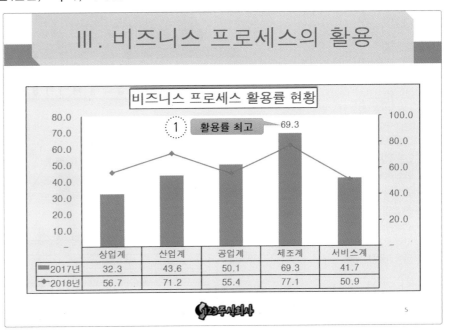

5 《세부 조건》에 맞추어 《차트 슬라이드》를 작성해 보세요.

소스파일: 06차시-5(문제).pptx
완성파일: 06차시-5(완성).pptx

(1) 차트 작성 기능을 이용하여 슬라이드를 작성한다.

(2) 차트 : 종류(묶은 세로 막대형), 글꼴(돋움, 16pt), 외곽선

《세부 조건》

※ 차트 설명
- 차트 제목 : 궁서, 24pt, 굵게, 채우기(흰색), 테두리, 그림자(오프셋 아래쪽)
- 차트 영역 : 채우기(노랑) 그림 영역 : 채우기(흰색)
- 데이터 서식 : 고혈압 2단계 계열을 표식이 있는 꺾은선형으로 변경 후 보조 축으로 지정
- 값 표시 : 2019년의 고혈압 1단계 계열만
① 도형 삽입
- 스타일 : 미세 효과 – 파랑, 강조 1
- 글꼴 : 굴림, 18pt

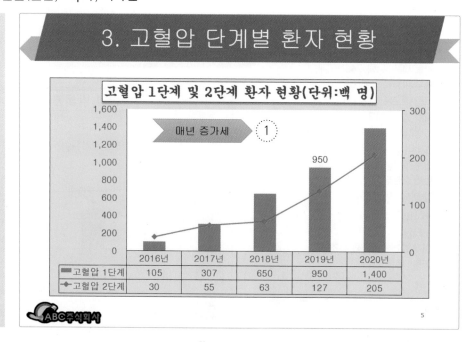

6 《세부 조건》에 맞추어 《차트 슬라이드》를 작성해 보세요.

소스파일: 06차시-6(문제).pptx
완성파일: 06차시-6(완성).pptx

(1) 차트 작성 기능을 이용하여 슬라이드를 작성한다.

(2) 차트 : 종류(묶은 세로 막대형), 글꼴(돋움, 16pt), 외곽선

《세부 조건》

※ 차트 설명
- 차트 제목 : 궁서, 24pt, 굵게, 채우기(흰색), 테두리, 그림자(오프셋 아래쪽)
- 차트 영역 : 채우기(노랑) 그림 영역 : 채우기(흰색)
- 데이터 서식 : 2021년 계열을 표식이 있는 꺾은선형으로 변경 후 보조 축으로 지정
- 값 표시 : 워치의 2021년 계열만
① 도형 삽입
- 스타일 : 미세 효과 – 파랑, 강조 1
- 글꼴 : 굴림, 18pt

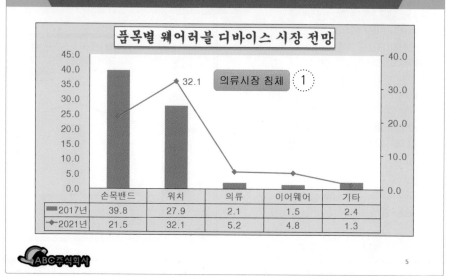

[슬라이드 6] 도형 슬라이드
(100점)

· 다양한 도형을 삽입하고 내용을 입력합니다.
· 스마트아트를 작성한 후 스타일을 지정합니다.
· 개체를 그룹화하여 애니메이션을 적용합니다.

출제 유형 미리보기

소스파일: 07차시(문제).pptx   완성파일: 07차시(완성).pptx

[슬라이드 6] 《도형 슬라이드》

(1) 슬라이드와 같이 도형 및 스마트아트를 배치한다(글꼴 : 굴림, 18pt).

(2) 애니메이션 순서 : ① ⇒ ②

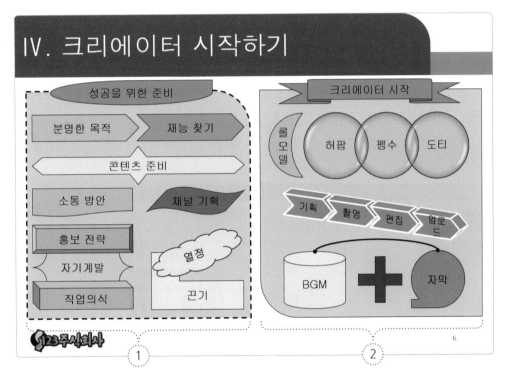

《세부 조건》

① 도형 편집
 – 그룹화 후 애니메이션 효과 : 시계 방향 회전

② 도형 및 스마트아트 편집
 – 스마트아트 디자인 : 3차원 만화, 3차원 벽돌
 – 그룹화 후 애니메이션 효과 : 실선 무늬(세로)

★ **과정 미리보기** 배경 도형 작성 ➜ 왼쪽 도형 작성 ➜ 오른쪽 도형 작성 ➜ 스마트아트 삽입 ➜ 애니메이션 지정

01 배경 도형 작성하기

(1) 슬라이드와 같이 도형 및 스마트아트를 배치한다(글꼴 : 굴림, 18pt).

❶ **07차시(문제).pptx** 파일을 실행한 후 **[슬라이드 6]**을 선택하여 슬라이드 제목을 입력합니다. 이어서, 콘텐츠 상자의 테두리를 클릭한 다음 **Delete**를 눌러 삭제합니다.

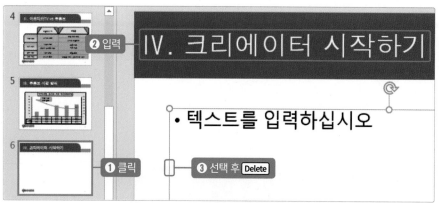

❷ 왼쪽 배경 도형을 삽입하기 위해 **[삽입]** 탭-**[일러스트레이션]** 그룹에서 **[도형(□)]**-**[사각형]**-**[한쪽 모서리가 둥근 사각형(□)]**을 클릭하여 도형을 그립니다.

➕ [슬라이드 6]을 작업할 때는 뒤쪽의 배경 도형부터 작업하는 것이 편리하며, [슬라이드 6] 《도형 슬라이드》를 참고하여 도형의 크기와 위치를 조절합니다.

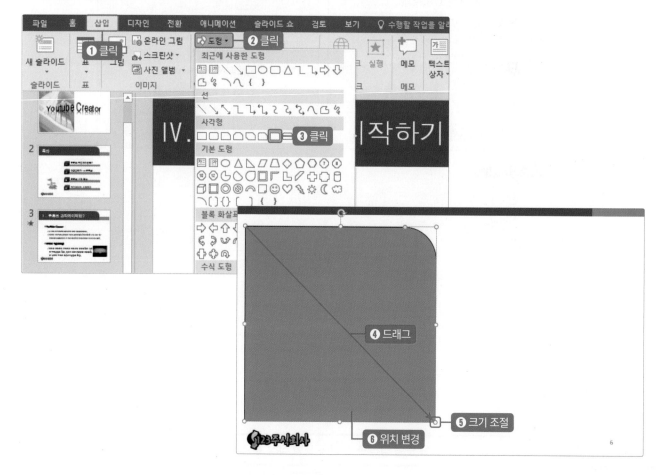

❸ 도형의 색을 연한 색으로 변경하기 위해 [그리기 도구-서식] 탭-[도형 스타일] 그룹에서 **[도형 채우기]-**
[파랑, 강조 1, 60% 더 밝게]를 클릭합니다.

➕ ITQ 파워포인트 시험에서 [슬라이드 6]을 작성할 때는 도형 채우기 색상과 관련된 별도의 지시사항이 없으므로 도형의 밝고 어두운
정도를 비교 및 확인하여 임의의 색상을 선택하도록 합니다.

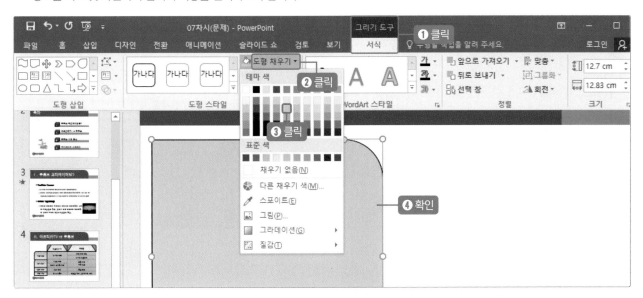

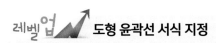 **도형 윤곽선 서식 지정**

❶ [슬라이드 4]《표 슬라이드》작업 시 도형의 윤곽선을 변경한 후 '기본 도형으로 설정'을 지정했기 때문에 얇은 검정색 윤곽선이 도형
에 표시됩니다.

❷ 만약, 윤곽선이 나타나지 않을 경우에는 [그리기 도구-서식] 탭-[도형 스타일] 그룹에서 [도형 윤곽선]-[검정, 텍스트 1]을 선택한
다음 '기본 도형으로 설정'을 지정합니다.

❹ Ctrl + Shift 를 누른 채 삽입된 도형을 오른쪽으로 드래그하여 복사합니다.

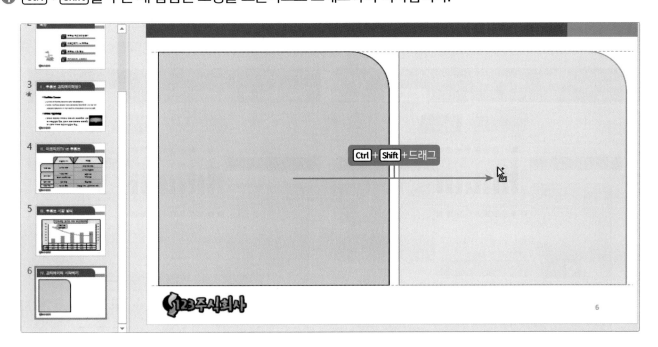

❺ 복사된 도형을 회전시키기 위해 Shift 를 누른 채 회전 핸들(↻)을 시계 방향으로 드래그합니다.

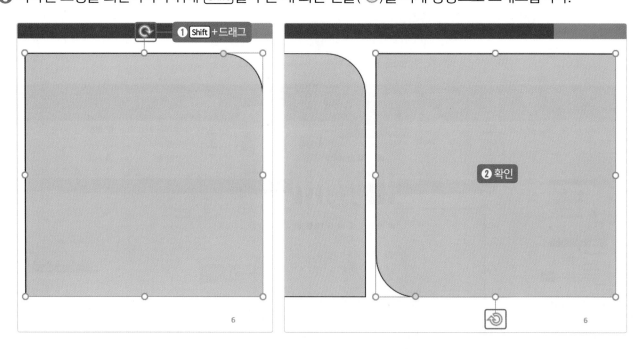

레벨업 📈 도형 회전

회전 핸들(↻)을 이용하여 도형을 회전시켜도 문제지와 다르게 나오는 경우가 있습니다. 이럴 때는 [그리기 도구-서식] 탭-[정렬] 그룹에서 [회전] 기능을 이용하여 도형을 좌우 또는 상하 대칭합니다.

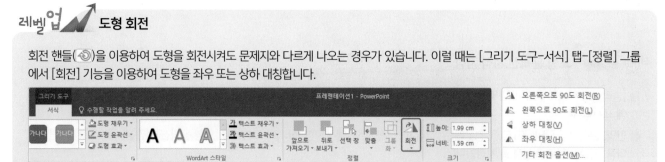

❻ 왼쪽 도형을 선택한 후 [그리기 도구-서식] 탭-[도형 스타일] 그룹에서 [도형 윤곽선]-[두께]-[2¼pt]를 클릭합니다. 이어서, [도형 윤곽선]-[대시]-[파선]을 클릭하여 왼쪽 도형의 테두리를 변경합니다.

➕ 도형 윤곽선의 두께와 대시 종류는 별도의 지시사항이 없기 때문에 문제지의 [슬라이드 6]《도형 슬라이드》를 참고하여 작업합니다.

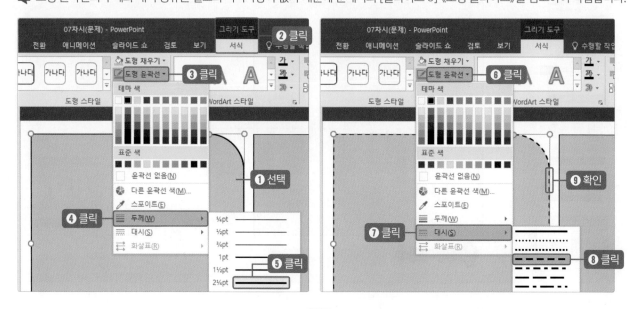

02 왼쪽 도형 작성하기

1. 눈물 방울 　　– 글꼴 : 굴림, 18pt

❶ 도형을 삽입하기 위해 [삽입] 탭-[일러스트레이션] 그룹에서 **[도형]-[기본 도형]-[눈물 방울(◯)]**을 클릭하여 도형을 그립니다.

> ➕ 도형의 크기, 위치, 모양은 [슬라이드 6]《도형 슬라이드》를 참고하여 작업합니다.

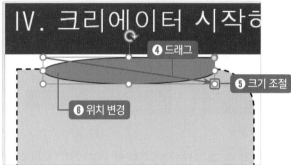

❷ 도형 안에 텍스트**(성공을 위한 준비)**를 입력한 후 [Esc]를 누릅니다. 이어서, [홈] 탭-[글꼴] 그룹에서 **글꼴(굴림), 글꼴 크기(18pt), 글꼴 색(검정, 텍스트 1)**을 지정합니다.

❸ 글꼴 서식이 적용된 도형을 기본 도형으로 지정하기 위해 도형 위에서 마우스 오른쪽 버튼을 클릭하여 **[기본 도형으로 설정]**을 선택합니다.

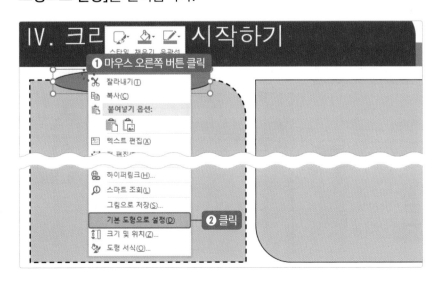

시험꿀팁

글꼴 서식이 적용된 도형을 '기본 도형으로 설정'을 지정하면 모든 서식이 한 번에 적용되기 때문에 새로운 도형을 작성할 때 작업 시간을 단축할 수 있습니다.

2. 오각형

❶ [삽입] 탭-[일러스트레이션] 그룹에서 **[도형(⬦)]-[블록 화살표]-[오각형(▭)]**을 클릭하여 도형을 그립니다.

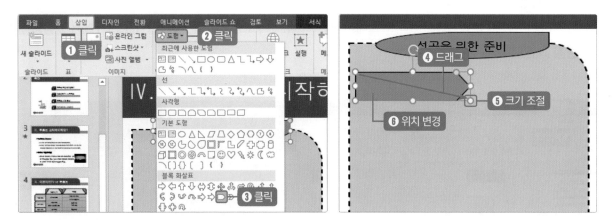

❷ **[그리기 도구-서식] 탭-[도형 스타일] 그룹에서 [도형 채우기]-[황금색, 강조 4]**를 선택한 후 텍스트(**분명한 목적**)를 입력합니다.

> ➕ 채우기 색은 별도의 조건이 없으므로 문제지 [슬라이드 6]《도형 슬라이드》를 참고하여 다른 도형과 구분될 수 있는 색을 사용합니다.

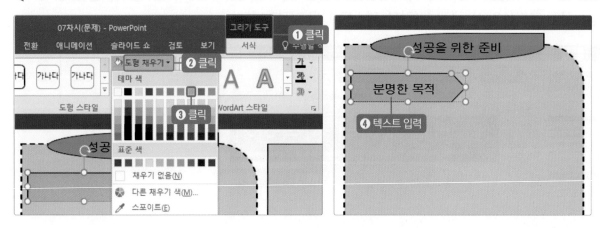

3. 갈매기형 수장

❶ [삽입] 탭-[일러스트레이션] 그룹에서 **[도형(⬦)]-[블록 화살표]-[갈매기형 수장(⟩)]**을 클릭하여 도형을 그립니다.

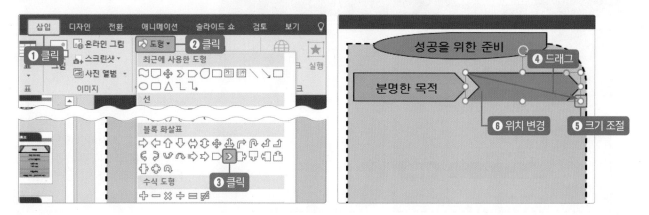

❷ [그리기 도구-서식] 탭-[도형 스타일] 그룹에서 **[도형 채우기]-[녹색, 강조 6]**을 선택한 후 텍스트**(재능 찾기)**를 입력합니다.

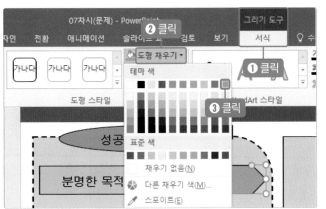 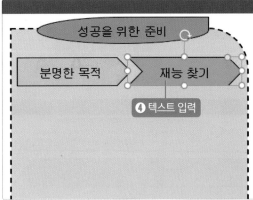

4. 왼쪽/오른쪽/위쪽/아래쪽 화살표

❶ [삽입] 탭-[일러스트레이션] 그룹에서 **[도형(▱)]-[블록 화살표]-[왼쪽/오른쪽/위쪽/아래쪽 화살표(⬌)]**를 클릭하여 도형을 그립니다.

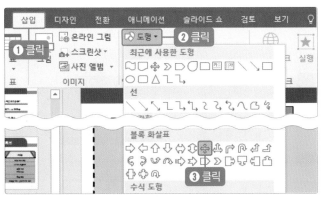 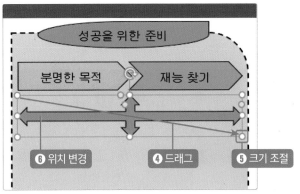

❷ 아래 그림을 참고하여 노란색 조절점(○)으로 도형의 모양을 변형시킵니다.

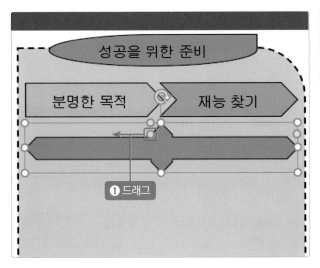 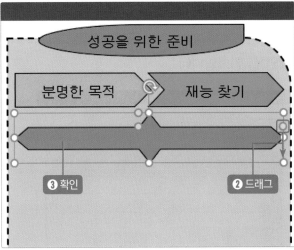

❸ [그리기 도구-서식] 탭-[도형 스타일] 그룹에서 **[도형 채우기]**를 임의의 색으로 지정한 후 텍스트**(콘텐츠 준비)**를 입력합니다.

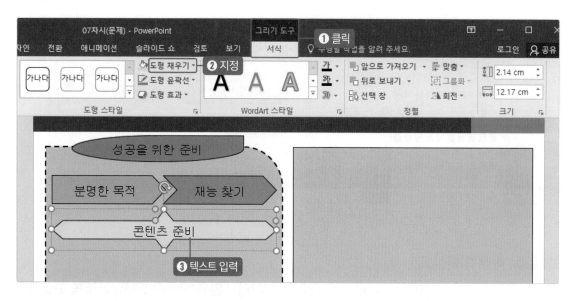

5. 순서도: 문서

❶ [삽입] 탭-[일러스트레이션] 그룹에서 **[도형(🔶)]**-**[순서도]**-**[순서도: 문서(▱)]**를 클릭하여 도형을 그립니다.

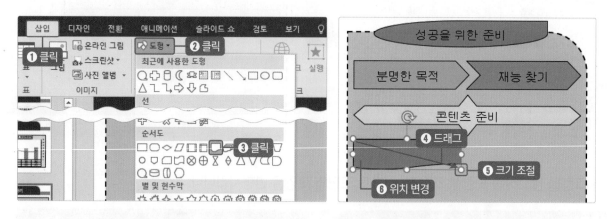

❷ [그리기 도구-서식] 탭-[도형 스타일] 그룹에서 **[도형 채우기]**를 임의의 색으로 지정한 후 텍스트**(소통 방안)**를 입력합니다.

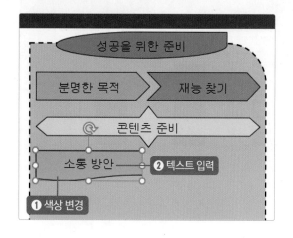

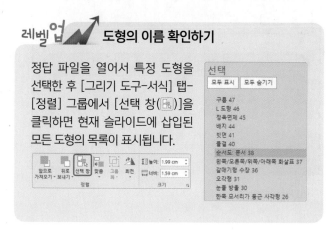

레벨업 📈 **도형의 이름 확인하기**

정답 파일을 열어서 특정 도형을 선택한 후 [그리기 도구-서식] 탭-[정렬] 그룹에서 [선택 창(🖼)]을 클릭하면 현재 슬라이드에 삽입된 모든 도형의 목록이 표시됩니다.

6. 물결

❶ [삽입] 탭-[일러스트레이션] 그룹에서 [도형(⬡)]-[별 및 현수막]-[물결(◠)]을 클릭하여 도형을 그립니다.

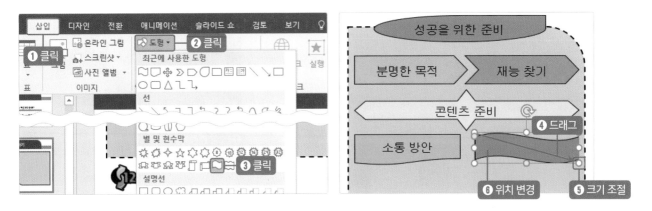

❷ 아래쪽 노란색 조절점(○)을 왼쪽으로 드래그하여 아래 그림과 같이 모양을 변형시킵니다. 이어서, [도형 채우기]를 임의의 색으로 지정한 후 텍스트(채널 기획)를 입력합니다.

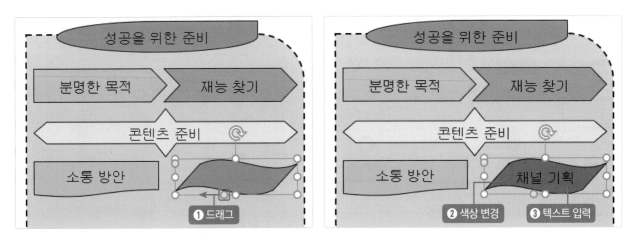

7. 빗면

❶ [삽입] 탭-[일러스트레이션] 그룹에서 [도형(⬡)]-[기본 도형]-[빗면(▢)]을 클릭하여 도형을 그립니다.

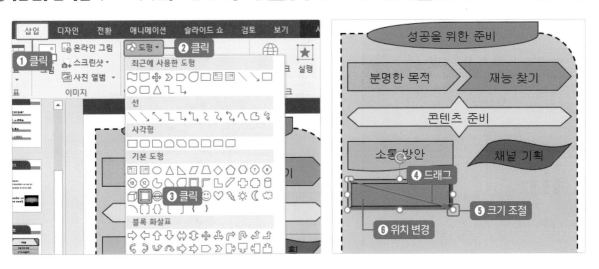

❷ [그리기 도구-서식] 탭-[도형 스타일] 그룹에서 [도형 채우기]를 임의의 색으로 지정한 후 텍스트(홍보 전략)를 입력합니다.

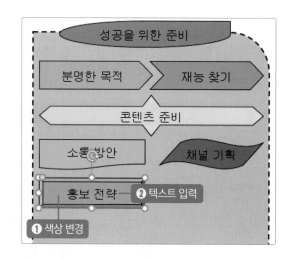

8. 배지

❶ [삽입] 탭-[일러스트레이션] 그룹에서 [도형(▧)]-[기본 도형]-[배지(✢)]를 클릭하여 도형을 그립니다.

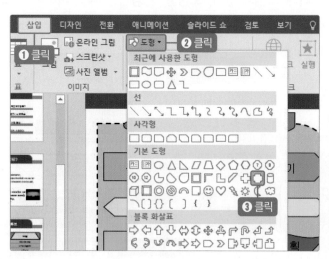 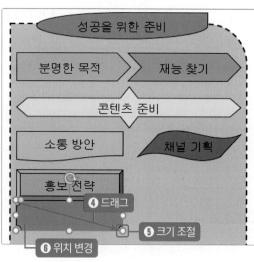

❷ 노란색 조절점(○)을 **오른쪽**으로 드래그하여 아래 그림과 같이 모양을 변형시킵니다. 이어서, [도형 채우기]를 임의의 색으로 지정한 후 텍스트(자기계발)를 입력합니다.

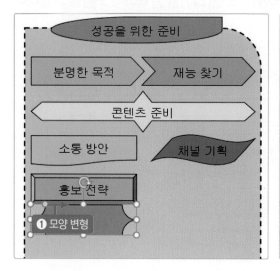 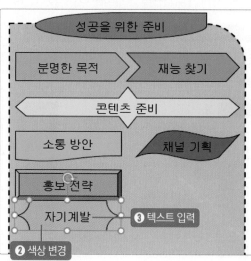

9. 정육면체

❶ [삽입] 탭-[일러스트레이션] 그룹에서 [도형(◇)]-[기본 도형]-[정육면체(◻)]를 클릭하여 도형을 그립니다.

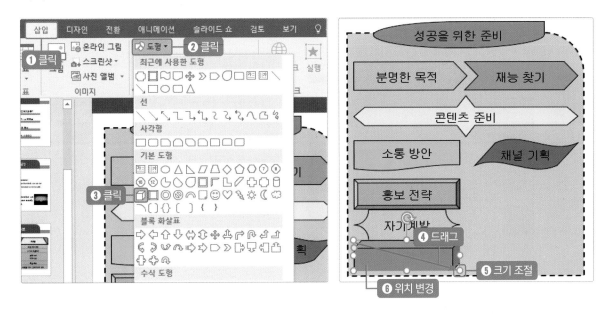

❷ 삽입된 '정육면체' 도형을 좌우 대칭시키기 위해 [그리기 도구-서식] 탭-[정렬] 그룹에서 [회전(◢)]-[좌우 대칭]을 클릭합니다.

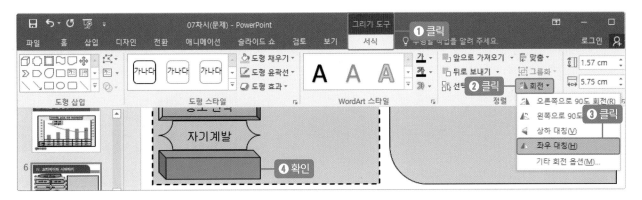

❸ [그리기 도구-서식] 탭-[도형 스타일] 그룹에서 [도형 채우기]를 임의의 색으로 지정한 후 텍스트(직업의식)를 입력합니다.

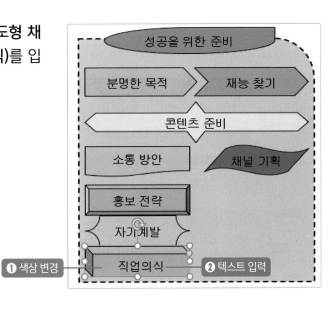

10. L 도형

❶ [삽입] 탭-[일러스트레이션] 그룹에서 [도형(⬗)]-[기본 도형]-[L 도형(⌐)]을 클릭하여 도형을 그립니다.

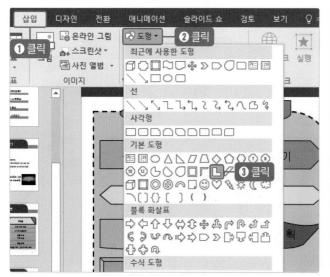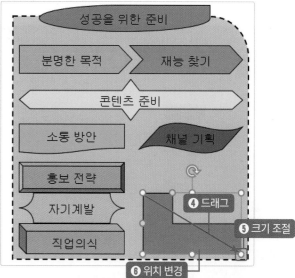

❷ [그리기 도구-서식] 탭-[도형 스타일] 그룹에서 [도형 채우기]를 임의의 색으로 지정한 후 텍스트(끈기)를 입력합니다.

11. 구름

❶ [삽입] 탭-[일러스트레이션] 그룹에서 [도형(⬗)]-[기본 도형]-[구름(☁)]을 클릭하여 도형을 그립니다.

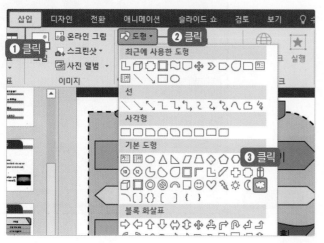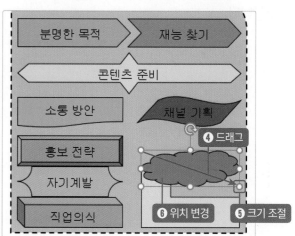

❷ 회전 핸들(↻)을 왼쪽 방향으로 드래그하여 도형을 회전시킵니다. 이어서, [그리기 도구-서식] 탭-[도형 스타일] 그룹에서 **[도형 채우기]**를 임의의 색으로 지정한 후 텍스트**(열정)**를 입력합니다.

❸ 모든 작업이 끝나면 문제지 [슬라이드 6] 《도형 슬라이드》를 참고하여 도형의 크기 및 위치를 최대한 비슷하게 조절합니다.

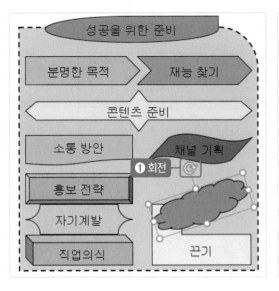
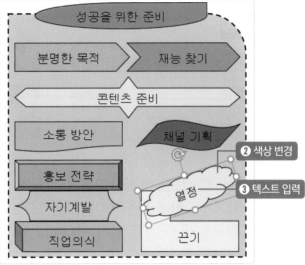

03 오른쪽 도형 작성하기

1. 위쪽 리본 — 글꼴 : 굴림, 18pt

❶ [삽입] 탭-[일러스트레이션] 그룹에서 **[도형(⬡)]**-**[별 및 현수막]**-**[위쪽 리본(⧈)]**을 클릭하여 도형을 그립니다.

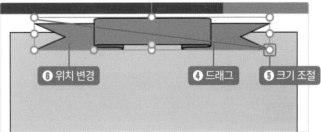

❷ 왼쪽 아래 노란색 조절점(○)을 왼쪽으로 드래그하여 아래 그림과 같이 모양을 변형시킨 후 텍스트**(크리에이터 시작)**를 입력합니다.

✚ 텍스트를 입력한 후 [홈] 탭-[글꼴] 그룹에서 '글꼴, 글꼴 크기, 글꼴 색'이 조건과 같은지 확인합니다.

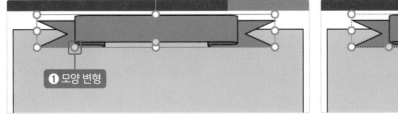

2. 달

❶ [삽입] 탭–[일러스트레이션] 그룹에서 [도형(⬡)]–[기본 도형]–[달(☾)]을 클릭하여 도형을 그립니다.

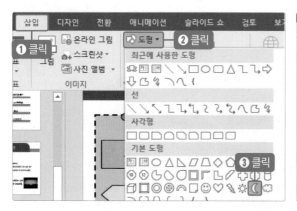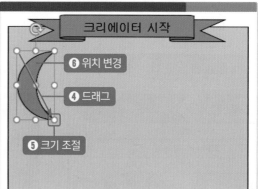

❷ [그리기 도구–서식] 탭–[도형 스타일] 그룹에서 **[도형 채우기]**를 임의의 색으로 지정한 후 텍스트**(롤모델)**를 입력합니다. 이어서, 노란색 조절점(◦)을 오른쪽으로 드래그하여 아래 그림과 같이 모양을 변형시킵니다.

➕ 도형 안에 '롤모델' 글자를 입력할 때는 한글자씩 입력한 후 Enter 를 눌러 다음 줄에 입력합니다.

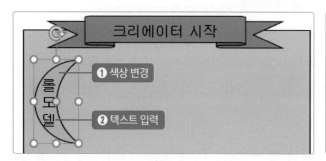

3. 원통

❶ [삽입] 탭–[일러스트레이션] 그룹에서 [도형(⬡)]–[기본 도형]–[원통(⬭)]을 클릭하여 배경 도형 아래쪽에 도형을 그립니다.

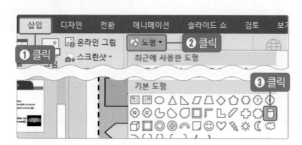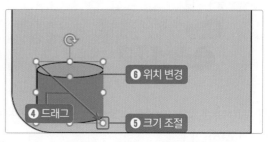

시험꿀팁

[원통(⬭)] 도형은 [순서도]–[자기디스크(⬭)]와 비슷해 보일 수 있으나 도형 윗면의 색상으로 구분이 가능합니다.

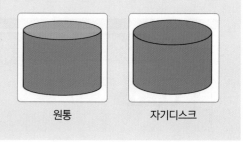

원통   자기디스크

❷ [그리기 도구-서식] 탭-[도형 스타일] 그룹에서 **[도형 채우기]**를 임의의 색으로 지정한 후 텍스트(BGM)를 입력합니다.

4. 십자형

❶ [삽입] 탭-[일러스트레이션] 그룹에서 **[도형(⬡)]-[기본 도형]-[십자형(✛)]**을 클릭하여 도형을 그립니다.

➕ Shift 를 누른 채 도형을 삽입하면 가로/세로 비율이 일정한 도형을 그릴 수 있습니다.

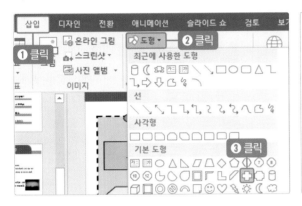

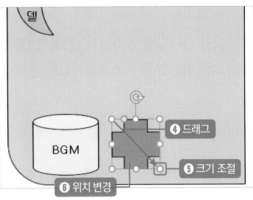

❷ 위쪽 노란색 조절점(○)을 오른쪽으로 드래그하여 아래 그림과 같이 모양을 변형시킵니다. 이어서, [그리기 도구-서식] 탭-[도형 스타일] 그룹에서 **[도형 채우기]**를 임의의 색으로 지정합니다.

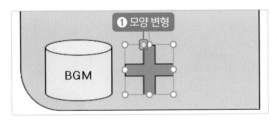

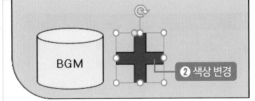

5. 순서도: 순차적 액세스 저장소

❶ [삽입] 탭-[일러스트레이션] 그룹에서 **[도형(⬡)]-[순서도]-[순서도: 순차적 액세스 저장소(⬭)]**를 클릭하여 도형을 그립니다.

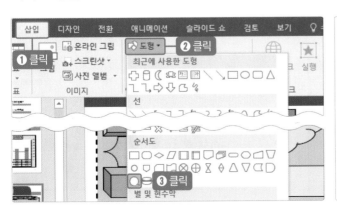

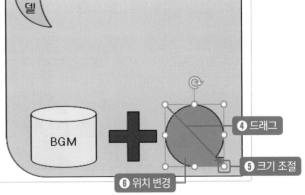

❷ 도형을 좌우 대칭시키기 위해 [그리기 도구-서식] 탭-[정렬] 그룹에서 [회전( )]-[좌우 대칭]을 클릭합니다.

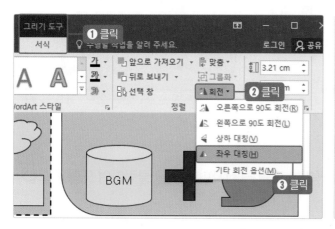 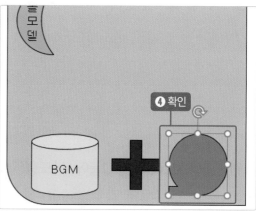

❸ [그리기 도구-서식] 탭-[도형 스타일] 그룹에서 [도형 채우기]를 임의의 색으로 지정한 후 텍스트(자막)를 입력합니다.

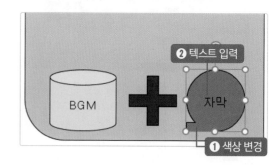

6. 연결선

❶ [삽입] 탭-[일러스트레이션] 그룹에서 [도형( )]-[선]-[구부러진 양쪽 화살표 연결선( )]을 클릭합니다.

❷ 'BGM' 도형 위쪽의 연결점( )을 클릭하여 선을 추가합니다.

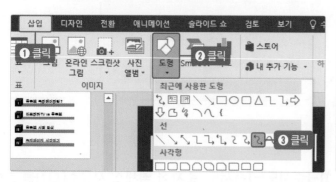 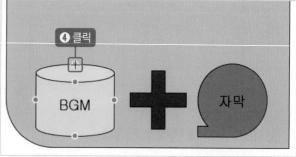

❸ 선이 추가되면 연결선 끝 점( )을 드래그하여 '자막' 도형 위쪽 연결점에 맞추어 선을 연결합니다.

➕ 'BGM'이 입력된 도형 위쪽의 연결점부터 '자막'이 입력된 도형 위쪽 연결점까지 한 번에 드래그하면 빠르게 선을 연결할 수 있습니다.

 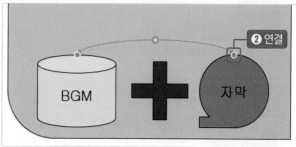

❹ 윤곽선 서식을 지정하기 위해 [그리기 도구-서식] 탭-[도형 스타일] 그룹에서 [도형 윤곽선]-[검정, 텍스트 1]로 지정한 후 [두께]를 [2¼pt]로 선택합니다.

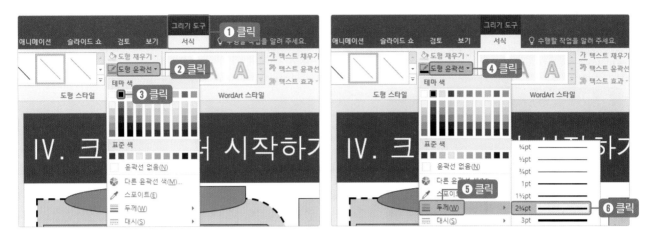

❺ 화살표 머리 모양을 변경하기 위해 [그리기 도구-서식] 탭-[도형 스타일] 그룹에서 [도형 윤곽선]-[화살표]-[화살표 스타일 11]을 클릭합니다.

➕ Esc 를 눌러 적용된 화살표 머리 모양을 확인합니다.

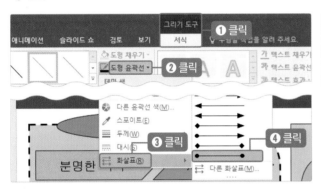
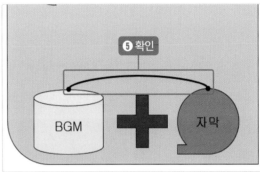

시험꿀팁

연결선으로 이용되는 선 도형은 여러 종류가 있으며, 선의 모양이나 화살표 머리 모양 등을 바꾸는 작업이 출제되고 있습니다.

04 SmartArt 삽입하기

(1) 슬라이드와 같이 도형 및 스마트아트를 배치한다.(글꼴 : 굴림, 18pt)

《세부 조건》
② 도형 및 스마트아트 편집
  - 스마트아트 디자인 : 3차원 만화, 3차원 벽돌

1. SmartArt – 선형 벤형 삽입하기 — (1) 슬라이드와 같이 도형 및 스마트아트를 배치한다.

❶ 첫 번째 스마트아트를 삽입하기 위해 [삽입] 탭-[일러스트레이션] 그룹에서 [SmartArt]를 클릭합니다. 이어서, [SmartArt 그래픽 선택] 대화상자가 나타나면 **[관계형]-[선형 벤형]**을 선택한 후 <확인>을 클릭합니다.

➕ 스마트아트의 모양은 문제지 [슬라이드 6] 《도형 슬라이드》를 참고하여 작업합니다.

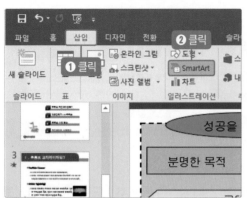

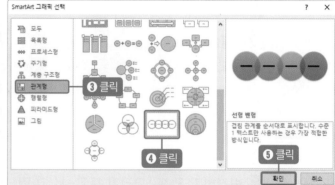

시험꿀팁

- 2개의 스마트아트를 삽입하는 문제가 고정적으로 출제됩니다.
- 스마트아트의 모양은 다양하게 출제되고 있으므로 여러 가지 유형의 문제를 풀어보는 것이 좋습니다.

❷ 스마트아트가 삽입되면 Delete 를 눌러 도형 한 개를 삭제합니다.

➕ 도형을 삭제할 때 원하는 특정 도형을 선택한 후 Delete 를 눌러 삭제할 수도 있습니다.

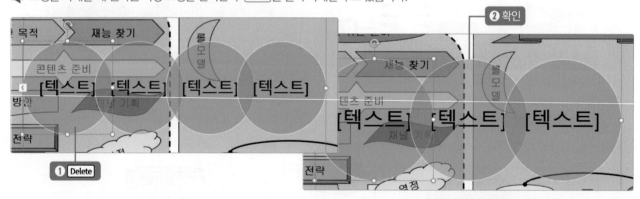

❸ 모서리에 있는 조절점(○)을 이용하여 크기를 조절한 후 테두리를 드래그하여 위치를 변경합니다.

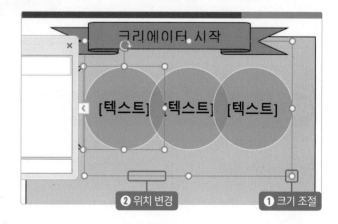

❹ 텍스트 창에 내용을 입력하거나, 각각의 도형을 하나씩 선택한 후 내용을 입력합니다.

➕ 텍스트 창이 보이지 않을 경우 왼쪽의 < 를 클릭하면 텍스트 창이 나타납니다. 텍스트 입력이 완료되면 > 를 눌러 텍스트 창을 닫아줍니다.

 스마트아트 도형을 삭제 및 추가할 때 유의할 점　　　소스파일: 도형 추가 및 삭제.pptx

• 계층 구조형 스마트아트의 도형을 삭제 및 추가할 때는 문제지를 참고하여 정확한 위치의 도형을 삭제하거나 추가하도록 합니다.

❶ 스마트아트 도형을 삭제하는 방법 : 삭제하려는 도형 선택 → Delete

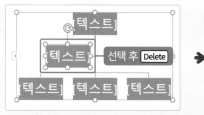　　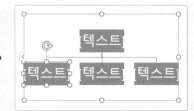

▲ 보조자를 삭제하는 과정

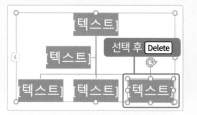　　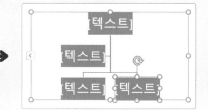

▲ 하위 수준 도형을 삭제하는 과정

❷ 스마트아트 도형을 추가하는 방법 : 기준 도형 위에서 마우스 오른쪽 버튼 클릭 → [도형 추가] → [뒤에 도형 추가] 또는 [아래에 도형 추가] 선택

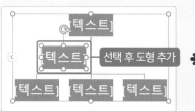　　

▲ 기준 도형 뒤에 도형을 추가하는 과정

　　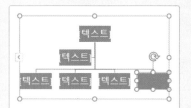

▲ 기준 도형 아래에 도형을 추가하는 과정

2. 스마트아트 편집하기   – 글꼴 : 굴림, 18pt – 스마트아트 디자인 : 3차원 만화, 3차원 벽돌

❶ 스마트아트 디자인을 적용하기 위해 [SmartArt 도구-디자인] 탭-[SmartArt 스타일] 그룹에서 자세히
버튼(▾)을 클릭한 후 **[3차원]-[만화]**를 선택합니다.

➕ 스마트아트가 선택된 상태에서 스타일을 지정합니다.

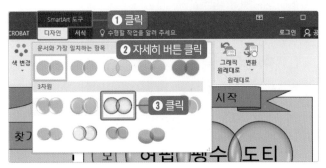 

❷ 스마트아트의 테두리를 클릭한 후 [홈] 탭-[글꼴] 그룹에서 **글꼴(굴림), 글꼴 크기(18pt)**를 지정합니다.

➕ 스마트아트에 디자인을 적용하면 글꼴 서식이 변경될 수 있으므로 글꼴 서식 변경은 가장 마지막에 작업하도록 합니다.

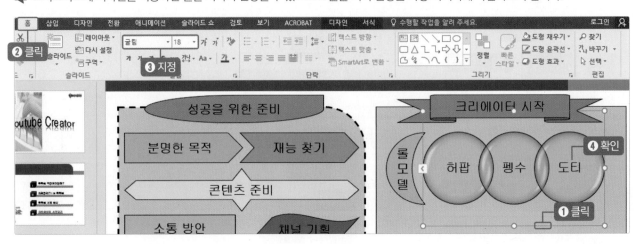

3. SmartArt – 기본 갈매기형 수장 프로세스형 삽입하기   – (1) 슬라이드와 같이 도형 및 스마트아트를 배치한다.

❶ 두 번째 스마트아트를 삽입하기 위해 [삽입] 탭-[일러스트레이션] 그룹에서 **[SmartArt(▨)]**를 클릭합니
다. 이어서, [SmartArt 그래픽 선택] 대화상자가 나타나면 **[프로세스형]-[기본 갈매기형 수장 프로세스
형]**을 선택한 후 <확인>을 클릭합니다.

 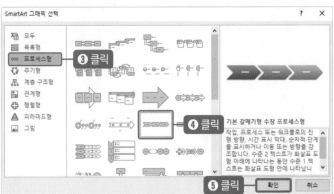

❷ 스마트아트가 삽입되면 모서리에 있는 조절점(○)을 이용하여 크기를 조절하고 테두리를 드래그하여 위치를 변경합니다.

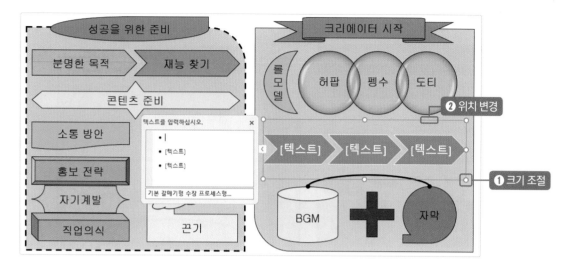

❸ 도형을 추가하기 위해 [SmartArt 도구-디자인] 탭-[그래픽 만들기] 그룹에서 **[도형 추가]**를 클릭합니다.

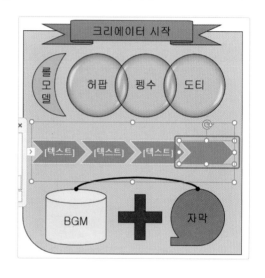

시험꿀팁

그림과 같이 도형 위에서 마우스 오른쪽 버튼을 클릭한 다음 [도형 추가]-[뒤에 도형 추가]를 선택해도 스마트아트에 도형을 추가할 수 있습니다.

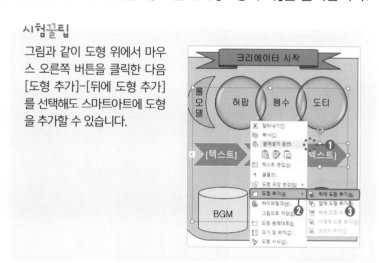

❹ 텍스트 창에 내용을 입력하거나, 각각의 도형을 하나씩 선택한 후 내용을 입력합니다.

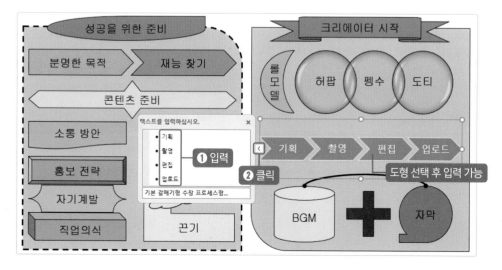

4. 스마트아트 편집하기   – 글꼴 : 굴림, 18pt – 스마트아트 디자인 : 3차원 만화, 3차원 벽돌

❶ 스마트아트 디자인을 적용하기 위해 [SmartArt 도구-디자인] 탭-[SmartArt 스타일] 그룹에서 자세히 버튼(▼)을 클릭한 후 **[3차원]-[벽돌]**을 선택합니다.

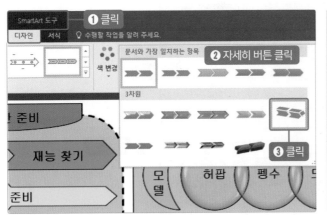 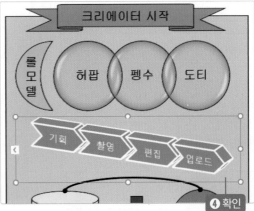

❷ 스마트아트의 테두리를 클릭한 후 [홈] 탭-[글꼴] 그룹에서 **글꼴(굴림), 글꼴 크기(18pt), 글꼴 색(검정, 텍스트 1)**을 지정합니다.

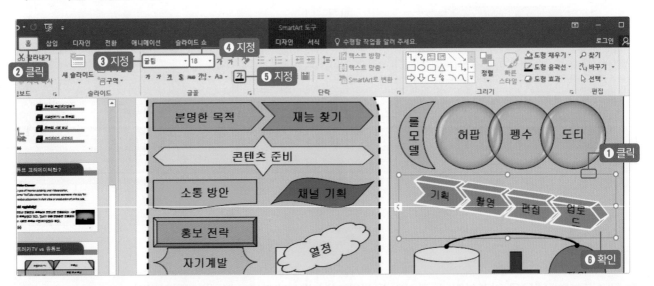

시험꿀팁

도형에 입력된 내용의 띄어쓰기는 《출력형태》와 동일하게 맞추도록 합니다. 만약 '업로드' 텍스트가 1줄로 입력되어 있을 경우에는 해당 도형을 선택한 다음 크기를 조절할 수 있습니다. 단, 현재 스마트아트와 같이 3차원 회전이 된 상태에서는 크기 조절이 안되기 때문에 스마트아트의 스타일을 해제한 다음 도형의 크기를 조절하도록 합니다.

 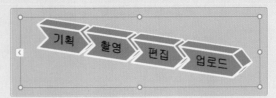

▲ SmartArt 스타일을 해제한 후 도형의 크기를 조절   ▲ SmartArt 스타일을 다시 적용한 후 글꼴 서식 변경

05 애니메이션 지정하기

(2) 애니메이션 순서 : ① ⇒ ②

《세부 조건》

① 도형 편집
 - 그룹화 후 애니메이션 효과 : 시계 방향 회전

② 도형 및 스마트아트 편집
 - 그룹화 후 애니메이션 효과 : 실선 무늬(세로)

1. 왼쪽 도형 애니메이션 지정하기

❶ 슬라이드 왼쪽에 삽입된 도형들이 모두 선택될 수 있도록 드래그한 후 마우스 오른쪽 버튼을 클릭하여 **[그룹화]-[그룹]**을 선택합니다.

➕ 그룹 지정 바로 가기 키 : Ctrl + G

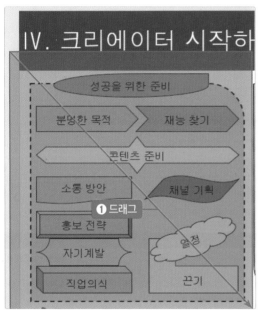

❷ 애니메이션을 지정하기 위해 [애니메이션] 탭-[애니메이션] 그룹에서 자세히 버튼(▼)을 클릭하여 **[나타내기]-[시계 방향 회전]**을 선택합니다.

➕ 조건에서 애니메이션 순서가 ① ⇒ ②라고 하였으므로 반드시 왼쪽 도형 그룹에 대한 애니메이션을 먼저 지정합니다.

2. 오른쪽 도형 애니메이션 지정하기   – 그룹화 후 애니메이션 효과 : 실선 무늬(세로)

❶ 이번에는 오른쪽 도형들을 그룹화하기 위해 다음과 같이 드래그하여 삽입된 도형을 모두 선택한 후 마우스 오른쪽 버튼을 클릭하여 [그룹화]-[그룹]을 선택합니다.

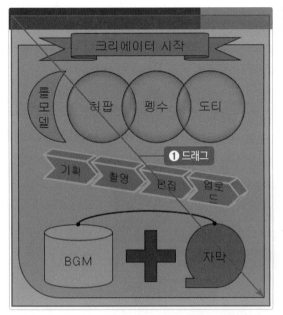 

❷ 애니메이션을 지정하기 위해 [애니메이션] 탭-[애니메이션] 그룹에서 자세히 버튼(▽)을 클릭하여 [나타내기]-[실선 무늬]를 선택합니다.

레벨업 📈 **추가 나타내기 효과**

만약 문제지에서 제시된 애니메이션이 보이지 않을 경우에는 [추가 나타내기 효과]를 클릭하여 이름이 동일한 애니메이션을 선택합니다.

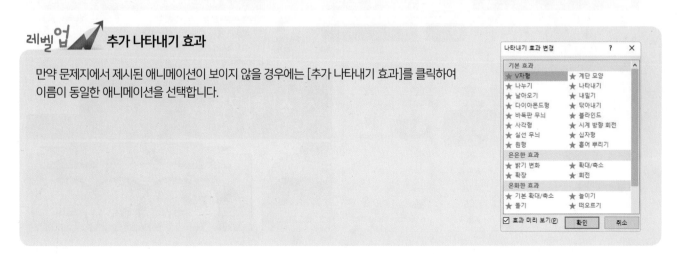

❸ 애니메이션의 방향을 지정하기 위해 [애니메이션] 탭-[애니메이션] 그룹에서 [효과 옵션(　)]-[세로]를 클릭합니다.

❹ 애니메이션이 적용되면 애니메이션 순서를 나타내는 번호가 왼쪽 도형이 1, 오른쪽 도형이 2로 표시되는 것을 확인한 후 Ctrl+S를 눌러 답안 파일을 저장합니다.

➕ [애니메이션] 탭-[미리보기] 그룹에서 [미리 보기]를 클릭하면 도형에 적용된 애니메이션을 확인할 수 있습니다.

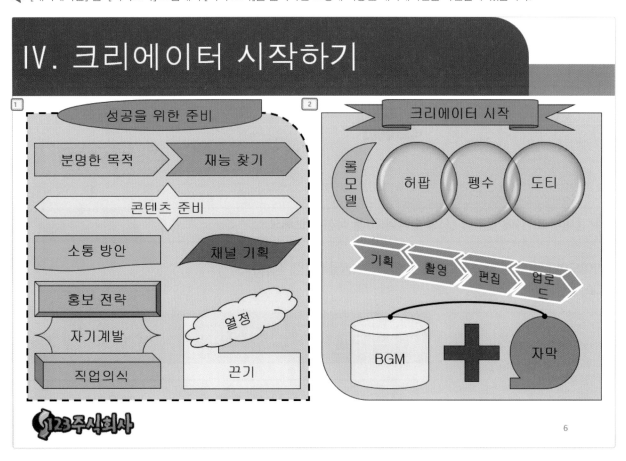

1 《세부 조건》에 맞추어 《도형 슬라이드》를 작성해 보세요.

소스파일: 07차시-1(문제).pptx
완성파일: 07차시-1(완성).pptx

(1) 슬라이드와 같이 도형 및 스마트아트를 배치한다(글꼴 : 굴림, 18pt).
(2) 애니메이션 순서 : ① ⇒ ②

《세부 조건》
① 도형 편집
 - 그룹화 후 애니메이션 효과 :
  닦아내기(위에서)
② 도형 및 스마트아트 편집
 - 스마트아트 디자인 :
  3차원 광택 처리,
  강한 효과
 - 그룹화 후 애니메이션 효과 :
  시계 방향 회전

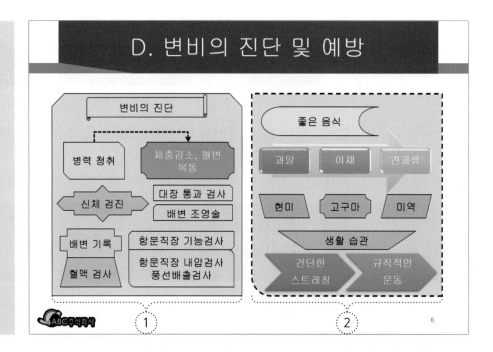

---

2 《세부 조건》에 맞추어 《도형 슬라이드》를 작성해 보세요.

소스파일: 07차시-2(문제).pptx
완성파일: 07차시-2(완성).pptx

(1) 슬라이드와 같이 도형 및 스마트아트를 배치한다(글꼴 : 굴림, 18pt).
(2) 애니메이션 순서 : ① ⇒ ②

《세부 조건》
① 도형 및 스마트아트 편집
 - 스마트아트 디자인 :
  3차원 광택 처리,
  3차원 만화
 - 그룹화 후 애니메이션 효과 :
  닦아내기(왼쪽에서)
② 도형 편집
 - 그룹화 후 애니메이션 효과 :
  바운드

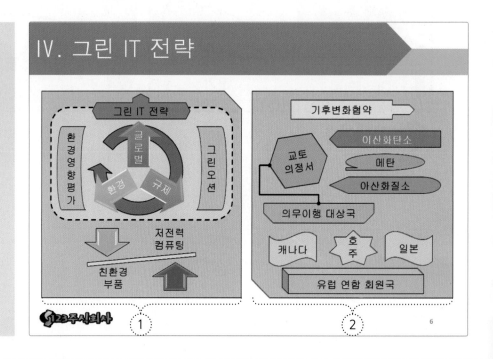

3 《세부 조건》에 맞추어 《도형 슬라이드》를 작성해 보세요.

소스파일: 07차시-3(문제).pptx
완성파일: 07차시-3(완성).pptx

(1) 슬라이드와 같이 도형 및 스마트아트를 배치한다(글꼴 : 굴림, 18pt).

(2) 애니메이션 순서 : ① ⇒ ②

《세부 조건》

① 도형 편집
- 그룹화 후 애니메이션 효과 :
  나누기(세로 바깥쪽으로)

② 도형 및 스마트아트 편집
- 스마트아트 디자인 :
  3차원 만화,
  3차원 경사
- 그룹화 후 애니메이션 효과 :
  밝기 변화

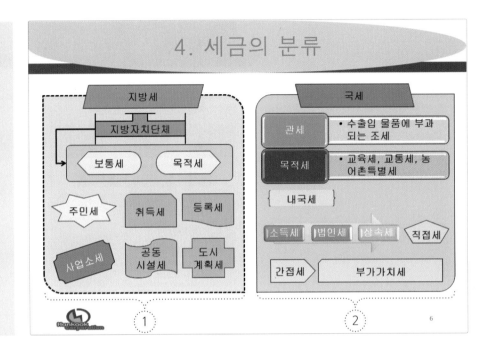

4 《세부 조건》에 맞추어 《도형 슬라이드》를 작성해 보세요.

소스파일: 07차시-4(문제).pptx
완성파일: 07차시-4(완성).pptx

(1) 슬라이드와 같이 도형 및 스마트아트를 배치한다(글꼴 : 굴림, 18pt).

(2) 애니메이션 순서 : ① ⇒ ②

《세부 조건》

① 도형 및 스마트아트 편집
- 스마트아트 디자인 :
  강한 효과,
  3차원 만화
- 그룹화 후 애니메이션 효과 :
  실선 무늬(세로)

② 도형 편집
- 그룹화 후 애니메이션 효과 :
  시계 방향 회전

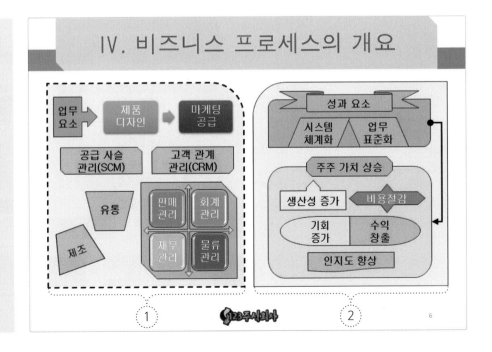

5 《세부 조건》에 맞추어 《도형 슬라이드》를 작성해 보세요.

소스파일: 07차시-5(문제).pptx
완성파일: 07차시-5(완성).pptx

(1) 슬라이드와 같이 도형 및 스마트아트를 배치한다(글꼴 : 궁서, 18pt).

(2) 애니메이션 순서 : ① ⇒ ②

《세부 조건》

① 도형 및 스마트아트 편집
 - 스마트아트 디자인 :
  3차원 경사,
  3차원 광택 처리
 - 그룹화 후 애니메이션 효과 :
  날아오기(오른쪽에서)

② 도형 편집
 - 그룹화 후 애니메이션 효과 :
  나타내기

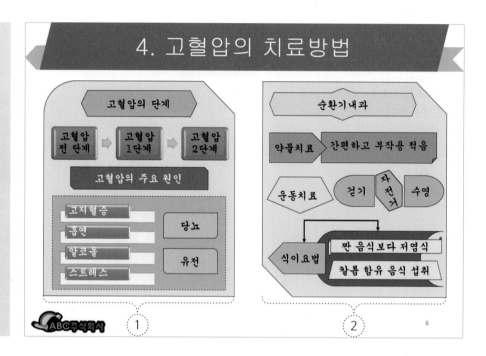

6 《세부 조건》에 맞추어 《도형 슬라이드》를 작성해 보세요.

소스파일: 07차시-6(문제).pptx
완성파일: 07차시-6(완성).pptx

(1) 슬라이드와 같이 도형 및 스마트아트를 배치한다(글꼴 : 굴림, 18pt).

(2) 애니메이션 순서 : ① ⇒ ②

《세부 조건》

① 도형 및 스마트아트 편집
 - 스마트아트 디자인 :
  3차원 만화,
  3차원 광택 처리
 - 그룹화 후 애니메이션 효과 :
  닦아내기(아래에서)

② 도형 편집
 - 그룹화 후 애니메이션 효과 :
  바운드

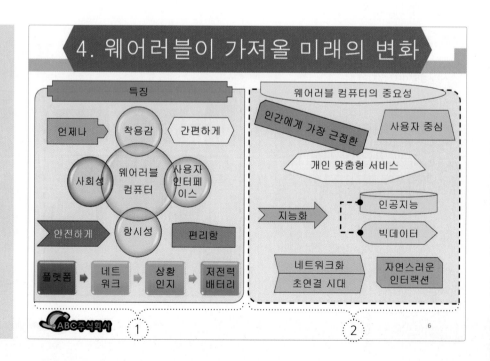

☆ 3

실전
모의고사

—

정보기술자격(ITQ) 실전모의고사

과 목	코 드	문제유형	시험시간	수험번호	성 명
한글파워포인트	1142	A	60분		

수험자 유의사항

◎ 수험자는 문제지를 받는 즉시 문제지와 <u>수험표상의 시험과목(프로그램)이 동일한지 반드시 확인</u>하여야 합니다.

◎ 파일명은 본인의 "수험번호-성명"으로 입력하여 답안폴더(내 PC₩문서₩ITQ)에 하나의 파일로 저장해야 하며, 답안문서 파일명이 "수험번호-성명"과 일치하지 않거나, 답안파일을 전송하지 않아 미제출로 처리될 경우 실격 처리합니다 (예:12345678-홍길동.pptx).

◎ 답안 작성을 마치면 파일을 저장하고, '답안 전송' 버튼을 선택하여 감독위원 PC로 답안을 전송하십시오. 수험생 정보와 저장한 파일명이 다를 경우 전송되지 않으므로 주의하시기 바랍니다.

◎ 답안 작성 중에도 <u>주기적으로 저장하고, '답안 전송'</u>하여야 문제 발생을 줄일 수 있습니다. 작업한 내용을 저장하지 않고 전송할 경우 이전에 저장된 내용이 전송되오니 이점 유의하시기 바랍니다.

◎ 답안문서는 지정된 경로 외의 다른 보조기억장치에 저장하는 경우, 지정된 시험 시간 외에 작성된 파일을 활용할 경우, 기타 통신수단(이메일, 메신저, 네트워크 등)을 이용하여 타인에게 전달 또는 외부 반출하는 경우는 부정 처리합니다.

◎ 시험 중 부주의 또는 고의로 시스템을 파손한 경우는 수험자가 변상해야 하며, <수험자 유의사항>에 기재된 방법대로 이행하지 않아 생기는 불이익은 수험생 당사자의 책임임을 알려 드립니다.

◎ 문제의 조건은 MS오피스 2016 버전으로 설정되어 있으니 유의하시기 바랍니다.

◎ 시험을 완료한 수험자는 답안파일이 전송되었는지 확인한 후 감독위원의 지시에 따라 문제지를 제출하고 퇴실합니다.

답안 작성요령

◎ 온라인 답안 작성 절차

수험자 등록 ⇒ 시험 시작 ⇒ 답안파일 저장 ⇒ 답안 전송 ⇒ 시험 종료

◎ 슬라이드의 크기는 A4 Paper로 설정하여 작성합니다.

◎ 슬라이드의 총 개수는 6개로 구성되어 있으며 슬라이드 1부터 순서대로 작업하고 반드시 문제와 세부 조건대로 합니다.

◎ 별도의 지시사항이 없는 경우 출력형태를 참조하여 글꼴색은 검정 또는 흰색으로 작성하고, 기타사항은 전체적인 균형을 고려하여 작성합니다.

◎ 슬라이드 도형 및 개체에 출력형태와 다른 스타일(그림자, 외곽선 등)을 적용했을 경우 감점처리 됩니다.

◎ 슬라이드 번호를 작성합니다(슬라이드 1에는 생략).

◎ 2~6번 슬라이드 제목 도형과 하단 로고는 슬라이드 마스터를 이용하여 출력형태와 동일하게 작성합니다(슬라이드 1에는 생략).

◎ 문제와 세부조건, 세부조건 번호 ⦂⦂(점선원)는 입력하지 않습니다.

◎ 각 개체의 위치는 오른쪽의 슬라이드와 동일하게 구성합니다.

◎ 그림 삽입 문제의 경우 반드시 「내 PC₩문서₩ITQ₩Picture」 폴더에서 정확한 파일을 선택하여 삽입하십시오.

◎ 각 슬라이드를 각각의 파일로 작업해서 저장할 경우 실격 처리됩니다.

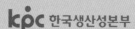

전체 구성 (60점)

(1) 슬라이드 크기 및 순서 : 크기를 A4 용지로 설정하고 슬라이드 순서에 맞게 작성한다.

(2) 슬라이드 마스터 : 2~6슬라이드의 제목, 하단 로고, 슬라이드 번호는 슬라이드 마스터를 이용하여 작성한다.
- 제목 글꼴(굴림, 40pt, 흰색), 가운데 맞춤, 도형(선 없음)
- 하단 로고(「내 PC₩문서₩ITQ₩Picture₩로고2.jpg」, 배경(회색) 투명색으로 설정)

슬라이드 1   표지 디자인 (40점)

(1) 표지 디자인 : 도형, 워드아트 및 그림을 이용하여 작성한다.

세부조건

① 도형 편집
- 도형에 그림 채우기 : 「내 PC₩문서₩ITQ₩Picture₩그림3.jpg」, 투명도 50%
- 도형 효과 : 부드러운 가장자리 5포인트
② 워드아트 삽입
- 변환 : 역삼각형
- 글꼴 : 궁서, 굵게
- 텍스트 반사 : 1/2 반사, 터치
③ 그림 삽입
- 「내 PC₩문서₩ITQ₩Picture₩로고2.jpg」
- 배경(회색) 투명색으로 설정

슬라이드 2   목차 슬라이드 (60점)

(1) 출력형태와 같이 도형을 이용하여 목차를 작성한다(글꼴 : 굴림, 24pt).

(2) 도형 : 선 없음

세부조건

① 텍스트에 하이퍼링크 적용
→ '슬라이드 4'
② 그림 삽입
- 「내 PC₩문서₩ITQ₩Picture₩그림4.jpg」
- 자르기 기능 이용

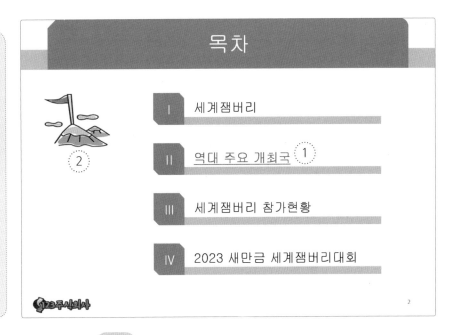

(1) 텍스트 작성 : 글머리 기호 사용(❖, •)

    ❖ 문단(굴림, 24pt, 굵게, 줄 간격 : 1.5줄), • 문단(굴림, 20pt, 줄 간격 : 1.5줄)

세부조건

① 동영상 삽입 :
- 「내 PC₩문서₩ITQ₩Picture₩ 동영상.wmv」
- 자동 실행, 반복 재생 설정

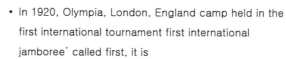

Ⅰ. 세계잼버리

❖**World Jamborees**
- Held in the Boy Scouts camp competition
- In 1920, Olympia, London, England camp held in the first international tournament first international jamboree' called first, it is

❖**세계잼버리대회**
- 1920년 영국의 런던 올림피아에서 제1회를 개최한 이후 매 4년마다 개최되는 민족, 문화 그리고 정치적인 이념을 초월하여 국제 이해와 우애를 다지는 보이스카우트의 세계야영대회

3

(1) 도형과 표 작성 기능을 이용하여 슬라이드를 작성한다(글꼴 : 돋움, 18pt).

세부조건

① 상단 도형 :
2개 도형의 조합으로 작성
② 좌측 도형 :
그라데이션 효과(선형 아래쪽)
③ 표 스타일 :
테마 스타일 1 – 강조 1

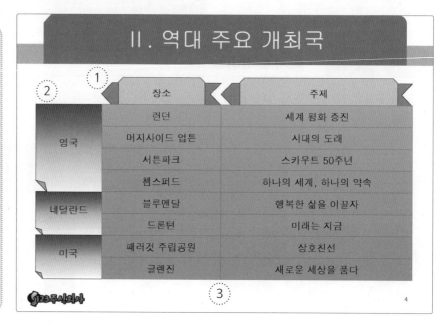

Ⅱ. 역대 주요 개최국

	장소	주제
영국	런던	세계 평화 증진
영국	머지사이드 업튼	시대의 도래
영국	서튼파크	스카우트 50주년
영국	쳄스퍼드	하나의 세계, 하나의 약속
네덜란드	블루멘달	행복한 삶을 이끌자
네덜란드	드론턴	미래는 지금
미국	패러컷 주립공원	상호친선
미국	글렌진	새로운 세상을 품다

4

(1) 차트 작성 기능을 이용하여 슬라이드를 작성한다.

(2) 차트 : 종류(묶은 세로 막대형), 글꼴(돋움, 16pt), 외곽선

세부조건

※ 차트 설명
- 차트 제목 : 궁서, 24pt, 굵게,
  채우기(흰색), 테두리,
  그림자(오프셋 아래쪽)
- 차트 영역 : 채우기(노랑)
  그림 영역 : 채우기(흰색)
- 데이터 서식 : 참가자 계열을
  표식이 있는 꺾은선형으로 변경 후
  보조 축으로 지정
- 값 표시 : 2015년의 참가자 계열만
① 도형 삽입
- 스타일 :
  미세 효과 – 파랑, 강조 1
- 글꼴 : 굴림, 18pt

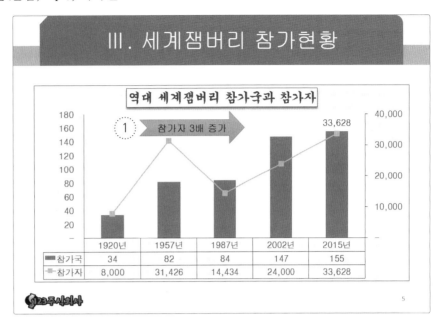

---

(1) 슬라이드와 같이 도형 및 스마트아트를 배치한다(글꼴 : 굴림, 18pt).

(2) 애니메이션 순서 : ① ⇒ ②

세부조건

① 도형 및 스마트아트 편집
- 스마트아트 디자인 :
  3차원 경사,
  3차원 광택 처리
- 그룹화 후 애니메이션 효과 :
  바운드
② 도형 편집
- 그룹화 후 애니메이션 효과 :
  시계 방향 회전

정보기술자격(ITQ) 실전모의고사

과 목	코 드	문제유형	시험시간	수험번호	성 명
한글파워포인트	1142	A	60분		

수험자 유의사항

◎ 수험자는 문제지를 받는 즉시 문제지와 <u>수험표상의 시험과목(프로그램)이 동일한지 반드시 확인</u>하여야 합니다.

◎ 파일명은 본인의 "수험번호-성명"으로 입력하여 답안폴더(내 PC₩문서₩ITQ)에 하나의 파일로 저장해야 하며, 답안문서 파일명이 "수험번호-성명"과 일치하지 않거나, 답안파일을 전송하지 않아 미제출로 처리될 경우 실격 처리합니다 (예:12345678-홍길동.pptx).

◎ 답안 작성을 마치면 파일을 저장하고, '답안 전송' 버튼을 선택하여 감독위원 PC로 답안을 전송하십시오. 수험생 정보와 저장한 파일명이 다를 경우 전송되지 않으므로 주의하시기 바랍니다.

◎ 답안 작성 중에도 <u>주기적으로 저장하고, '답안 전송'</u>하여야 문제 발생을 줄일 수 있습니다. 작업한 내용을 저장하지 않고 전송할 경우 이전에 저장된 내용이 전송되오니 이점 유의하시기 바랍니다.

◎ 답안문서는 지정된 경로 외의 다른 보조기억장치에 저장하는 경우, 지정된 시험 시간 외에 작성된 파일을 활용할 경우, 기타 통신수단(이메일, 메신저, 네트워크 등)을 이용하여 타인에게 전달 또는 외부 반출하는 경우는 부정 처리합니다.

◎ 시험 중 부주의 또는 고의로 시스템을 파손한 경우는 수험자가 변상해야 하며, <수험자 유의사항>에 기재된 방법대로 이행하지 않아 생기는 불이익은 수험생 당사자의 책임임을 알려 드립니다.

◎ 문제의 조건은 MS오피스 2016 버전으로 설정되어 있으니 유의하시기 바랍니다.

◎ 시험을 완료한 수험자는 답안파일이 전송되었는지 확인한 후 감독위원의 지시에 따라 문제지를 제출하고 퇴실합니다.

답안 작성요령

◎ 온라인 답안 작성 절차
　수험자 등록 ⇒ 시험 시작 ⇒ 답안파일 저장 ⇒ 답안 전송 ⇒ 시험 종료

◎ 슬라이드의 크기는 A4 Paper로 설정하여 작성합니다.

◎ 슬라이드의 총 개수는 6개로 구성되어 있으며 슬라이드 1부터 순서대로 작업하고 반드시 문제와 세부 조건대로 합니다.

◎ 별도의 지시사항이 없는 경우 출력형태를 참조하여 글꼴색은 검정 또는 흰색으로 작성하고, 기타사항은 전체적인 균형을 고려하여 작성합니다.

◎ 슬라이드 도형 및 개체에 출력형태와 다른 스타일(그림자, 외곽선 등)을 적용했을 경우 감점처리 됩니다.

◎ 슬라이드 번호를 작성합니다(슬라이드 1에는 생략).

◎ 2~6번 슬라이드 제목 도형과 하단 로고는 슬라이드 마스터를 이용하여 출력형태와 동일하게 작성합니다(슬라이드 1에는 생략).

◎ 문제와 세부조건, 세부조건 번호 ⦙(점선원)는 입력하지 않습니다.

◎ 각 개체의 위치는 오른쪽의 슬라이드와 동일하게 구성합니다.

◎ 그림 삽입 문제의 경우 반드시 「내 PC₩문서₩ITQ₩Picture」 폴더에서 정확한 파일을 선택하여 삽입하십시오.

◎ 각 슬라이드를 각각의 파일로 작업해서 저장할 경우 실격 처리됩니다.

전체 구성 (60점)

(1) 슬라이드 크기 및 순서 : 크기를 A4 용지로 설정하고 슬라이드 순서에 맞게 작성한다.
(2) 슬라이드 마스터 : 2~6슬라이드의 제목, 하단 로고, 슬라이드 번호는 슬라이드 마스터를 이용하여 작성한다.
- 제목 글꼴(돋움, 40pt, 흰색), 왼쪽 맞춤, 도형(선 없음)
- 하단 로고(「내 PC\문서\ITQ\Picture\로고3.jpg」, 배경(연보라) 투명색으로 설정)

슬라이드 1 　표지 디자인 (40점)

(1) 표지 디자인 : 도형, 워드아트 및 그림을 이용하여 작성한다.

세부조건
① 도형 편집
- 도형에 그림 채우기 :
「내 PC\문서\ITQ\Picture\
그림2.jpg」, 투명도 50%
- 도형 효과 :
부드러운 가장자리 5포인트
② 워드아트 삽입
- 변환 : 위로 기울기
- 글꼴 : 돋움, 굵게
- 텍스트 반사 :
근접 반사, 4 pt 오프셋
③ 그림 삽입
- 「내 PC\문서\ITQ\Picture\
로고3.jpg」
- 배경(연보라) 투명색으로 설정

슬라이드 2 　목차 슬라이드 (60점)

(1) 출력형태와 같이 도형을 이용하여 목차를 작성한다(글꼴 : 굴림, 24pt).
(2) 도형 : 선 없음

세부조건
① 텍스트에 하이퍼링크 적용
→ '슬라이드 6'
② 그림 삽입
- 「내 PC\문서\ITQ\Picture\
그림4.jpg」
- 자르기 기능 이용

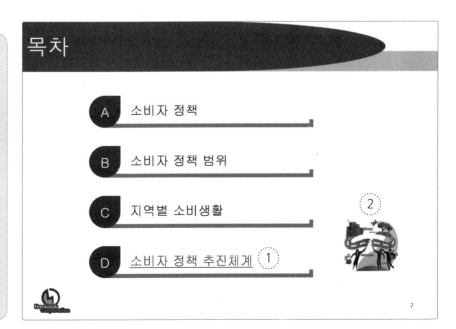

(1) 텍스트 작성 : 글머리 기호 사용(◆, ✓)

　◆문단(굴림, 24pt, 굵게, 줄 간격 : 1.5줄), ✓문단(굴림, 20pt, 줄 간격 : 1.5줄)

세부조건

① 동영상 삽입 :
- 「내 PC₩문서₩ITQ₩Picture₩
　동영상.wmv」
- 자동 실행, 반복 재생 설정

A. 소비자 정책

◆ **Consumer law**

　✓ Consumer law is considered as an area of law that regulates private law relationships between individual consumers and the businesses that sell those goods and services

◆ **소비자 정책**

　✓ 시장경제에서 소비자 문제를 해결하기 위하여 정부가 법과 제도 등을 통하여 시장에 직/간접적으로 개입하는 일련의 과정

　✓ 보호론적 관점에서 소비자가 자주적으로 문제를 해결할 수 있도록 지원해 주는 주권론적 관점으로 패러다임이 전환

3

---

(1) 도형과 표 작성 기능을 이용하여 슬라이드를 작성한다(글꼴 : 돋움, 18pt).

세부조건

① 상단 도형 :
　2개 도형의 조합으로 작성
② 좌측 도형 :
　그라데이션 효과(선형 아래쪽)
③ 표 스타일 :
　테마 스타일 1 – 강조 4

B. 소비자 정책 범위

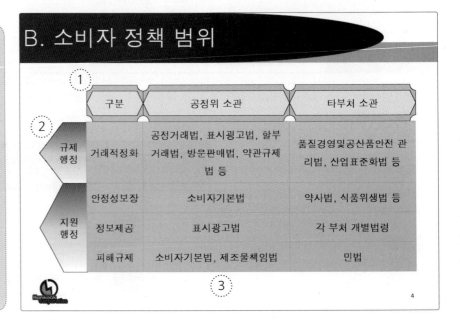

구분		공정위 소관	타부처 소관
규제행정	거래적정화	공정거래법, 표시광고법, 할부거래법, 방문판매법, 약관규제법 등	품질경영및공산품안전 관리법, 산업표준화법 등
	안정성보장	소비자기본법	약사법, 식품위생법 등
지원행정	정보제공	표시광고법	각 부처 개별법령
	피해규제	소비자기본법, 제조물책임법	민법

4

(1) 차트 작성 기능을 이용하여 슬라이드를 작성한다.

(2) 차트 : 종류(묶은 세로 막대형), 글꼴(돋움, 16pt), 외곽선

세부조건

※ 차트 설명
- 차트 제목 : 궁서, 24pt, 굵게,
  채우기(흰색), 테두리,
  그림자(오프셋 오른쪽)
- 차트 영역 : 채우기(노랑)
  그림 영역 : 채우기(흰색)
- 데이터 서식 : 2017년 계열을
  표식이 있는 꺾은선형으로 변경 후
  보조 축으로 지정
- 값 표시 : 대전의 2017년 계열만

① 도형 삽입
- 스타일 :
  미세 효과 – 파랑, 강조 1
- 글꼴 : 돋움, 18pt

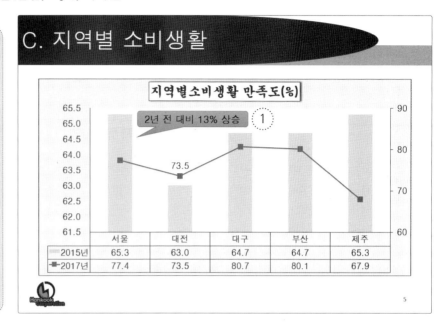

(1) 슬라이드와 같이 도형 및 스마트아트를 배치한다(글꼴 : 굴림, 18pt).

(2) 애니메이션 순서 : ① ⇒ ②

세부조건

① 도형 편집
- 그룹화 후 애니메이션 효과 :
  바운드
② 도형 및 스마트아트 편집
- 스마트아트 디자인 :
  3차원 경사,
  3차원 만화
- 그룹화 후 애니메이션 효과 :
  시계 방향 회전

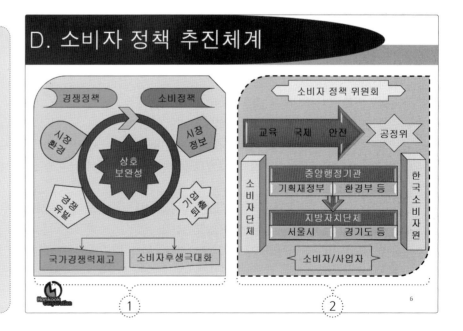

정보기술자격(ITQ) 실전모의고사

과 목	코 드	문제유형	시험시간	수험번호	성 명
한글파워포인트	1142	A	60분		

수험자 유의사항

◎ 수험자는 문제지를 받는 즉시 문제지와 <u>수험표상의 시험과목(프로그램)이 동일한지 반드시 확인</u>하여야 합니다.

◎ 파일명은 본인의 "수험번호−성명"으로 입력하여 답안폴더(내 PC₩문서₩ITQ)에 하나의 파일로 저장해야 하며, 답안문서 파일명이 "수험번호−성명"과 일치하지 않거나, 답안파일을 전송하지 않아 미제출로 처리될 경우 실격 처리합니다 (예:12345678−홍길동.pptx).

◎ 답안 작성을 마치면 파일을 저장하고, '답안 전송' 버튼을 선택하여 감독위원 PC로 답안을 전송하십시오. 수험생 정보와 저 장한 파일명이 다를 경우 전송되지 않으므로 주의하시기 바랍니다.

◎ 답안 작성 중에도 <u>주기적으로 저장하고, '답안 전송'</u>하여야 문제 발생을 줄일 수 있습니다. 작업한 내용을 저장하지 않고 전 송할 경우 이전에 저장된 내용이 전송되오니 이점 유의하시기 바랍니다.

◎ 답안문서는 지정된 경로 외의 다른 보조기억장치에 저장하는 경우, 지정된 시험 시간 외에 작성된 파일을 활용할 경우, 기타 통신수단(이메일, 메신저, 네트워크 등)을 이용하여 타인에게 전달 또는 외부 반출하는 경우는 부정 처리합니다.

◎ 시험 중 부주의 또는 고의로 시스템을 파손한 경우는 수험자가 변상해야 하며, <수험자 유의사항>에 기재된 방법대로 이행 하지 않아 생기는 불이익은 수험생 당사자의 책임임을 알려 드립니다.

◎ 문제의 조건은 MS오피스 2016 버전으로 설정되어 있으니 유의하시기 바랍니다.

◎ 시험을 완료한 수험자는 답안파일이 전송되었는지 확인한 후 감독위원의 지시에 따라 문제지를 제출하고 퇴실합니다.

답안 작성요령

◎ 온라인 답안 작성 절차

　수험자 등록 ⇒ 시험 시작 ⇒ 답안파일 저장 ⇒ 답안 전송 ⇒ 시험 종료

◎ 슬라이드의 크기는 A4 Paper로 설정하여 작성합니다.

◎ 슬라이드의 총 개수는 6개로 구성되어 있으며 슬라이드 1부터 순서대로 작업하고 반드시 문제와 세부 조건대로 합니다.

◎ 별도의 지시사항이 없는 경우 출력형태를 참조하여 글꼴색은 검정 또는 흰색으로 작성하고, 기타사항은 전체적인 균형을 고 려하여 작성합니다.

◎ 슬라이드 도형 및 개체에 출력형태와 다른 스타일(그림자, 외곽선 등)을 적용했을 경우 감점처리 됩니다.

◎ 슬라이드 번호를 작성합니다(슬라이드 1에는 생략).

◎ 2~6번 슬라이드 제목 도형과 하단 로고는 슬라이드 마스터를 이용하여 출력형태와 동일하게 작성합니다(슬라이드 1에는 생략).

◎ 문제와 세부조건, 세부조건 번호 ⃝(점선원)는 입력하지 않습니다.

◎ 각 개체의 위치는 오른쪽의 슬라이드와 동일하게 구성합니다.

◎ 그림 삽입 문제의 경우 반드시 「내 PC₩문서₩ITQ₩Picture」 폴더에서 정확한 파일을 선택하여 삽입하십시오.

◎ 각 슬라이드를 각각의 파일로 작업해서 저장할 경우 실격 처리됩니다.

kpc 한국생산성본부

전체 구성 (60점)

(1) 슬라이드 크기 및 순서 : 크기를 A4 용지로 설정하고 슬라이드 순서에 맞게 작성한다.
(2) 슬라이드 마스터 : 2~6슬라이드의 제목, 하단 로고, 슬라이드 번호는 슬라이드 마스터를 이용하여 작성한다.
- 제목 글꼴(돋움, 40pt, 흰색), 가운데 맞춤, 도형(선 없음)
- 하단 로고(「내 PC₩문서₩ITQ₩Picture₩로고1.jpg」, 배경(회색) 투명색으로 설정)

슬라이드 1 　표지 디자인 (40점)

(1) 표지 디자인 : 도형, 워드아트 및 그림을 이용하여 작성한다.

세부조건

① 도형 편집
- 도형에 그림 채우기 : 「내 PC₩문서₩ITQ₩Picture₩그림1.jpg」, 투명도 50%
- 도형 효과 : 부드러운 가장자리 5포인트
② 워드아트 삽입
- 변환 : 휘어 내려가기
- 글꼴 : 맑은 고딕, 굵게
- 텍스트 반사 : 근접 반사, 터치
③ 그림 삽입
- 「내 PC₩문서₩ITQ₩Picture₩로고1.jpg」
- 배경(회색) 투명색으로 설정

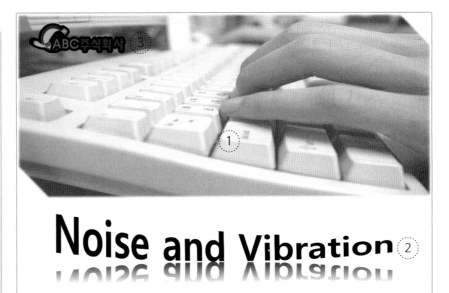

슬라이드 2 　목차 슬라이드 (60점)

(1) 출력형태와 같이 도형을 이용하여 목차를 작성한다(글꼴 : 돋움, 24pt).
(2) 도형 : 선 없음

세부조건

① 텍스트에 하이퍼링크 적용
→ '슬라이드 5'
② 그림 삽입
- 「내 PC₩문서₩ITQ₩Picture₩그림4.jpg」
- 자르기 기능 이용

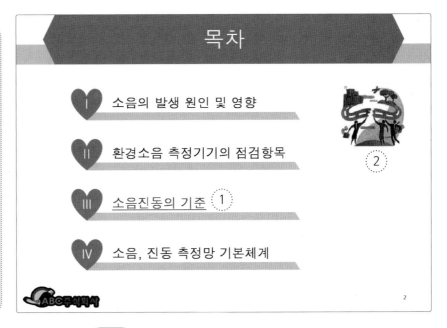

(1) 텍스트 작성 : 글머리 기호 사용(✓, ▪)
　　✓문단(굴림, 24pt, 굵게, 줄 간격 : 1.5줄), ▪ 문단(굴림, 20pt, 줄 간격 : 1.5줄)

세부조건

① 동영상 삽입 :
　– 「내 PC\문서\ITQ\Picture\
　　동영상.wmv」
　– 자동 실행, 반복 재생 설정

Ⅰ. 소음의 발생 원인 및 영향

✓Impact and Damage of Noise

▪ Physiological and psychological effects on the human body and lowering of work efficiency

▪ Short-term effects include a decrease in heart rate and skin peripheral vasoconstriction, increase in respiratory size

✓소음의 발생 원인

▪ 가정에서 사용하는 TV, 피아노, 세탁기 등이 유발하는 생활소음, 자동차, 철도, 비행기와 같은 교통 수단의 이동에서 나오는 소음, 공장에서 나는 기계음

ABC주식회사　　3

---

(1) 도형과 표 작성 기능을 이용하여 슬라이드를 작성한다(글꼴 : 돋움, 18pt).

세부조건

① 상단 도형 :
　2개 도형의 조합으로 작성
② 좌측 도형 :
　그라데이션 효과(선형 아래쪽)
③ 표 스타일 :
　테마 스타일 1 – 강조 1

Ⅱ. 환경소음 측정기기의 점검항목

	점검내용	점검방법	점검주기
마이크로폰	감도 확인 케이블 전선 상태	소음교정기 사용 육안 점검	월1회 동작 불량 시 수시
삼각대	안정성 검사 노후 정도 파악	육안의 점검을 통한 상태 점검	수시
방풍망	방풍망의 경화 정도 방풍망 파손 여부	육안 및 촉수에 의한 노후 정도 파악, 빛의 투과 정도 에 따라 교환 주기 파악	분기 1회 수시

ABC주식회사　　4

(1) 차트 작성 기능을 이용하여 슬라이드를 작성한다.
(2) 차트 : 종류(묶은 세로 막대형), 글꼴(돋움, 16pt), 외곽선

세부조건

※ 차트 설명
 · 차트 제목 : 궁서, 24pt, 굵게,
  채우기(흰색), 테두리,
  그림자(오프셋 대각선 오른쪽 위)
 · 차트 영역 : 채우기(노랑)
  그림 영역 : 채우기(흰색)
 · 데이터 서식 :
  밤 계열을 표식이 있는 꺾은선형으로
  변경 후 보조 축으로 지정
 · 값 표시 : 마 지역의 밤 계열만
① 도형 삽입
 - 스타일 :
  미세 효과 – 파랑, 강조 1
 - 글꼴 : 돋움, 18pt

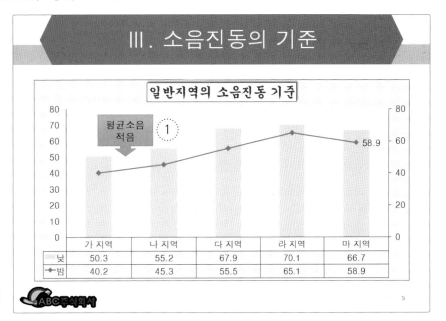

슬라이드 6   **도형 슬라이드**   (100점)

(1) 슬라이드와 같이 도형 및 스마트아트를 배치한다(글꼴 : 굴림, 18pt).
(2) 애니메이션 순서 : ① ⇒ ②

세부조건

① 도형 및 스마트아트 편집
 - 스마트아트 디자인 :
  3차원 벽돌,
  3차원 경사
 - 그룹화 후 애니메이션 효과 :
  실선 무늬(세로)
② 도형 편집
 - 그룹화 후 애니메이션 효과 :
  회전하며 밝기 변화

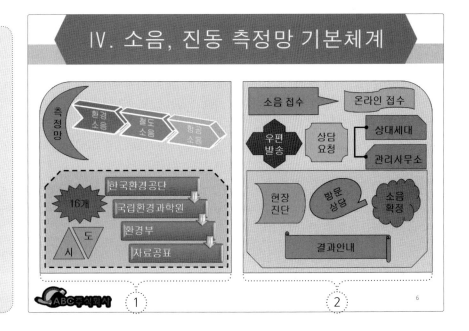

정보기술자격(ITQ) 실전모의고사

과 목	코 드	문제유형	시험시간	수험번호	성 명
한글파워포인트	1142	A	60분		

수험자 유의사항

◎ 수험자는 문제지를 받는 즉시 문제지와 <u>수험표상의 시험과목(프로그램)이 동일한지 반드시 확인</u>하여야 합니다.

◎ 파일명은 본인의 "수험번호-성명"으로 입력하여 답안폴더(내 PC₩문서₩ITQ)에 하나의 파일로 저장해야 하며, 답안문서 파일명이 "수험번호-성명"과 일치하지 않거나, 답안파일을 전송하지 않아 미제출로 처리될 경우 실격 처리합니다 (예:12345678-홍길동.pptx).

◎ 답안 작성을 마치면 파일을 저장하고, '답안 전송' 버튼을 선택하여 감독위원 PC로 답안을 전송하십시오. 수험생 정보와 저장한 파일명이 다를 경우 전송되지 않으므로 주의하시기 바랍니다.

◎ 답안 작성 중에도 <u>주기적으로 저장하고, '답안 전송'</u>하여야 문제 발생을 줄일 수 있습니다. 작업한 내용을 저장하지 않고 전송할 경우 이전에 저장된 내용이 전송되오니 이점 유의하시기 바랍니다.

◎ 답안문서는 지정된 경로 외의 다른 보조기억장치에 저장하는 경우, 지정된 시험 시간 외에 작성된 파일을 활용할 경우, 기타 통신수단(이메일, 메신저, 네트워크 등)을 이용하여 타인에게 전달 또는 외부 반출하는 경우는 부정 처리합니다.

◎ 시험 중 부주의 또는 고의로 시스템을 파손한 경우는 수험자가 변상해야 하며, <수험자 유의사항>에 기재된 방법대로 이행하지 않아 생기는 불이익은 수험생 당사자의 책임임을 알려 드립니다.

◎ 문제의 조건은 MS오피스 2016 버전으로 설정되어 있으니 유의하시기 바랍니다.

◎ 시험을 완료한 수험자는 답안파일이 전송되었는지 확인한 후 감독위원의 지시에 따라 문제지를 제출하고 퇴실합니다.

답안 작성요령

◎ 온라인 답안 작성 절차
  수험자 등록 ⇒ 시험 시작 ⇒ 답안파일 저장 ⇒ 답안 전송 ⇒ 시험 종료

◎ 슬라이드의 크기는 A4 Paper로 설정하여 작성합니다.

◎ 슬라이드의 총 개수는 6개로 구성되어 있으며 슬라이드 1부터 순서대로 작업하고 반드시 문제와 세부 조건대로 합니다.

◎ 별도의 지시사항이 없는 경우 출력형태를 참조하여 글꼴색은 검정 또는 흰색으로 작성하고, 기타사항은 전체적인 균형을 고려하여 작성합니다.

◎ 슬라이드 도형 및 개체에 출력형태와 다른 스타일(그림자, 외곽선 등)을 적용했을 경우 감점처리 됩니다.

◎ 슬라이드 번호를 작성합니다(슬라이드 1에는 생략).

◎ 2~6번 슬라이드 제목 도형과 하단 로고는 슬라이드 마스터를 이용하여 출력형태와 동일하게 작성합니다(슬라이드 1에는 생략).

◎ 문제와 세부조건, 세부조건 번호 ⋯(점선원)는 입력하지 않습니다.

◎ 각 개체의 위치는 오른쪽의 슬라이드와 동일하게 구성합니다.

◎ 그림 삽입 문제의 경우 반드시 「내 PC₩문서₩ITQ₩Picture」 폴더에서 정확한 파일을 선택하여 삽입하십시오.

◎ 각 슬라이드를 각각의 파일로 작업해서 저장할 경우 실격 처리됩니다.

kpc 한국생산성본부

전체 구성   (60점)

(1) 슬라이드 크기 및 순서 : 크기를 A4 용지로 설정하고 슬라이드 순서에 맞게 작성한다.

(2) 슬라이드 마스터 : 2~6슬라이드의 제목, 하단 로고, 슬라이드 번호는 슬라이드 마스터를 이용하여 작성한다.
- 제목 글꼴(돋움, 40pt, 빨강), 가운데 맞춤, 도형(선 없음)
- 하단 로고(「내 PC₩문서₩ITQ₩Picture₩로고1.jpg」, 배경(회색) 투명색으로 설정)

슬라이드 1   표지 디자인   (40점)

(1) 표지 디자인 : 도형, 워드아트 및 그림을 이용하여 작성한다.

세부조건

① 도형 편집
- 도형에 그림 채우기 : 「내 PC₩문서₩ITQ₩Picture₩ 그림1.jpg」, 투명도 50%
- 도형 효과 : 부드러운 가장자리 5포인트

② 워드아트 삽입
- 변환 : 삼각형
- 글꼴 : 돋움, 굵게
- 텍스트 반사 : 1/2 반사, 터치

③ 그림 삽입
- 「내 PC₩문서₩ITQ₩Picture₩ 로고1.jpg」
- 배경(회색) 투명색으로 설정

슬라이드 2   목차 슬라이드   (60점)

(1) 출력형태와 같이 도형을 이용하여 목차를 작성한다(글꼴 : 굴림, 24pt).

(2) 도형 : 선 없음

세부조건

① 텍스트에 하이퍼링크 적용
→ '슬라이드 4'

② 그림 삽입
- 「내 PC₩문서₩ITQ₩Picture₩ 그림5.jpg」
- 자르기 기능 이용

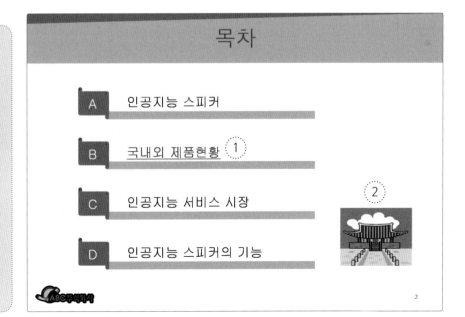

슬라이드 3 텍스트/동영상 슬라이드 (60점)

(1) 텍스트 작성 : 글머리 기호 사용(❖, ✓)

❖문단(굴림, 24pt, 굵게, 줄 간격 : 1.5줄), ✓문단(굴림, 20pt, 줄 간격 : 1.5줄)

세부조건

① 동영상 삽입 :
 - 「내 PC₩문서₩ITQ₩Picture₩
   동영상.wmv」
 - 자동 실행, 반복 재생 설정

A. 인공지능 스피커

❖ **Artificial Intelligence Speaker**
 ✓Voice command device with a virtual secretary that
  provides interactive action and hands free
  activation with the help of more than one hot word

❖ **인공지능 스피커**
 ✓인공지능은 인간의 지능이 가지는 학습, 추리, 적응, 논증 따위의 기능
  을 갖춘 컴퓨터 시스템
 ✓인공지능 스피커는 음성인식을 통하여서도 음악 감상, 정보 검색 등의
  기능을 수행할 수 있음

3

슬라이드 4 표 슬라이드 (80점)

(1) 도형과 표 작성 기능을 이용하여 슬라이드를 작성한다(글꼴 : 돋움, 18pt).

세부조건

① 상단 도형 :
 2개 도형의 조합으로 작성
② 좌측 도형 :
 그라데이션 효과(선형 아래쪽)
③ 표 스타일 :
 테마 스타일 1 – 강조 6

B. 국내외 제품현황

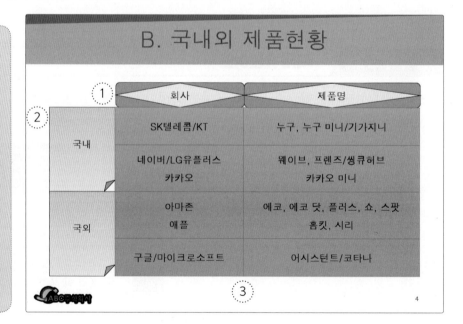

	회사	제품명
국내	SK텔레콤/KT	누구, 누구 미니/기가지니
	네이비/LG유플러스 카카오	웨이브, 프렌즈/씽큐허브 카카오 미니
국외	아마존 애플	에코, 에코 닷, 플러스, 쇼, 스팟 홈킷, 시리
	구글/마이크로소프트	어시스턴트/코타나

4

슬라이드 5　차트 슬라이드　(100점)

(1) 차트 작성 기능을 이용하여 슬라이드를 작성한다.
(2) 차트 : 종류(묶은 세로 막대형), 글꼴(돋움, 16pt), 외곽선

세부조건

※ 차트 설명
- 차트 제목 : 궁서, 24pt, 굵게,
  채우기(흰색), 테두리,
  그림자(오프셋 위쪽)
- 차트 영역 : 채우기(노랑)
  그림 영역 : 채우기(흰색)
- 데이터 서식 : 영상처리 계열을
  표식이 있는 꺾은선형으로 변경 후
  보조 축으로 지정
- 값 표시 : 2020년의 영상처리 계열만
① 도형 삽입
  - 스타일 :
    미세 효과 – 주황, 강조 2
  - 글꼴 : 굴림, 18pt

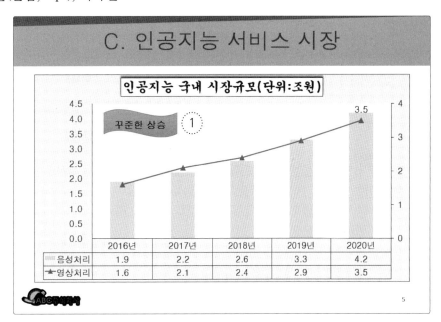

슬라이드 6　도형 슬라이드　(100점)

(1) 슬라이드와 같이 도형 및 스마트아트를 배치한다(글꼴 : 굴림, 18pt).
(2) 애니메이션 순서 : ① ⇒ ②

세부조건

① 도형 및 스마트아트 편집
  - 스마트아트 디자인 :
    3차원 벽돌,
    3차원 광택 처리
  - 그룹화 후 애니메이션 효과 :
    실선 무늬(세로)
② 도형 편집
  - 그룹화 후 애니메이션 효과 :
    회전하며 밝기 변화

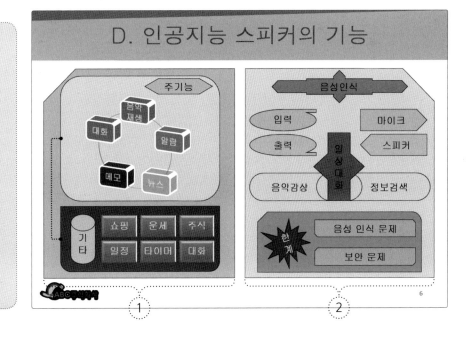

정보기술자격(ITQ) 실전모의고사

과 목	코 드	문제유형	시험시간	수험번호	성 명
한글파워포인트	1142	A	60분		

수험자 유의사항

◎ 수험자는 문제지를 받는 즉시 문제지와 <u>수험표상의 시험과목(프로그램)이 동일한지 반드시 확인</u>하여야 합니다.

◎ 파일명은 본인의 "수험번호-성명"으로 입력하여 답안폴더(내 PC\문서\ITQ)에 하나의 파일로 저장해야 하며, 답안문서 파일명이 "수험번호-성명"과 일치하지 않거나, 답안파일을 전송하지 않아 미제출로 처리될 경우 실격 처리합니다 (예:12345678-홍길동.pptx).

◎ 답안 작성을 마치면 파일을 저장하고, '답안 전송' 버튼을 선택하여 감독위원 PC로 답안을 전송하십시오. 수험생 정보와 저장한 파일명이 다를 경우 전송되지 않으므로 주의하시기 바랍니다.

◎ 답안 작성 중에도 <u>주기적으로 저장하고, '답안 전송'</u>하여야 문제 발생을 줄일 수 있습니다. 작업한 내용을 저장하지 않고 전송할 경우 이전에 저장된 내용이 전송되오니 이점 유의하시기 바랍니다.

◎ 답안문서는 지정된 경로 외의 다른 보조기억장치에 저장하는 경우, 지정된 시험 시간 외에 작성된 파일을 활용할 경우, 기타 통신수단(이메일, 메신저, 네트워크 등)을 이용하여 타인에게 전달 또는 외부 반출하는 경우는 부정 처리합니다.

◎ 시험 중 부주의 또는 고의로 시스템을 파손한 경우는 수험자가 변상해야 하며, <수험자 유의사항>에 기재된 방법대로 이행하지 않아 생기는 불이익은 수험생 당사자의 책임임을 알려 드립니다.

◎ 문제의 조건은 MS오피스 2016 버전으로 설정되어 있으니 유의하시기 바랍니다.

◎ 시험을 완료한 수험자는 답안파일이 전송되었는지 확인한 후 감독위원의 지시에 따라 문제지를 제출하고 퇴실합니다.

답안 작성요령

◎ 온라인 답안 작성 절차

　　수험자 등록 ⇒ 시험 시작 ⇒ 답안파일 저장 ⇒ 답안 전송 ⇒ 시험 종료

◎ 슬라이드의 크기는 A4 Paper로 설정하여 작성합니다.

◎ 슬라이드의 총 개수는 6개로 구성되어 있으며 슬라이드 1부터 순서대로 작업하고 반드시 문제와 세부 조건대로 합니다.

◎ 별도의 지시사항이 없는 경우 출력형태를 참조하여 글꼴색은 검정 또는 흰색으로 작성하고, 기타사항은 전체적인 균형을 고려하여 작성합니다.

◎ 슬라이드 도형 및 개체에 출력형태와 다른 스타일(그림자, 외곽선 등)을 적용했을 경우 감점처리 됩니다.

◎ 슬라이드 번호를 작성합니다(슬라이드 1에는 생략).

◎ 2~6번 슬라이드 제목 도형과 하단 로고는 슬라이드 마스터를 이용하여 출력형태와 동일하게 작성합니다(슬라이드 1에는 생략).

◎ 문제와 세부조건, 세부조건 번호 ⁝(점선원)는 입력하지 않습니다.

◎ 각 개체의 위치는 오른쪽의 슬라이드와 동일하게 구성합니다.

◎ 그림 삽입 문제의 경우 반드시 「내 PC\문서\ITQ\Picture」 폴더에서 정확한 파일을 선택하여 삽입하십시오.

◎ 각 슬라이드를 각각의 파일로 작업해서 저장할 경우 실격 처리됩니다.

kpc 한국생산성본부

전체 구성 (60점)

(1) 슬라이드 크기 및 순서 : 크기를 A4 용지로 설정하고 슬라이드 순서에 맞게 작성한다.
(2) 슬라이드 마스터 : 2~6슬라이드의 제목, 하단 로고, 슬라이드 번호는 슬라이드 마스터를 이용하여 작성한다.
　　- 제목 글꼴(돋움, 40pt, 파랑), 왼쪽 맞춤, 도형(선 없음)
　　- 하단 로고(「내 PC\문서\ITQ\Picture\로고2.jpg」, 배경(회색) 투명색으로 설정)

슬라이드 1　표지 디자인 (40점)

(1) 표지 디자인 : 도형, 워드아트 및 그림을 이용하여 작성한다.

세부조건

① 도형 편집
　- 도형에 그림 채우기 :
　　「내 PC\문서\ITQ\Picture\
　　그림1.jpg」, 투명도 50%
　- 도형 효과 :
　　부드러운 가장자리 5포인트
② 워드아트 삽입
　- 변환 : 삼각형
　- 글꼴 : 돋움, 굵게
　- 텍스트 반사 :
　　1/2 반사, 4 pt 오프셋
③ 그림 삽입
　- 「내 PC\문서\ITQ\Picture\
　　로고2.jpg」
　- 배경(회색) 투명색으로 설정

슬라이드 2　목차 슬라이드 (60점)

(1) 출력형태와 같이 도형을 이용하여 목차를 작성한다(글꼴 : 굴림, 24pt).
(2) 도형 : 선 없음

세부조건

① 텍스트에 하이퍼링크 적용
　→ '슬라이드 6'
② 그림 삽입
　- 「내 PC\문서\ITQ\Picture\
　　그림5.jpg」
　- 자르기 기능 이용

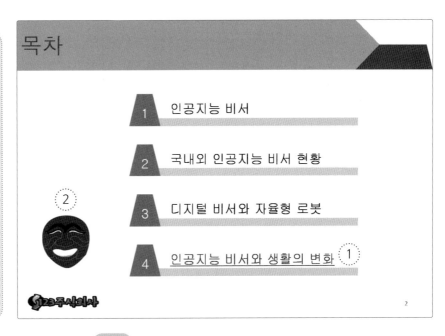

(1) 텍스트 작성 : 글머리 기호 사용(❖, ➢)

　　❖문단(굴림, 24pt, 굵게, 줄 간격 : 1.5줄), ➢문단(굴림, 20pt, 줄 간격 : 1.5줄)

세부조건

① 동영상 삽입 :
－「내 PC₩문서₩ITQ₩Picture₩
　동영상.wmv」
－ 자동 실행, 반복 재생 설정

1. 인공지능 비서

❖AI secretary

➢A Software that combines artificial intelligence and advanced technology to understand the user's language and perform the instructions that the user wants

❖인공지능 비서

➢머신러닝, 음성인식, 문장분석, 상황인지 등 인공지능 기술과 첨단 기술이 결합해 사용자의 언어를 이해

➢사용자가 원하는 지시사항을 수행하는 소프트웨어 애플리케이션

3

(1) 도형과 표 작성 기능을 이용하여 슬라이드를 작성한다(글꼴 : 돋움, 18pt).

세부조건

① 상단 도형 :
　2개 도형의 조합으로 작성
② 좌측 도형 :
　그라데이션 효과(선형 아래쪽)
③ 표 스타일 :
　테마 스타일 1 – 강조 4

2. 국내외 인공지능 비서 현황

	업체	플랫폼	특징
국외	애플	시리	자사 운영체제에서 이용, 문맥파악과 대화가능
	구글	어시스턴트	자사 검색엔진과 연동, 모바일 메신저 스마트폰, 스피커, 자동차 등으로 탑재 확대
국내	네이버	클로바	검색 등 네이버와 연계해 스피커에서 정보검색 및 명령수행
	삼성	빅스비	갤럭시S8에 탑재돼 정보검색 및 명령수행
	KT	기가지니	AI스피커 기가지니에 탑재

4

(1) 차트 작성 기능을 이용하여 슬라이드를 작성한다.
(2) 차트 : 종류(묶은 세로 막대형), 글꼴(돋움, 16pt), 외곽선

세부조건

※ 차트 설명
 · 차트 제목 : 궁서, 24pt, 굵게,
  채우기(흰색), 테두리,
  그림자(오프셋 위쪽)
 · 차트 영역 : 채우기(노랑)
  그림 영역 : 채우기(흰색)
 · 데이터 서식 : 자율형 로봇 계열을
  표식이 있는 꺾은선형으로 변경 후
  보조 축으로 지정
 · 값 표시 : 2024년의 자율형 로봇 계열만
 ① 도형 삽입
  - 스타일 :
   미세 효과 - 파랑, 강조 5
  - 글꼴 : 굴림, 18pt

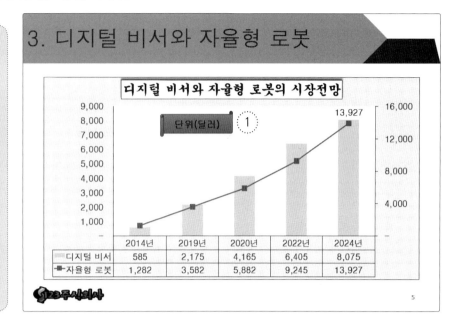

(1) 슬라이드와 같이 도형 및 스마트아트를 배치한다(글꼴 : 굴림, 18pt).
(2) 애니메이션 순서 : ① ⇒ ②

세부조건

① 도형 및 스마트아트 편집
 - 스마트아트 디자인 :
  3차원 광택 처리,
  3차원 만화
 - 그룹화 후 애니메이션 효과 :
  밝기 변화
② 도형 편집
 - 그룹화 후 애니메이션 효과 :
  나누기(세로 바깥쪽으로)

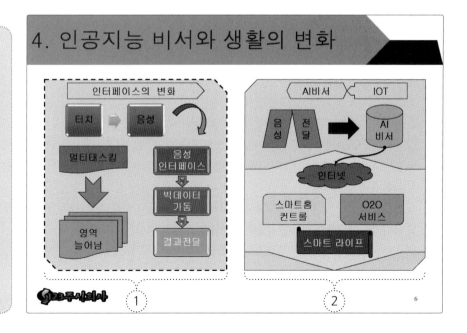

정보기술자격(ITQ) 실전모의고사

과 목	코 드	문제유형	시험시간	수험번호	성 명
한글파워포인트	1142	A	60분		

수험자 유의사항

◎ 수험자는 문제지를 받는 즉시 문제지와 **수험표상의 시험과목(프로그램)이 동일한지 반드시 확인**하여야 합니다.

◎ 파일명은 본인의 "수험번호-성명"으로 입력하여 답안폴더(내 PC₩문서₩ITQ)에 하나의 파일로 저장해야 하며, 답안문서 파일명이 "수험번호-성명"과 일치하지 않거나, 답안파일을 전송하지 않아 미제출로 처리될 경우 실격 처리합니다 (예:12345678-홍길동.pptx).

◎ 답안 작성을 마치면 파일을 저장하고, '답안 전송' 버튼을 선택하여 감독위원 PC로 답안을 전송하십시오. 수험생 정보와 저장한 파일명이 다를 경우 전송되지 않으므로 주의하시기 바랍니다.

◎ 답안 작성 중에도 **주기적으로 저장하고, '답안 전송'**하여야 문제 발생을 줄일 수 있습니다. 작업한 내용을 저장하지 않고 전송할 경우 이전에 저장된 내용이 전송되오니 이점 유의하시기 바랍니다.

◎ 답안문서는 지정된 경로 외의 다른 보조기억장치에 저장하는 경우, 지정된 시험 시간 외에 작성된 파일을 활용할 경우, 기타 통신수단(이메일, 메신저, 네트워크 등)을 이용하여 타인에게 전달 또는 외부 반출하는 경우는 부정 처리합니다.

◎ 시험 중 부주의 또는 고의로 시스템을 파손한 경우는 수험자가 변상해야 하며, <수험자 유의사항>에 기재된 방법대로 이행하지 않아 생기는 불이익은 수험생 당사자의 책임임을 알려 드립니다.

◎ 문제의 조건은 MS오피스 2016 버전으로 설정되어 있으니 유의하시기 바랍니다.

◎ 시험을 완료한 수험자는 답안파일이 전송되었는지 확인한 후 감독위원의 지시에 따라 문제지를 제출하고 퇴실합니다.

답안 작성요령

◎ 온라인 답안 작성 절차
   수험자 등록 ⇒ 시험 시작 ⇒ 답안파일 저장 ⇒ 답안 전송 ⇒ 시험 종료

◎ 슬라이드의 크기는 A4 Paper로 설정하여 작성합니다.

◎ 슬라이드의 총 개수는 6개로 구성되어 있으며 슬라이드 1부터 순서대로 작업하고 반드시 문제와 세부 조건대로 합니다.

◎ 별도의 지시사항이 없는 경우 출력형태를 참조하여 글꼴색은 검정 또는 흰색으로 작성하고, 기타사항은 전체적인 균형을 고려하여 작성합니다.

◎ 슬라이드 도형 및 개체에 출력형태와 다른 스타일(그림자, 외곽선 등)을 적용했을 경우 감점처리 됩니다.

◎ 슬라이드 번호를 작성합니다(슬라이드 1에는 생략).

◎ 2~6번 슬라이드 제목 도형과 하단 로고는 슬라이드 마스터를 이용하여 출력형태와 동일하게 작성합니다(슬라이드 1에는 생략).

◎ 문제와 세부조건, 세부조건 번호 ⦂(점선원)는 입력하지 않습니다.

◎ 각 개체의 위치는 오른쪽의 슬라이드와 동일하게 구성합니다.

◎ 그림 삽입 문제의 경우 반드시 「내 PC₩문서₩ITQ₩Picture」 폴더에서 정확한 파일을 선택하여 삽입하십시오.

◎ 각 슬라이드를 각각의 파일로 작업해서 저장할 경우 실격 처리됩니다.

kpc 한국생산성본부

슬라이드 1 표지 디자인 (40점)

(1) 표지 디자인 : 도형, 워드아트 및 그림을 이용하여 작성한다.

세부조건

① 도형 편집
- 도형에 그림 채우기 :
「내 PC₩문서₩ITQ₩Picture₩
그림3.jpg」, 투명도 50%
- 도형 효과 :
부드러운 가장자리 5포인트

② 워드아트 삽입
- 변환 : 아래쪽 수축
- 글꼴 : 궁서, 굵게
- 텍스트 반사 :
1/2 반사, 터치

③ 그림 삽입
- 「내 PC₩문서₩ITQ₩Picture₩
로고2.jpg」
- 배경(회색) 투명색으로 설정

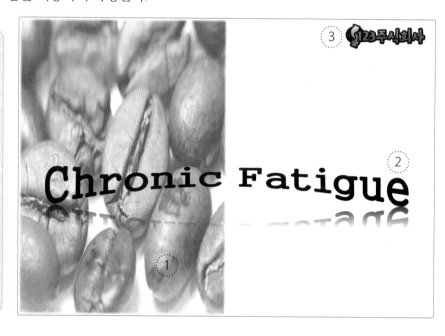

슬라이드 2 목차 슬라이드 (60점)

(1) 출력형태와 같이 도형을 이용하여 목차를 작성한다(글꼴 : 굴림, 24pt).

(2) 도형 : 선 없음

세부조건

① 텍스트에 하이퍼링크 적용
→ '슬라이드 4'

② 그림 삽입
- 「내 PC₩문서₩ITQ₩Picture₩
그림4.jpg」
- 자르기 기능 이용

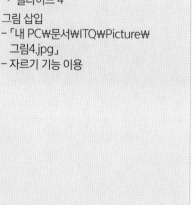

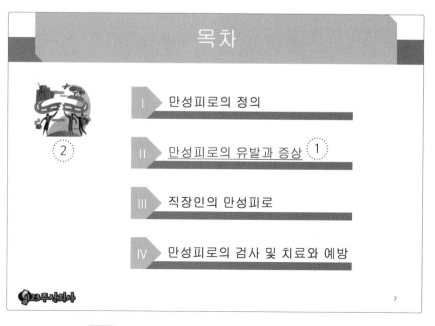

(1) 텍스트 작성 : 글머리 기호 사용(❖, •)

❖ 문단(굴림, 24pt, 굵게, 줄 간격 : 1.5줄), • 문단(굴림, 20pt, 줄 간격 : 1.5줄)

세부조건

① 동영상 삽입 :
- 「내 PC₩문서₩ITQ₩Picture₩동영상.wmv」
- 자동 실행, 반복 재생 설정

Ⅰ. 만성피로의 정의

❖ Chronic fatigue syndrome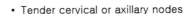

• Self-reported impairment in short-term memory or concentration

• Tender cervical or axillary nodes

• Postexertional malaise lasting more than 24 hr

❖ 만성피로란?

• 충분히 휴식을 취하고 일을 줄여도 기운이 없어서 지속적인 노력이나 집중이 필요한 일을 할 수 없는 상태로 원인에 관계없이 6개월 이상 지속되거나 반복되는 심한 피로 증상

3

(1) 도형과 표 작성 기능을 이용하여 슬라이드를 작성한다(글꼴 : 돋움, 18pt).

세부조건

① 상단 도형 :
2개 도형의 조합으로 작성
② 좌측 도형 :
그라데이션 효과(선형 아래쪽)
③ 표 스타일 :
테마 스타일 1 – 강조 1

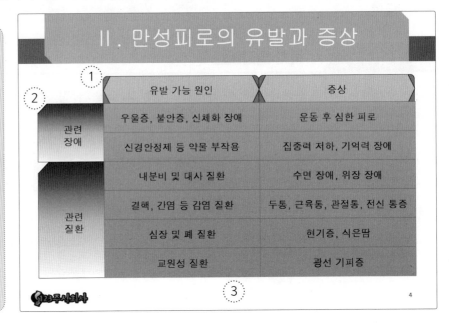

Ⅱ. 만성피로의 유발과 증상

	유발 가능 원인	증상
관련 장애	우울증, 불안증, 신체화 장애	운동 후 심한 피로
	신경안정제 등 약물 부작용	집중력 저하, 기억력 장애
	내분비 및 대사 질환	수면 장애, 위장 장애
관련 질환	결핵, 간염 등 감염 질환	두통, 근육통, 관절통, 전신 통증
	심장 및 폐 질환	현기증, 식은땀
	교원성 질환	광선 기피증

4

(1) 차트 작성 기능을 이용하여 슬라이드를 작성한다.
(2) 차트 : 종류(묶은 세로 막대형), 글꼴(돋움, 16pt), 외곽선

세부조건

※ 차트 설명
  · 차트 제목 : 궁서, 24pt, 굵게,
    채우기(흰색), 테두리,
    그림자(오프셋 아래쪽)
  · 차트 영역 : 채우기(노랑)
    그림 영역 : 채우기(흰색)
  · 데이터 서식 : 남자 계열을
    표식이 있는 꺾은선형으로 변경 후
    보조 축으로 지정
  · 값 표시 : 2017년의 남자 계열만

① 도형 삽입
  - 스타일 :
    미세 효과 - 파랑, 강조 1
  - 글꼴 : 굴림, 18pt

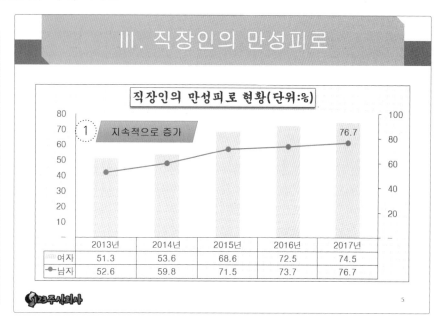

(1) 슬라이드와 같이 도형 및 스마트아트를 배치한다(글꼴 : 굴림, 18pt).
(2) 애니메이션 순서 : ① ⇒ ②

세부조건

① 도형 및 스마트아트 편집
  - 스마트아트 디자인 :
    3차원 경사,
    3차원 벽돌
  - 그룹화 후 애니메이션 효과 :
    바운드
② 도형 편집
  - 그룹화 후 애니메이션 효과 :
    시계 방향 회전

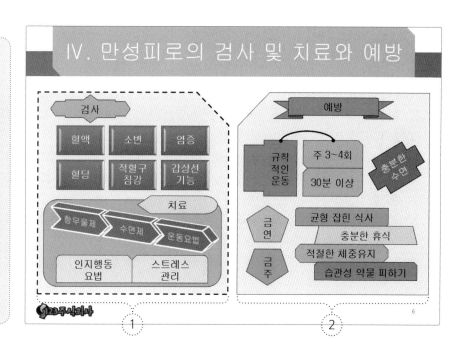

정보기술자격(ITQ) 실전모의고사

과 목	코 드	문제유형	시험시간	수험번호	성 명
한글파워포인트	1142	A	60분		

수험자 유의사항

◎ 수험자는 문제지를 받는 즉시 문제지와 **수험표상의 시험과목(프로그램)이 동일한지 반드시 확인**하여야 합니다.

◎ 파일명은 본인의 "수험번호-성명"으로 입력하여 답안폴더(내 PC₩문서₩ITQ)에 하나의 파일로 저장해야 하며, 답안문서 파일명이 "수험번호-성명"과 일치하지 않거나, 답안파일을 전송하지 않아 미제출로 처리될 경우 실격 처리합니다 (예:12345678-홍길동.pptx).

◎ 답안 작성을 마치면 파일을 저장하고, '답안 전송' 버튼을 선택하여 감독위원 PC로 답안을 전송하십시오. 수험생 정보와 저장한 파일명이 다를 경우 전송되지 않으므로 주의하시기 바랍니다.

◎ 답안 작성 중에도 **주기적으로 저장하고, '답안 전송'**하여야 문제 발생을 줄일 수 있습니다. 작업한 내용을 저장하지 않고 전송할 경우 이전에 저장된 내용이 전송되오니 이점 유의하시기 바랍니다.

◎ 답안문서는 지정된 경로 외의 다른 보조기억장치에 저장하는 경우, 지정된 시험 시간 외에 작성된 파일을 활용할 경우, 기타 통신수단(이메일, 메신저, 네트워크 등)을 이용하여 타인에게 전달 또는 외부 반출하는 경우는 부정 처리합니다.

◎ 시험 중 부주의 또는 고의로 시스템을 파손한 경우는 수험자가 변상해야 하며, <수험자 유의사항>에 기재된 방법대로 이행하지 않아 생기는 불이익은 수험생 당사자의 책임임을 알려 드립니다.

◎ 문제의 조건은 MS오피스 2016 버전으로 설정되어 있으니 유의하시기 바랍니다.

◎ 시험을 완료한 수험자는 답안파일이 전송되었는지 확인한 후 감독위원의 지시에 따라 문제지를 제출하고 퇴실합니다.

답안 작성요령

◎ 온라인 답안 작성 절차

　수험자 등록 ⇒ 시험 시작 ⇒ 답안파일 저장 ⇒ 답안 전송 ⇒ 시험 종료

◎ 슬라이드의 크기는 A4 Paper로 설정하여 작성합니다.

◎ 슬라이드의 총 개수는 6개로 구성되어 있으며 슬라이드 1부터 순서대로 작업하고 반드시 문제와 세부 조건대로 합니다.

◎ 별도의 지시사항이 없는 경우 출력형태를 참조하여 글꼴색은 검정 또는 흰색으로 작성하고, 기타사항은 전체적인 균형을 고려하여 작성합니다.

◎ 슬라이드 도형 및 개체에 출력형태와 다른 스타일(그림자, 외곽선 등)을 적용했을 경우 감점처리 됩니다.

◎ 슬라이드 번호를 작성합니다(슬라이드 1에는 생략).

◎ 2~6번 슬라이드 제목 도형과 하단 로고는 슬라이드 마스터를 이용하여 출력형태와 동일하게 작성합니다(슬라이드 1에는 생략).

◎ 문제와 세부조건, 세부조건 번호 ⋯(점선원)는 입력하지 않습니다.

◎ 각 개체의 위치는 오른쪽의 슬라이드와 동일하게 구성합니다.

◎ 그림 삽입 문제의 경우 반드시 「내 PC₩문서₩ITQ₩Picture」 폴더에서 정확한 파일을 선택하여 삽입하십시오.

◎ 각 슬라이드를 각각의 파일로 작업해서 저장할 경우 실격 처리됩니다.

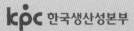

(1) 슬라이드 크기 및 순서 : 크기를 A4 용지로 설정하고 슬라이드 순서에 맞게 작성한다.
(2) 슬라이드 마스터 : 2~6슬라이드의 제목, 하단 로고, 슬라이드 번호는 슬라이드 마스터를 이용하여 작성한다.
　　 - 제목 글꼴(돋움, 40pt, 흰색), 가운데 맞춤, 도형(선 없음)
　　 - 하단 로고(「내 PC₩문서₩ITQ₩Picture₩로고3.jpg」, 배경(연보라) 투명색으로 설정)

슬라이드 1　　표지 디자인 (40점)

(1) 표지 디자인 : 도형, 워드아트 및 그림을 이용하여 작성한다.

세부조건

① 도형 편집
　 - 도형에 그림 채우기 :
　　「내 PC₩문서₩ITQ₩Picture₩
　　그림2.jpg」, 투명도 50%
　 - 도형 효과 :
　　부드러운 가장자리 5포인트
② 워드아트 삽입
　 - 변환 : 물결 1
　 - 글꼴 : 돋움, 굵게
　 - 텍스트 반사 :
　　근접 반사, 4 pt 오프셋
③ 그림 삽입
　 -「내 PC₩문서₩ITQ₩Picture₩
　　로고3.jpg」
　 - 배경(연보라) 투명색으로 설정

슬라이드 2　　목차 슬라이드 (60점)

(1) 출력형태와 같이 도형을 이용하여 목차를 작성한다(글꼴 : 굴림, 24pt).
(2) 도형 : 선 없음

세부조건

① 텍스트에 하이퍼링크 적용
　 → '슬라이드 6'
② 그림 삽입
　 -「내 PC₩문서₩ITQ₩Picture₩
　　그림5.jpg」
　 - 자르기 기능 이용

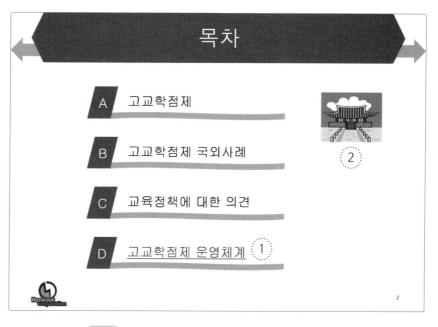

(1) 텍스트 작성 : 글머리 기호 사용(◆, ✓)
　　◆문단(굴림, 24pt, 굵게, 줄 간격 : 1.5줄), ✓문단(굴림, 20pt, 줄 간격 : 1.5줄)

세부조건

① 동영상 삽입 :
　－「내 PC₩문서₩ITQ₩Picture₩
　　동영상.wmv」
　－자동 실행, 반복 재생 설정

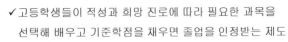

A. 고교학점제

◆High School Credit System
　✓In high schools in the United States, where all courses are usually
　 the same number of hours, often meeting every day, students earn
　 one credit for a course that lasts all year, or a half credit per course
　 per semester

◆고교학점제
　✓고등학생들이 적성과 희망 진로에 따라 필요한 과목을
　 선택해 배우고 기준학점을 채우면 졸업을 인정받는 제도
　✓교육부는 오는 2022년 고교학점제를 도입할 예정

3

(1) 도형과 표 작성 기능을 이용하여 슬라이드를 작성한다(글꼴 : 돋움, 18pt).

세부조건

① 상단 도형 :
　2개 도형의 조합으로 작성
② 좌측 도형 :
　그라데이션 효과(선형 아래쪽)
③ 표 스타일 :
　테마 스타일 1 – 강조 5

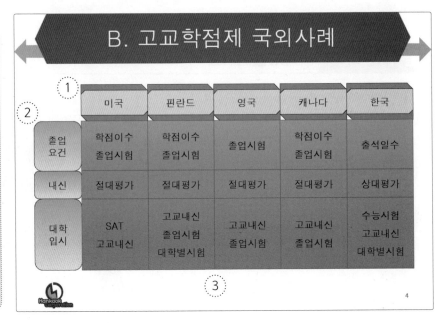

B. 고교학점제 국외사례

	미국	핀란드	영국	캐나다	한국
졸업 요건	학점이수 졸업시험	학점이수 졸업시험	졸업시험	학점이수 졸업시험	출석일수
내신	절대평가	절대평가	절대평가	절대평가	상대평가
대학 입시	SAT 고교내신	고교내신 졸업시험 대학별시험	고교내신 졸업시험	고교내신 졸업시험	수능시험 고교내신 대학별시험

4

슬라이드 5 · 차트 슬라이드 (100점)

(1) 차트 작성 기능을 이용하여 슬라이드를 작성한다.
(2) 차트 : 종류(묶은 세로 막대형), 글꼴(돋움, 16pt), 외곽선

세부조건

※ 차트 설명
 · 차트 제목 : 궁서, 24pt, 굵게,
   채우기(흰색), 테두리,
   그림자(오프셋 왼쪽)
 · 차트 영역 : 채우기(노랑)
   그림 영역 : 채우기(흰색)
 · 데이터 서식 : 고교학점제 계열을
   표식이 있는 꺾은선형으로 변경 후
   보조 축으로 지정
 · 값 표시 : 보통의 고교학점제 계열만

① 도형 삽입
 – 스타일 :
   미세 효과 – 파랑, 강조 1
 – 글꼴 : 돋움, 18pt

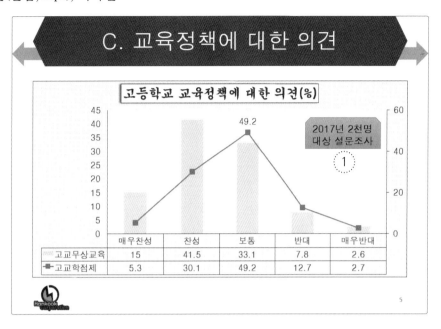

슬라이드 6 · 도형 슬라이드 (100점)

(1) 슬라이드와 같이 도형 및 스마트아트를 배치한다(글꼴 : 굴림, 18pt).
(2) 애니메이션 순서 : ① ⇒ ②

세부조건

① 도형 및 스마트아트 편집
 – 스마트아트 디자인 :
   3차원 경사,
   3차원 만화
 – 그룹화 후 애니메이션 효과 :
   바운드
② 도형 편집
 – 그룹화 후 애니메이션 효과 :
   시계 방향 회전

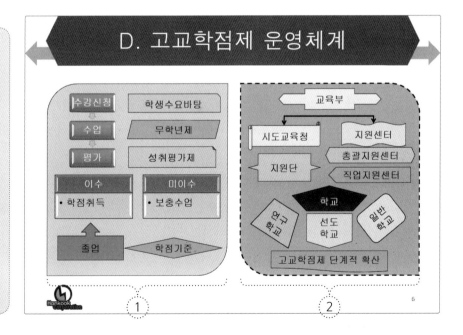

정보기술자격(ITQ) 실전모의고사

과 목	코 드	문제유형	시험시간	수험번호	성 명
한글파워포인트	1142	A	60분		

수험자 유의사항

◎ 수험자는 문제지를 받는 즉시 문제지와 <u>수험표상의 시험과목(프로그램)이 동일한지 반드시 확인</u>하여야 합니다.

◎ 파일명은 본인의 "수험번호-성명"으로 입력하여 답안폴더(내 PC\문서\ITQ)에 하나의 파일로 저장해야 하며, 답안문서 파일명이 "수험번호-성명"과 일치하지 않거나, 답안파일을 전송하지 않아 미제출로 처리될 경우 실격 처리합니다 (예:12345678-홍길동.pptx).

◎ 답안 작성을 마치면 파일을 저장하고, '답안 전송' 버튼을 선택하여 감독위원 PC로 답안을 전송하십시오. 수험생 정보와 저장한 파일명이 다를 경우 전송되지 않으므로 주의하시기 바랍니다.

◎ 답안 작성 중에도 <u>주기적으로 저장하고, '답안 전송'</u>하여야 문제 발생을 줄일 수 있습니다. 작업한 내용을 저장하지 않고 전송할 경우 이전에 저장된 내용이 전송되오니 이점 유의하시기 바랍니다.

◎ 답안문서는 지정된 경로 외의 다른 보조기억장치에 저장하는 경우, 지정된 시험 시간 외에 작성된 파일을 활용할 경우, 기타 통신수단(이메일, 메신저, 네트워크 등)을 이용하여 타인에게 전달 또는 외부 반출하는 경우는 부정 처리합니다.

◎ 시험 중 부주의 또는 고의로 시스템을 파손한 경우는 수험자가 변상해야 하며, <수험자 유의사항>에 기재된 방법대로 이행하지 않아 생기는 불이익은 수험생 당사자의 책임임을 알려 드립니다.

◎ 문제의 조건은 MS오피스 2016 버전으로 설정되어 있으니 유의하시기 바랍니다.

◎ 시험을 완료한 수험자는 답안파일이 전송되었는지 확인한 후 감독위원의 지시에 따라 문제지를 제출하고 퇴실합니다.

답안 작성요령

◎ 온라인 답안 작성 절차

　수험자 등록 ⇒ 시험 시작 ⇒ 답안파일 저장 ⇒ 답안 전송 ⇒ 시험 종료

◎ 슬라이드의 크기는 A4 Paper로 설정하여 작성합니다.

◎ 슬라이드의 총 개수는 6개로 구성되어 있으며 슬라이드 1부터 순서대로 작업하고 반드시 문제와 세부 조건대로 합니다.

◎ 별도의 지시사항이 없는 경우 출력형태를 참조하여 글꼴색은 검정 또는 흰색으로 작성하고, 기타사항은 전체적인 균형을 고려하여 작성합니다.

◎ 슬라이드 도형 및 개체에 출력형태와 다른 스타일(그림자, 외곽선 등)을 적용했을 경우 감점처리 됩니다.

◎ 슬라이드 번호를 작성합니다(슬라이드 1에는 생략).

◎ 2~6번 슬라이드 제목 도형과 하단 로고는 슬라이드 마스터를 이용하여 출력형태와 동일하게 작성합니다(슬라이드 1에는 생략).

◎ 문제와 세부조건, 세부조건 번호 ⬚(점선원)는 입력하지 않습니다.

◎ 각 개체의 위치는 오른쪽의 슬라이드와 동일하게 구성합니다.

◎ 그림 삽입 문제의 경우 반드시 「내 PC\문서\ITQ\Picture」 폴더에서 정확한 파일을 선택하여 삽입하십시오.

◎ 각 슬라이드를 각각의 파일로 작업해서 저장할 경우 실격 처리됩니다.

kpc 한국생산성본부

(1) 슬라이드 크기 및 순서 : 크기를 A4 용지로 설정하고 슬라이드 순서에 맞게 작성한다.
(2) 슬라이드 마스터 : 2~6슬라이드의 제목, 하단 로고, 슬라이드 번호는 슬라이드 마스터를 이용하여 작성한다.
　　- 제목 글꼴(돋움, 40pt, 흰색), 가운데 맞춤, 도형(선 없음)
　　- 하단 로고(「내 PC₩문서₩ITQ₩Picture₩로고1.jpg」, 배경(회색) 투명색으로 설정)

슬라이드 1　표지 디자인　(40점)

(1) 표지 디자인 : 도형, 워드아트 및 그림을 이용하여 작성한다.

세부조건

① 도형 편집
　- 도형에 그림 채우기 :
　　「내 PC₩문서₩ITQ₩Picture₩
　　그림1.jpg」, 투명도 50%
　- 도형 효과 :
　　부드러운 가장자리 5포인트
② 워드아트 삽입
　- 변환 : 휘어 내려가기
　- 글꼴 : 맑은 고딕, 굵게
　- 텍스트 반사 :
　　근접 반사, 터치
③ 그림 삽입
　- 「내 PC₩문서₩ITQ₩Picture₩
　　로고1.jpg」
　- 배경(회색) 투명색으로 설정

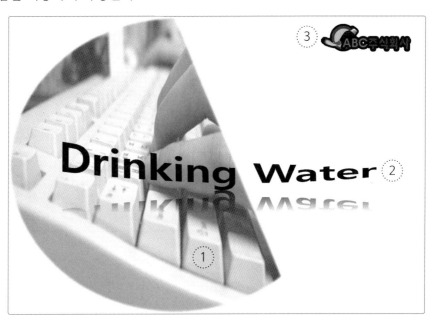

슬라이드 2　목차 슬라이드　(60점)

(1) 출력형태와 같이 도형을 이용하여 목차를 작성한다(글꼴 : 돋움, 24pt).
(2) 도형 : 선 없음

세부조건

① 텍스트에 하이퍼링크 적용
　→ '슬라이드 5'
② 그림 삽입
　- 「내 PC₩문서₩ITQ₩Picture₩
　　그림4.jpg」
　- 자르기 기능 이용

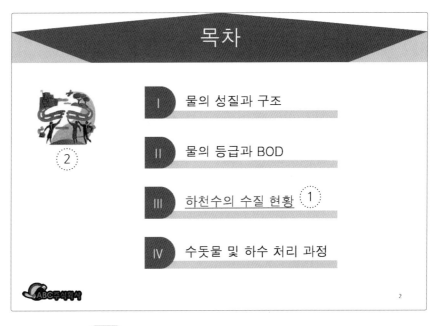

(1) 텍스트 작성 : 글머리 기호 사용(✓, ▪)

  ✓문단(굴림, 24pt, 굵게, 줄 간격 : 1.5줄), ▪ 문단(굴림, 20pt, 줄 간격 : 1.5줄)

세부조건

① 동영상 삽입 :
- 「내 PC\문서\ITQ\Picture\
  동영상.wmv」
- 자동 실행, 반복 재생 설정

Ⅰ. 물의 성질과 구조

✓ **The Structure of Water**

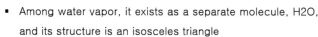

- Among water vapor, it exists as a separate molecule, H2O, and its structure is an isosceles triangle
- In the ordinary ice crystals, the water molecules have a diachromatic structure that is formed by hydrogen bonding

✓ **물의 성질**

- 물 분자는 한 개의 산소와 두 개의 수소 원자로 구성 되었으며, 산소원자와 수소원자는 각각 공유결합을 하는데 산소원자가 전자를 당기는 힘이 더 강해 전기음성도의 차이와 굽은 형 구조에 의해 물은 극성을 띰

ABC중식과사   3

---

(1) 도형과 표 작성 기능을 이용하여 슬라이드를 작성한다(글꼴 : 돋움, 18pt).

세부조건

① 상단 도형 :
  2개 도형의 조합으로 작성
② 좌측 도형 :
  그라데이션 효과(선형 아래쪽)
③ 표 스타일 :
  테마 스타일 1 - 강조 1

Ⅱ. 물의 등급과 BOD

	BOD	지표 생물군	특징
1등급	1ppm 이하	산천어, 버들치	가장 깨끗한 물, 냄새가 나지 않고 정수 과정을 거쳐 수돗물로 사용 가능
2등급	3ppm 이하	쉬리, 은어	그냥 마실 수는 없으며, 약간의 여과를 거쳐 식수로 사용
3등급	6ppm 이하	잉어, 메기	황갈색의 흐리고 탁하며, 수돗물로 적합하지 않고 공업용수로 사용
4등급	6ppm 이상	어떤 물고기도 살 수 없음	오염 정도가 심해 수돗물로 쓰이지 못하며, 오랫동안 접하면 피부병을 일으킴

ABC중식과사   4

(1) 차트 작성 기능을 이용하여 슬라이드를 작성한다.
(2) 차트 : 종류(묶은 세로 막대형), 글꼴(돋움, 16pt), 외곽선

세부조건

※ 차트 설명
　· 차트 제목 : 궁서, 24pt, 굵게,
　　채우기(흰색), 테두리,
　　그림자(오프셋 대각선 오른쪽 위)
　· 차트 영역 : 채우기(노랑)
　　그림 영역 : 채우기(흰색)
　· 데이터 서식 :
　　수소이온농도(pH) 계열을
　　표식이 있는 꺾은선형으로 변경 후
　　보조 축으로 지정
　· 값 표시 : 우치의 수온 계열만
① 도형 삽입
　– 스타일 : 미세 효과 – 파랑, 강조 1
　– 글꼴 : 돋움, 18pt

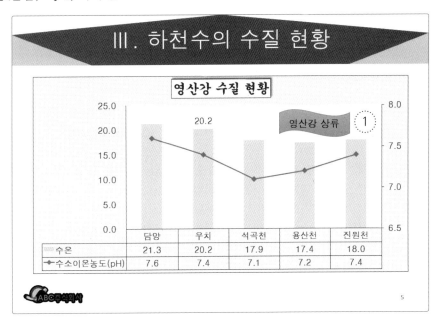

(1) 슬라이드와 같이 도형 및 스마트아트를 배치한다(글꼴 : 굴림, 18pt).
(2) 애니메이션 순서 : ① ⇒ ②

세부조건

① 도형 편집
　– 그룹화 후 애니메이션 효과 :
　　실선 무늬(세로)
② 도형 및 스마트아트 편집
　– 스마트아트 디자인 :
　　3차원 경사,
　　3차원 벽돌
　– 그룹화 후 애니메이션 효과 :
　　회전하며 밝기 변화

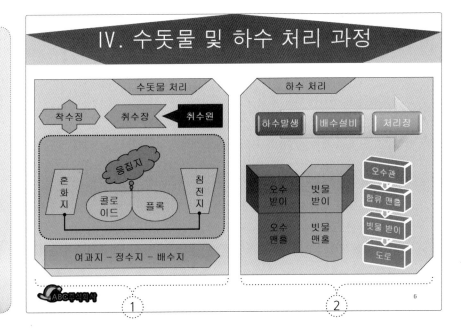

정보기술자격(ITQ) 실전모의고사

과 목	코 드	문제유형	시험시간	수험번호	성 명
한글파워포인트	1142	A	60분		

수험자 유의사항

◎ 수험자는 문제지를 받는 즉시 문제지와 <u>수험표상의 시험과목(프로그램)이 동일한지 반드시 확인</u>하여야 합니다.

◎ 파일명은 본인의 "수험번호-성명"으로 입력하여 답안폴더(내 PC₩문서₩ITQ)에 하나의 파일로 저장해야 하며, 답안문서 파일명이 "수험번호-성명"과 일치하지 않거나, 답안파일을 전송하지 않아 미제출로 처리될 경우 실격 처리합니다. (예:12345678-홍길동.pptx).

◎ 답안 작성을 마치면 파일을 저장하고, '답안 전송' 버튼을 선택하여 감독위원 PC로 답안을 전송하십시오. 수험생 정보와 저장한 파일명이 다를 경우 전송되지 않으므로 주의하시기 바랍니다.

◎ 답안 작성 중에도 <u>주기적으로 저장하고, '답안 전송'</u>하여야 문제 발생을 줄일 수 있습니다. 작업한 내용을 저장하지 않고 전송할 경우 이전에 저장된 내용이 전송되오니 이점 유의하시기 바랍니다.

◎ 답안문서는 지정된 경로 외의 다른 보조기억장치에 저장하는 경우, 지정된 시험 시간 외에 작성된 파일을 활용할 경우, 기타 통신수단(이메일, 메신저, 네트워크 등)을 이용하여 타인에게 전달 또는 외부 반출하는 경우는 부정 처리합니다.

◎ 시험 중 부주의 또는 고의로 시스템을 파손한 경우는 수험자가 변상해야 하며, <수험자 유의사항>에 기재된 방법대로 이행 하지 않아 생기는 불이익은 수험생 당사자의 책임임을 알려 드립니다.

◎ 문제의 조건은 MS오피스 2016 버전으로 설정되어 있으니 유의하시기 바랍니다.

◎ 시험을 완료한 수험자는 답안파일이 전송되었는지 확인한 후 감독위원의 지시에 따라 문제지를 제출하고 퇴실합니다.

답안 작성요령

◎ 온라인 답안 작성 절차

　수험자 등록 ⇒ 시험 시작 ⇒ 답안파일 저장 ⇒ 답안 전송 ⇒ 시험 종료

◎ 슬라이드의 크기는 A4 Paper로 설정하여 작성합니다.

◎ 슬라이드의 총 개수는 6개로 구성되어 있으며 슬라이드 1부터 순서대로 작업하고 반드시 문제와 세부 조건대로 합니다.

◎ 별도의 지시사항이 없는 경우 출력형태를 참조하여 글꼴색은 검정 또는 흰색으로 작성하고, 기타사항은 전체적인 균형을 고려하여 작성합니다.

◎ 슬라이드 도형 및 개체에 출력형태와 다른 스타일(그림자, 외곽선 등)을 적용했을 경우 감점처리 됩니다.

◎ 슬라이드 번호를 작성합니다(슬라이드 1에는 생략).

◎ 2~6번 슬라이드 제목 도형과 하단 로고는 슬라이드 마스터를 이용하여 출력형태와 동일하게 작성합니다(슬라이드 1에는 생략).

◎ 문제와 세부조건, 세부조건 번호 ⋮(점선원)는 입력하지 않습니다.

◎ 각 개체의 위치는 오른쪽의 슬라이드와 동일하게 구성합니다.

◎ 그림 삽입 문제의 경우 반드시 「내 PC₩문서₩ITQ₩Picture」 폴더에서 정확한 파일을 선택하여 삽입하십시오.

◎ 각 슬라이드를 각각의 파일로 작업해서 저장할 경우 실격 처리됩니다.

kpc 한국생산성본부

전체 구성 (60점)

(1) 슬라이드 크기 및 순서 : 크기를 A4 용지로 설정하고 슬라이드 순서에 맞게 작성한다.

(2) 슬라이드 마스터 : 2~6슬라이드의 제목, 하단 로고, 슬라이드 번호는 슬라이드 마스터를 이용하여 작성한다.
- 제목 글꼴(돋움, 40pt, 빨강), 가운데 맞춤, 도형(선 없음)
- 하단 로고(「내 PC\문서\ITQ\Picture\로고1.jpg」, 배경(회색) 투명색으로 설정)

슬라이드 1 　　표지 디자인 (40점)

(1) 표지 디자인 : 도형, 워드아트 및 그림을 이용하여 작성한다.

세부조건

① 도형 편집
 - 도형에 그림 채우기 :
 「내 PC\문서\ITQ\Picture\
 그림1.jpg」, 투명도 50%
 - 도형 효과 :
 부드러운 가장자리 5포인트
② 워드아트 삽입
 - 변환 : 위쪽 수축
 - 글꼴 : 돋움, 굵게
 - 텍스트 반사 :
 1/2 반사, 터치
③ 그림 삽입
 - 「내 PC\문서\ITQ\Picture\
 로고1.jpg」
 - 배경(회색) 투명색으로 설정

슬라이드 2 　　목차 슬라이드 (60점)

(1) 출력형태와 같이 도형을 이용하여 목차를 작성한다(글꼴 : 굴림, 24pt).

(2) 도형 : 선 없음

세부조건

① 텍스트에 하이퍼링크 적용
 → '슬라이드 4'
② 그림 삽입
 - 「내 PC\문서\ITQ\Picture\
 그림5.jpg」
 - 자르기 기능 이용

(1) 텍스트 작성 : 글머리 기호 사용(❖, ✓)

  ❖문단(굴림, 24pt, 굵게, 줄 간격 : 1.5줄), ✓문단(굴림, 20pt, 줄 간격 : 1.5줄)

세부조건

① 동영상 삽입 :
- 「내 PC₩문서₩ITQ₩Picture₩
  동영상.wmv」
- 자동 실행, 반복 재생 설정

A. 초미세먼지란?

❖What's CAI

  ✓The CAI(Comprehensive air-quality index) is a way of describing ambient air quality based on health risk of air pollution

❖초미세먼지

  ✓먼지는 입자의 크기에 따라 총먼지, 지름이 10마이크로미터 이하인 미세먼지, 지름이 2.5마이크로미터 이하인 초미세먼지로 나뉨

  ✓미세먼지는 호흡기 질환을 일으키는 직접적인 원인이 됨

3

---

(1) 도형과 표 작성 기능을 이용하여 슬라이드를 작성한다(글꼴 : 돋움, 18pt).

세부조건

① 상단 도형 :
  2개 도형의 조합으로 작성
② 좌측 도형 :
  그라데이션 효과(선형 아래쪽)
③ 표 스타일 :
  테마 스타일 1 - 강조 6

B. 미세먼지 예보등급 및 내용

	등급 나쁨	등급 매우나쁨
미세먼지	81~150	151이상
민감군 행동요령	장시간 또는 무리한 실외활동 제한, 특히 천식환자는 흡입기 더 자주 사용	실내활동, 실외활동 시 의사와 반드시 상의
일반인 행동요령	장시간 또는 무리한 실외활동 제한, 특히 눈, 기침이나 목의 통증 환자는 외출 자제	장시간 실외활동 자제, 미세먼지 차단 마스크 착용 필수, 창문을 닫고, 빨래는 실내에서 건조

4

슬라이드 5　　차트 슬라이드　　(100점)

(1) 차트 작성 기능을 이용하여 슬라이드를 작성한다.
(2) 차트 : 종류(묶은 세로 막대형), 글꼴(돋움, 16pt), 외곽선

세부조건

※ 차트 설명
  · 차트 제목 : 궁서, 24pt, 굵게,
    채우기(흰색), 테두리,
    그림자(오프셋 위쪽)
  · 차트 영역 : 채우기(노랑)
    그림 영역 : 채우기(흰색)
  · 데이터 서식 : 초미세먼지 계열을
    표식이 있는 꺾은선형으로 변경 후
    보조 축으로 지정
  · 값 표시 : 영국의 초미세먼지 계열만
① 도형 삽입
  – 스타일 :
    미세 효과 – 주황, 강조 2
  – 글꼴 : 굴림, 18pt

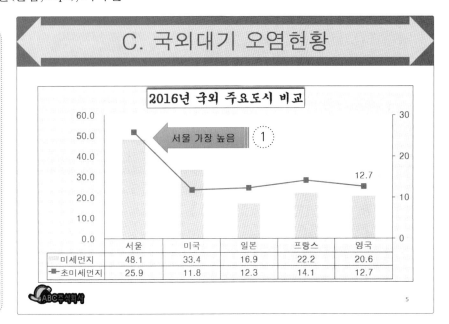

슬라이드 6　　도형 슬라이드　　(100점)

(1) 슬라이드와 같이 도형 및 스마트아트를 배치한다(글꼴 : 굴림, 18pt).
(2) 애니메이션 순서 : ① ⇒ ②

세부조건

① 도형 편집
  – 그룹화 후 애니메이션 효과 :
    실선 무늬(세로)
② 도형 및 스마트아트 편집
  – 스마트아트 디자인 :
    3차원 만화, 3차원 경사
  – 그룹화 후 애니메이션 효과 :
    회전하며 밝기 변화

정보기술자격(ITQ) 실전모의고사

과 목	코 드	문제유형	시험시간	수험번호	성 명
한글파워포인트	1142	A	60분		

수험자 유의사항

◎ 수험자는 문제지를 받는 즉시 문제지와 <u>수험표상의 시험과목(프로그램)이 동일한지 반드시 확인</u>하여야 합니다.

◎ 파일명은 본인의 "수험번호-성명"으로 입력하여 답안폴더(내 PC\문서\ITQ)에 하나의 파일로 저장해야 하며, 답안문서 파일명이 "수험번호-성명"과 일치하지 않거나, 답안파일을 전송하지 않아 미제출로 처리될 경우 실격 처리합니다 (예:12345678-홍길동.pptx).

◎ 답안 작성을 마치면 파일을 저장하고, '답안 전송' 버튼을 선택하여 감독위원 PC로 답안을 전송하십시오. 수험생 정보와 저장한 파일명이 다를 경우 전송되지 않으므로 주의하시기 바랍니다.

◎ 답안 작성 중에도 <u>주기적으로 저장하고, '답안 전송'</u>하여야 문제 발생을 줄일 수 있습니다. 작업한 내용을 저장하지 않고 전송할 경우 이전에 저장된 내용이 전송되오니 이점 유의하시기 바랍니다.

◎ 답안문서는 지정된 경로 외의 다른 보조기억장치에 저장하는 경우, 지정된 시험 시간 외에 작성된 파일을 활용할 경우, 기타 통신수단(이메일, 메신저, 네트워크 등)을 이용하여 타인에게 전달 또는 외부 반출하는 경우는 부정 처리합니다.

◎ 시험 중 부주의 또는 고의로 시스템을 파손한 경우는 수험자가 변상해야 하며, <수험자 유의사항>에 기재된 방법대로 이행하지 않아 생기는 불이익은 수험생 당사자의 책임임을 알려 드립니다.

◎ 문제의 조건은 MS오피스 2016 버전으로 설정되어 있으니 유의하시기 바랍니다.

◎ 시험을 완료한 수험자는 답안파일이 전송되었는지 확인한 후 감독위원의 지시에 따라 문제지를 제출하고 퇴실합니다.

답안 작성요령

◎ 온라인 답안 작성 절차

　수험자 등록 ⇒ 시험 시작 ⇒ 답안파일 저장 ⇒ 답안 전송 ⇒ 시험 종료

◎ 슬라이드의 크기는 A4 Paper로 설정하여 작성합니다.

◎ 슬라이드의 총 개수는 6개로 구성되어 있으며 슬라이드 1부터 순서대로 작업하고 반드시 문제와 세부 조건대로 합니다.

◎ 별도의 지시사항이 없는 경우 출력형태를 참조하여 글꼴색은 검정 또는 흰색으로 작성하고, 기타사항은 전체적인 균형을 고려하여 작성합니다.

◎ 슬라이드 도형 및 개체에 출력형태와 다른 스타일(그림자, 외곽선 등)을 적용했을 경우 감점처리 됩니다.

◎ 슬라이드 번호를 작성합니다(슬라이드 1에는 생략).

◎ 2~6번 슬라이드 제목 도형과 하단 로고는 슬라이드 마스터를 이용하여 출력형태와 동일하게 작성합니다(슬라이드 1에는 생략).

◎ 문제와 세부조건, 세부조건 번호 ⦂(점선원)는 입력하지 않습니다.

◎ 각 개체의 위치는 오른쪽의 슬라이드와 동일하게 구성합니다.

◎ 그림 삽입 문제의 경우 반드시 「내 PC\문서\ITQ\Picture」 폴더에서 정확한 파일을 선택하여 삽입하십시오.

◎ 각 슬라이드를 각각의 파일로 작업해서 저장할 경우 실격 처리됩니다.

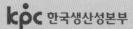

(1) 슬라이드 크기 및 순서 : 크기를 A4 용지로 설정하고 슬라이드 순서에 맞게 작성한다.
(2) 슬라이드 마스터 : 2~6슬라이드의 제목, 하단 로고, 슬라이드 번호는 슬라이드 마스터를 이용하여 작성한다.
   – 제목 글꼴(돋움, 40pt, 파랑), 가운데 맞춤, 도형(선 없음)
   – 하단 로고(「내 PC\문서\ITQ\Picture\로고2.jpg」, 배경(회색) 투명색으로 설정)

슬라이드 1   표지 디자인   (40점)

(1) 표지 디자인 : 도형, 워드아트 및 그림을 이용하여 작성한다.

세부조건

① 도형 편집
 – 도형에 그림 채우기 :
   「내 PC\문서\ITQ\Picture\
   그림3.jpg」, 투명도 50%
 – 도형 효과 :
   부드러운 가장자리 5포인트
② 워드아트 삽입
 – 변환 : 휘어 내려가기
 – 글꼴 : 돋움, 굵게
 – 텍스트 반사 :
   1/2 반사, 4 pt 오프셋
③ 그림 삽입
 – 「내 PC\문서\ITQ\Picture\
   로고2.jpg」
 – 배경(회색) 투명색으로 설정

슬라이드 2   목차 슬라이드   (60점)

(1) 출력형태와 같이 도형을 이용하여 목차를 작성한다(글꼴 : 굴림, 24pt).
(2) 도형 : 선 없음

세부조건

① 텍스트에 하이퍼링크 적용
 → '슬라이드 6'
② 그림 삽입
 – 「내 PC\문서\ITQ\Picture\
   그림5.jpg」
 – 자르기 기능 이용

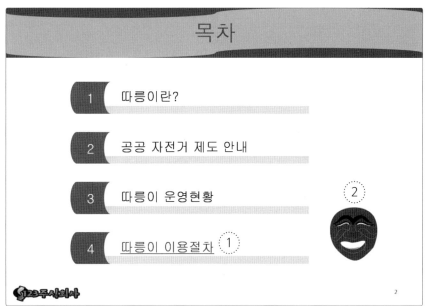

(1) 텍스트 작성 : 글머리 기호 사용(❖, ➢)

❖ 문단(굴림, 24pt, 굵게, 줄 간격 : 1.5줄), ➢ 문단(굴림, 20pt, 줄 간격 : 1.5줄)

세부조건

① 동영상 삽입 :
- 「내 PC₩문서₩ITQ₩Picture₩
  동영상.wmv」
- 자동 실행, 반복 재생 설정

1. 따릉이란?

❖ **Voucher purchase**

➢ Select "Voucher Purchase" button

➢ Select a voucher(for one hour or two hours) and make a payment

➢ Check the rental number(eight-digit number consisting of 1 to 6)

❖ **따릉이란?**

➢ 서울시의 공공 자전거로 누구나, 언제나, 어디서나 쉽고 편리하게 이용할 수 있는 자전거 무인대여 시스템으로 서울시의 교통체증, 대기오염 문제를 해결하고 건강한 사회와 시민들의 삶의 질을 높이고자 마련됨

(1) 도형과 표 작성 기능을 이용하여 슬라이드를 작성한다(글꼴 : 돋움, 18pt).

세부조건

① 상단 도형 :
2개 도형의 조합으로 작성
② 좌측 도형 :
그라데이션 효과(선형 아래쪽)
③ 표 스타일 :
테마 스타일 1 - 강조 4

2. 공공 자전거 제도 안내

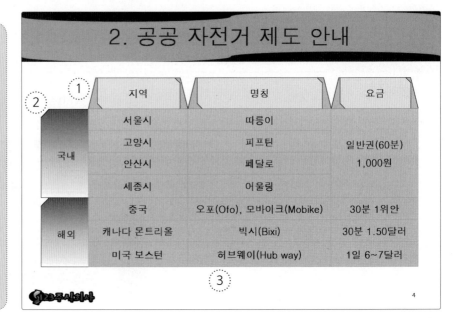

	지역	명칭	요금
국내	서울시	따릉이	
	고양시	피프틴	일반권(60분)
	안산시	페달로	1,000원
	세종시	어울링	
해외	중국	오포(Ofo), 모바이크(Mobike)	30분 1위안
	캐나다 몬트리올	빅시(Bixi)	30분 1.50달러
	미국 보스턴	허브웨이(Hub way)	1일 6~7달러

(1) 차트 작성 기능을 이용하여 슬라이드를 작성한다.
(2) 차트 : 종류(묶은 세로 막대형), 글꼴(돋움, 16pt), 외곽선

세부조건

※ 차트 설명
  · 차트 제목 : 궁서, 24pt, 굵게,
    채우기(흰색), 테두리,
    그림자(오프셋 위쪽)
  · 차트 영역 : 채우기(노랑)
    그림 영역 : 채우기(흰색)
  · 데이터 서식 : 이용건수(천건) 계열을
    표식이 있는 꺾은선형으로 변경 후
    보조 축으로 지정
  · 값 표시 :
    2017년 12월의 이용건수(천건) 계열만
  ① 도형 삽입
    - 스타일 :
      미세 효과 - 파랑, 강조 5
    - 글꼴 : 굴림, 18pt

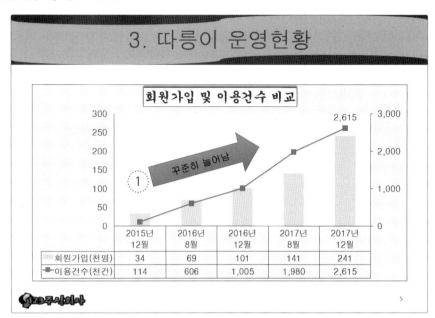

슬라이드 6　　**도형 슬라이드**　　(100점)

(1) 슬라이드와 같이 도형 및 스마트아트를 배치한다(글꼴 : 굴림, 18pt).
(2) 애니메이션 순서 : ① ⇒ ②

세부조건

① 도형 편집
  - 그룹화 후 애니메이션 효과 :
    밝기 변화
② 도형 및 스마트아트 편집
  - 스마트아트 디자인 :
    3차원 광택 처리,
    강한 효과
  - 그룹화 후 애니메이션 효과 :
    나누기(세로 바깥쪽으로)

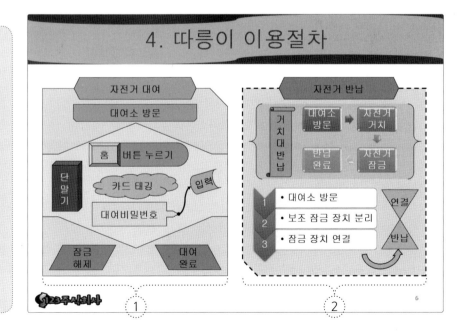

정보기술자격(ITQ) 실전모의고사

과 목	코 드	문제유형	시험시간	수험번호	성 명
한글파워포인트	1142	A	60분		

수험자 유의사항

◎ 수험자는 문제지를 받는 즉시 문제지와 **수험표상의 시험과목(프로그램)이 동일한지 반드시 확인**하여야 합니다.

◎ 파일명은 본인의 "수험번호-성명"으로 입력하여 답안폴더(내 PC₩문서₩ITQ)에 하나의 파일로 저장해야 하며, 답안문서 파일명이 "수험번호-성명"과 일치하지 않거나, 답안파일을 전송하지 않아 미제출로 처리될 경우 실격 처리합니다 (예:12345678-홍길동.pptx).

◎ 답안 작성을 마치면 파일을 저장하고, '답안 전송' 버튼을 선택하여 감독위원 PC로 답안을 전송하십시오. 수험생 정보와 저장한 파일명이 다를 경우 전송되지 않으므로 주의하시기 바랍니다.

◎ 답안 작성 중에도 **주기적으로 저장하고, '답안 전송'**하여야 문제 발생을 줄일 수 있습니다. 작업한 내용을 저장하지 않고 전송할 경우 이전에 저장된 내용이 전송되오니 이점 유의하시기 바랍니다.

◎ 답안문서는 지정된 경로 외의 다른 보조기억장치에 저장하는 경우, 지정된 시험 시간 외에 작성된 파일을 활용할 경우, 기타 통신수단(이메일, 메신저, 네트워크 등)을 이용하여 타인에게 전달 또는 외부 반출하는 경우는 부정 처리합니다.

◎ 시험 중 부주의 또는 고의로 시스템을 파손한 경우는 수험자가 변상해야 하며, <수험자 유의사항>에 기재된 방법대로 이행하지 않아 생기는 불이익은 수험생 당사자의 책임임을 알려 드립니다.

◎ 문제의 조건은 MS오피스 2016 버전으로 설정되어 있으니 유의하시기 바랍니다.

◎ 시험을 완료한 수험자는 답안파일이 전송되었는지 확인한 후 감독위원의 지시에 따라 문제지를 제출하고 퇴실합니다.

답안 작성요령

◎ 온라인 답안 작성 절차
　수험자 등록 ⇒ 시험 시작 ⇒ 답안파일 저장 ⇒ 답안 전송 ⇒ 시험 종료

◎ 슬라이드의 크기는 A4 Paper로 설정하여 작성합니다.

◎ 슬라이드의 총 개수는 6개로 구성되어 있으며 슬라이드 1부터 순서대로 작업하고 반드시 문제와 세부 조건대로 합니다.

◎ 별도의 지시사항이 없는 경우 출력형태를 참조하여 글꼴색은 검정 또는 흰색으로 작성하고, 기타사항은 전체적인 균형을 고려하여 작성합니다.

◎ 슬라이드 도형 및 개체에 출력형태와 다른 스타일(그림자, 외곽선 등)을 적용했을 경우 감점처리 됩니다.

◎ 슬라이드 번호를 작성합니다(슬라이드 1에는 생략).

◎ 2~6번 슬라이드 제목 도형과 하단 로고는 슬라이드 마스터를 이용하여 출력형태와 동일하게 작성합니다(슬라이드 1에는 생략).

◎ 문제와 세부조건, 세부조건 번호 ⠐(점선원)는 입력하지 않습니다.

◎ 각 개체의 위치는 오른쪽의 슬라이드와 동일하게 구성합니다.

◎ 그림 삽입 문제의 경우 반드시 「내 PC₩문서₩ITQ₩Picture」 폴더에서 정확한 파일을 선택하여 삽입하십시오.

◎ 각 슬라이드를 각각의 파일로 작업해서 저장할 경우 실격 처리됩니다.

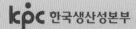

(1) 슬라이드 크기 및 순서 : 크기를 A4 용지로 설정하고 슬라이드 순서에 맞게 작성한다.

(2) 슬라이드 마스터 : 2~6슬라이드의 제목, 하단 로고, 슬라이드 번호는 슬라이드 마스터를 이용하여 작성한다.
- 제목 글꼴(굴림, 40pt, 흰색), 가운데 맞춤, 도형(선 없음)
- 하단 로고(「내 PC₩문서₩ITQ₩Picture₩로고2.jpg」, 배경(회색) 투명색으로 설정)

슬라이드 1 　표지 디자인 　(40점)

(1) 표지 디자인 : 도형, 워드아트 및 그림을 이용하여 작성한다.

세부조건

① 도형 편집
- 도형에 그림 채우기 :
「내 PC₩문서₩ITQ₩Picture₩
그림3.jpg」, 투명도 50%
- 도형 효과 :
부드러운 가장자리 5포인트
② 워드아트 삽입
- 변환 : 오른쪽 줄이기
- 글꼴 : 궁서, 굵게
- 텍스트 반사 :
1/2 반사, 터치
③ 그림 삽입
- 「내 PC₩문서₩ITQ₩Picture₩
로고2.jpg」
- 배경(회색) 투명색으로 설정

슬라이드 2 　목차 슬라이드 　(60점)

(1) 출력형태와 같이 도형을 이용하여 목차를 작성한다(글꼴 : 굴림, 24pt).

(2) 도형 : 선 없음

세부조건

① 텍스트에 하이퍼링크 적용
→ '슬라이드 4'
② 그림 삽입
- 「내 PC₩문서₩ITQ₩Picture₩
그림4.jpg」
- 자르기 기능 이용

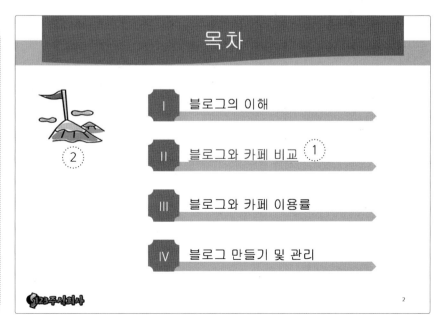

(1) 텍스트 작성 : 글머리 기호 사용(❖, ・)

    ❖ 문단(굴림, 24pt, 굵게, 줄 간격 : 1.5줄), ・문단(굴림, 20pt, 줄 간격 : 1.5줄)

세부조건

① 동영상 삽입 :
  – 「내 PC₩문서₩ITQ₩Picture₩
    동영상.wmv」
  – 자동 실행, 반복 재생 설정

Ⅰ. 블로그의 이해

❖ **What is a weblog?**

  • A weblog is a Web site that consists of a series of entries arranged in reverse chronological order

  • The information can be written by the site owner, gleaned from other Web sites or other sources

❖ **블로그의 의미**

  • 블로그란 웹(web)과 항해 일지를 뜻하는 로그(log)의 합성어를 줄인 신조어로 자신의 관심사에 따라 자신의 일상이나 사회적인 이슈까지 글과 사진, 동영상 등을 자유롭게 올릴 수 있는 웹 사이트

3

---

(1) 도형과 표 작성 기능을 이용하여 슬라이드를 작성한다(글꼴 : 돋움, 18pt).

세부조건

① 상단 도형 :
  2개 도형의 조합으로 작성

② 좌측 도형 :
  그라데이션 효과(선형 아래쪽)

③ 표 스타일 :
  테마 스타일 1 – 강조 1

Ⅱ. 블로그와 카페 비교

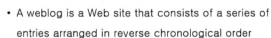
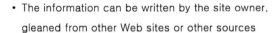

	블로그	인터넷 카페
특징	개인의 관심사에 따른 기록	사이버 공간의 다양한 만남 주선
	완벽한 자료 관리 가능	포털 사이트에서 제공하는 커뮤니티
	다양한 형태의 커뮤니티 제공	등록한 회원이 다시 카페 개설
형태	기술적/상업적 제약 없이 이용	같은 취지의 사람들이 모여 정보 교환
	실시간으로 콘텐츠 내용 확인	동호회, 향우회, 동창회 등

4

(1) 차트 작성 기능을 이용하여 슬라이드를 작성한다.
(2) 차트 : 종류(묶은 세로 막대형), 글꼴(돋움, 16pt), 외곽선

세부조건

※ 차트 설명
  · 차트 제목 : 궁서, 24pt, 굵게,
    채우기(흰색), 테두리,
    그림자(오프셋 아래쪽)
  · 차트 영역 : 채우기(노랑)
    그림 영역 : 채우기(흰색)
  · 데이터 서식 : 카페 계열을
    표식이 있는 꺾은선형으로 변경 후
    보조 축으로 지정
  · 값 표시 : 2017년의 카페 계열만
① 도형 삽입
  - 스타일 :
    미세 효과 – 파랑, 강조 1
  - 글꼴 : 굴림, 18pt

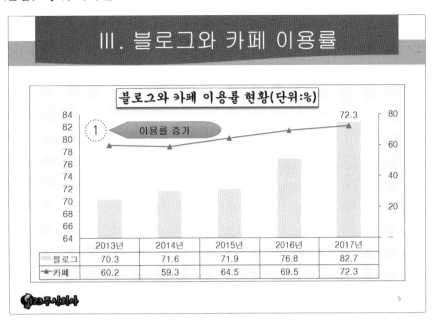

(1) 슬라이드와 같이 도형 및 스마트아트를 배치한다(글꼴 : 굴림, 18pt).
(2) 애니메이션 순서 : ① ⇒ ②

세부조건

① 도형 및 스마트아트 편집
  - 스마트아트 디자인 :
    3차원 경사,
    3차원 광택 처리
  - 그룹화 후 애니메이션 효과 :
    바운드
② 도형 편집
  - 그룹화 후 애니메이션 효과 :
    시계 방향 회전

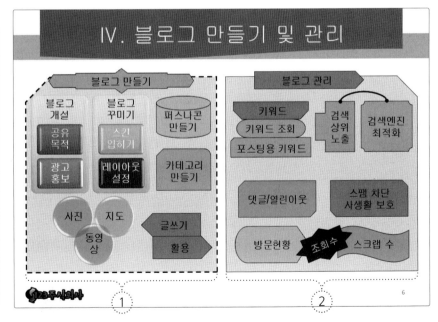

정보기술자격(ITQ) 실전모의고사

과 목	코 드	문제유형	시험시간	수험번호	성 명
한글파워포인트	1142	A	60분		

수험자 유의사항

◎ 수험자는 문제지를 받는 즉시 문제지와 <u>수험표상의 시험과목(프로그램)이 동일한지 반드시 확인</u>하여야 합니다.

◎ 파일명은 본인의 "수험번호-성명"으로 입력하여 답안폴더(내 PC\문서\ITQ)에 하나의 파일로 저장해야 하며, 답안문서 파일명이 "수험번호-성명"과 일치하지 않거나, 답안파일을 전송하지 않아 미제출로 처리될 경우 실격 처리합니다 (예:12345678-홍길동.pptx).

◎ 답안 작성을 마치면 파일을 저장하고, '답안 전송' 버튼을 선택하여 감독위원 PC로 답안을 전송하십시오. 수험생 정보와 저장한 파일명이 다를 경우 전송되지 않으므로 주의하시기 바랍니다.

◎ 답안 작성 중에도 <u>주기적으로 저장하고, '답안 전송'</u>하여야 문제 발생을 줄일 수 있습니다. 작업한 내용을 저장하지 않고 전송할 경우 이전에 저장된 내용이 전송되오니 이점 유의하시기 바랍니다.

◎ 답안문서는 지정된 경로 외의 다른 보조기억장치에 저장하는 경우, 지정된 시험 시간 외에 작성된 파일을 활용할 경우, 기타 통신수단(이메일, 메신저, 네트워크 등)을 이용하여 타인에게 전달 또는 외부 반출하는 경우는 부정 처리합니다.

◎ 시험 중 부주의 또는 고의로 시스템을 파손한 경우는 수험자가 변상해야 하며, <수험자 유의사항>에 기재된 방법대로 이행하지 않아 생기는 불이익은 수험생 당사자의 책임임을 알려 드립니다.

◎ 문제의 조건은 MS오피스 2016 버전으로 설정되어 있으니 유의하시기 바랍니다.

◎ 시험을 완료한 수험자는 답안파일이 전송되었는지 확인한 후 감독위원의 지시에 따라 문제지를 제출하고 퇴실합니다.

답안 작성요령

◎ 온라인 답안 작성 절차

수험자 등록 ⇒ 시험 시작 ⇒ 답안파일 저장 ⇒ 답안 전송 ⇒ 시험 종료

◎ 슬라이드의 크기는 A4 Paper로 설정하여 작성합니다.

◎ 슬라이드의 총 개수는 6개로 구성되어 있으며 슬라이드 1부터 순서대로 작업하고 반드시 문제와 세부 조건대로 합니다.

◎ 별도의 지시사항이 없는 경우 출력형태를 참조하여 글꼴색은 검정 또는 흰색으로 작성하고, 기타사항은 전체적인 균형을 고려하여 작성합니다.

◎ 슬라이드 도형 및 개체에 출력형태와 다른 스타일(그림자, 외곽선 등)을 적용했을 경우 감점처리 됩니다.

◎ 슬라이드 번호를 작성합니다(슬라이드 1에는 생략).

◎ 2~6번 슬라이드 제목 도형과 하단 로고는 슬라이드 마스터를 이용하여 출력형태와 동일하게 작성합니다(슬라이드 1에는 생략).

◎ 문제와 세부조건, 세부조건 번호 ⬚(점선원)는 입력하지 않습니다.

◎ 각 개체의 위치는 오른쪽의 슬라이드와 동일하게 구성합니다.

◎ 그림 삽입 문제의 경우 반드시 「내 PC\문서\ITQ\Picture」 폴더에서 정확한 파일을 선택하여 삽입하십시오.

◎ 각 슬라이드를 각각의 파일로 작업해서 저장할 경우 실격 처리됩니다.

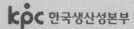

전체 구성 (60점)

(1) 슬라이드 크기 및 순서 : 크기를 A4 용지로 설정하고 슬라이드 순서에 맞게 작성한다.

(2) 슬라이드 마스터 : 2~6슬라이드의 제목, 하단 로고, 슬라이드 번호는 슬라이드 마스터를 이용하여 작성한다.

    – 제목 글꼴(돋움, 40pt, 흰색), 가운데 맞춤, 도형(선 없음)

    – 하단 로고(「내 PC\문서\ITQ\Picture\로고3.jpg」, 배경(연보라) 투명색으로 설정

슬라이드 1   표지 디자인 (40점)

(1) 표지 디자인 : 도형, 워드아트 및 그림을 이용하여 작성한다.

세부조건

① 도형 편집
 – 도형에 그림 채우기 :
 「내 PC\문서\ITQ\Picture\
 그림2.jpg」, 투명도 50%
 – 도형 효과 :
 부드러운 가장자리 5포인트

② 워드아트 삽입
 – 변환 : 휘어 올라오기
 – 글꼴 : 돋움, 굵게
 – 텍스트 반사 :
 근접 반사, 4 pt 오프셋

③ 그림 삽입
 – 「내 PC\문서\ITQ\Picture\
 로고3.jpg」
 – 배경(연보라) 투명색으로 설정

슬라이드 2   목차 슬라이드 (60점)

(1) 출력형태와 같이 도형을 이용하여 목차를 작성한다(글꼴 : 굴림, 24pt).

(2) 도형 : 선 없음

세부조건

① 텍스트에 하이퍼링크 적용
 → '슬라이드 6'

② 그림 삽입
 – 「내 PC\문서\ITQ\Picture\
 그림4.jpg」
 – 자르기 기능 이용

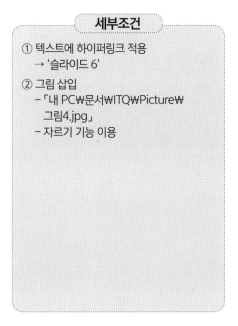

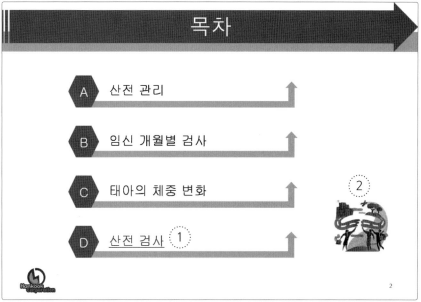

(1) 텍스트 작성 : 글머리 기호 사용(◆, ✓)

◆문단(굴림, 24pt, 굵게, 줄 간격 : 1.5줄), ✓문단(굴림, 20pt, 줄 간격 : 1.5줄)

세부조건

① 동영상 삽입 :
- 「내 PC₩문서₩ITQ₩Picture₩동영상.wmv」
- 자동 실행, 반복 재생 설정

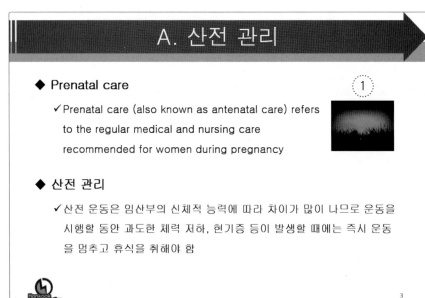

A. 산전 관리

◆ Prenatal care

✓ Prenatal care (also known as antenatal care) refers to the regular medical and nursing care recommended for women during pregnancy

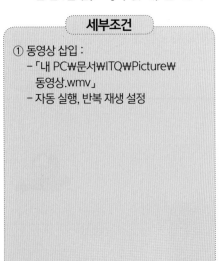

◆ 산전 관리

✓ 산전 운동은 임산부의 신체적 능력에 따라 차이가 많이 나므로 운동을 시행할 동안 과도한 체력 저하, 현기증 등이 발생할 때에는 즉시 운동을 멈추고 휴식을 취해야 함

(1) 도형과 표 작성 기능을 이용하여 슬라이드를 작성한다(글꼴 : 돋움, 18pt).

세부조건

① 상단 도형 :
　2개 도형의 조합으로 작성
② 좌측 도형 :
　그라데이션 효과(선형 아래쪽)
③ 표 스타일 :
　테마 스타일 1 - 강조 4

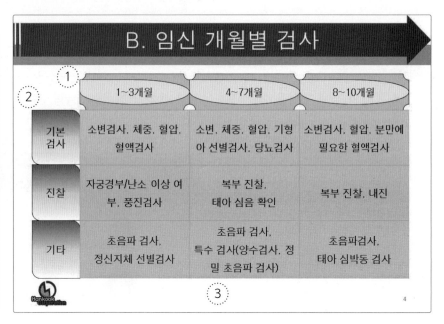

B. 임신 개월별 검사

	1~3개월	4~7개월	8~10개월
기본 검사	소변검사, 체중, 혈압, 혈액검사	소변, 체중, 혈압, 기형아 선별검사, 당뇨검사	소변검사, 혈압, 분만에 필요한 혈액검사
진찰	자궁경부/난소 이상 여부, 풍진검사	복부 진찰, 태아 심음 확인	복부 진찰, 내진
기타	초음파 검사, 정신지체 선별검사	초음파 검사, 특수 검사(양수검사, 정밀 초음파 검사)	초음파검사, 태아 심박동 검사

(1) 차트 작성 기능을 이용하여 슬라이드를 작성한다.
(2) 차트 : 종류(묶은 세로 막대형), 글꼴(돋움, 16pt), 외곽선

세부조건

※ 차트 설명
　· 차트 제목 : 궁서, 24pt, 굵게,
　　채우기(흰색), 테두리,
　　그림자(오프셋 오른쪽)
　· 차트 영역 : 채우기(노랑)
　　그림 영역 : 채우기(흰색)
　· 데이터 서식 : 체중(g) 계열을
　　표식이 있는 꺾은선형으로 변경 후
　　보조 축으로 지정
　· 값 표시 : 10개월의 신장(cm) 계열만
① 도형 삽입
　– 스타일 :
　　미세 효과 – 파랑, 강조 1
　– 글꼴 : 돋움, 18pt

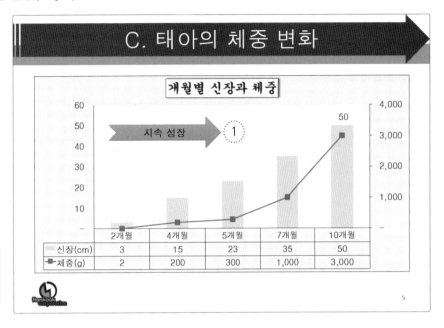

(1) 슬라이드와 같이 도형 및 스마트아트를 배치한다(글꼴 : 굴림, 18pt).
(2) 애니메이션 순서 : ① ⇒ ②

세부조건

① 도형 편집
　– 그룹화 후 애니메이션 효과 :
　　바운드
② 도형 및 스마트아트 편집
　– 스마트아트 디자인 :
　　3차원 경사,
　　3차원 만화
　– 그룹화 후 애니메이션 효과 :
　　시계 방향 회전

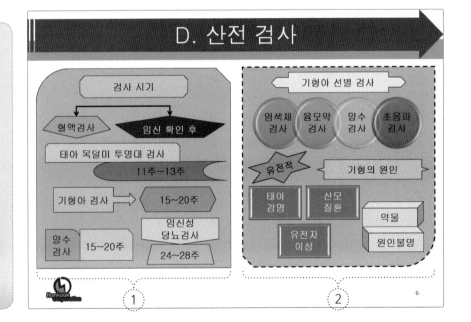

정보기술자격(ITQ) 실전모의고사

과 목	코 드	문제유형	시험시간	수험번호	성 명
한글파워포인트	1142	A	60분		

수험자 유의사항

◎ 수험자는 문제지를 받는 즉시 문제지와 <u>수험표상의 시험과목(프로그램)이 동일한지 반드시 확인</u>하여야 합니다.

◎ 파일명은 본인의 "수험번호-성명"으로 입력하여 답안폴더(내 PC₩문서₩ITQ)에 하나의 파일로 저장해야 하며, 답안문서 파일명이 "수험번호-성명"과 일치하지 않거나, 답안파일을 전송하지 않아 미제출로 처리될 경우 실격 처리합니다. (예:12345678-홍길동.pptx).

◎ 답안 작성을 마치면 파일을 저장하고, '답안 전송' 버튼을 선택하여 감독위원 PC로 답안을 전송하십시오. 수험생 정보와 저장한 파일명이 다를 경우 전송되지 않으므로 주의하시기 바랍니다.

◎ 답안 작성 중에도 <u>주기적으로 저장하고, '답안 전송'</u>하여야 문제 발생을 줄일 수 있습니다. 작업한 내용을 저장하지 않고 전송할 경우 이전에 저장된 내용이 전송되오니 이점 유의하시기 바랍니다.

◎ 답안문서는 지정된 경로 외의 다른 보조기억장치에 저장하는 경우, 지정된 시험 시간 외에 작성된 파일을 활용할 경우, 기타 통신수단(이메일, 메신저, 네트워크 등)을 이용하여 타인에게 전달 또는 외부 반출하는 경우는 부정 처리합니다.

◎ 시험 중 부주의 또는 고의로 시스템을 파손한 경우는 수험자가 변상해야 하며, <수험자 유의사항>에 기재된 방법대로 이행하지 않아 생기는 불이익은 수험생 당사자의 책임임을 알려 드립니다.

◎ 문제의 조건은 MS오피스 2016 버전으로 설정되어 있으니 유의하시기 바랍니다.

◎ 시험을 완료한 수험자는 답안파일이 전송되었는지 확인한 후 감독위원의 지시에 따라 문제지를 제출하고 퇴실합니다.

답안 작성요령

◎ 온라인 답안 작성 절차

  수험자 등록 ⇒ 시험 시작 ⇒ 답안파일 저장 ⇒ 답안 전송 ⇒ 시험 종료

◎ 슬라이드의 크기는 A4 Paper로 설정하여 작성합니다.

◎ 슬라이드의 총 개수는 6개로 구성되어 있으며 슬라이드 1부터 순서대로 작업하고 반드시 문제와 세부 조건대로 합니다.

◎ 별도의 지시사항이 없는 경우 출력형태를 참조하여 글꼴색은 검정 또는 흰색으로 작성하고, 기타사항은 전체적인 균형을 고려하여 작성합니다.

◎ 슬라이드 도형 및 개체에 출력형태와 다른 스타일(그림자, 외곽선 등)을 적용했을 경우 감점처리 됩니다.

◎ 슬라이드 번호를 작성합니다(슬라이드 1에는 생략).

◎ 2~6번 슬라이드 제목 도형과 하단 로고는 슬라이드 마스터를 이용하여 출력형태와 동일하게 작성합니다(슬라이드 1에는 생략).

◎ 문제와 세부조건, 세부조건 번호 ⦂⦂(점선원)는 입력하지 않습니다.

◎ 각 개체의 위치는 오른쪽의 슬라이드와 동일하게 구성합니다.

◎ 그림 삽입 문제의 경우 반드시 「내 PC₩문서₩ITQ₩Picture」 폴더에서 정확한 파일을 선택하여 삽입하십시오.

◎ 각 슬라이드를 각각의 파일로 작업해서 저장할 경우 실격 처리됩니다.

kpc 한국생산성본부

전체 구성 (60점)

(1) 슬라이드 크기 및 순서 : 크기를 A4 용지로 설정하고 슬라이드 순서에 맞게 작성한다.
(2) 슬라이드 마스터 : 2~6슬라이드의 제목, 하단 로고, 슬라이드 번호는 슬라이드 마스터를 이용하여 작성한다.
　　 - 제목 글꼴(돋움, 40pt, 흰색), 가운데 맞춤, 도형(선 없음)
　　 - 하단 로고(「내 PC₩문서₩ITQ₩Picture₩로고1.jpg」, 배경(회색) 투명색으로 설정)

슬라이드 1 　 표지 디자인 (40점)

(1) 표지 디자인 : 도형, 워드아트 및 그림을 이용하여 작성한다.

세부조건

① 도형 편집
　 - 도형에 그림 채우기 :
　　 「내 PC₩문서₩ITQ₩Picture₩
　　 그림1.jpg」, 투명도 50%
　 - 도형 효과 :
　　 부드러운 가장자리 5포인트
② 워드아트 삽입
　 - 변환 : 휘어 내려가기
　 - 글꼴 : 맑은 고딕, 굵게
　 - 텍스트 반사 :
　　 근접 반사, 터치
③ 그림 삽입
　 - 「내 PC₩문서₩ITQ₩Picture₩
　　 로고1.jpg」
　 - 배경(회색) 투명색으로 설정

슬라이드 2 　 목차 슬라이드 (60점)

(1) 출력형태와 같이 도형을 이용하여 목차를 작성한다(글꼴 : 돋움, 24pt).
(2) 도형 : 선 없음

세부조건

① 텍스트에 하이퍼링크 적용
　 → '슬라이드 5'
② 그림 삽입
　 - 「내 PC₩문서₩ITQ₩Picture₩
　　 그림4.jpg」
　 - 자르기 기능 이용

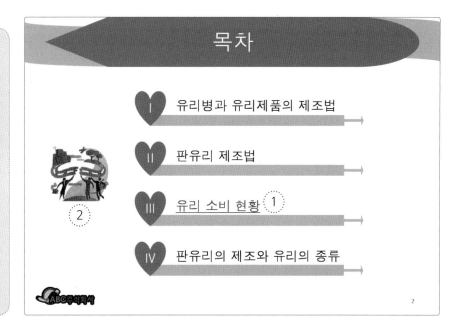

(1) 텍스트 작성 : 글머리 기호 사용(✓, ▪)

　　✓문단(굴림, 24pt, 굵게, 줄 간격 : 1.5줄), ▪문단(굴림, 20pt, 줄 간격 : 1.5줄)

세부조건

① 동영상 삽입 :
- 「내 PC₩문서₩ITQ₩Picture₩동영상.wmv」
- 자동 실행, 반복 재생 설정

Ⅰ. 유리병과 유리제품의 제조법

✓Glass Bottle

- ▪ Flint : juice bottles, IV bottles, bottles to contain foods, alcoholic beverage bottles, cosmetic bottles
- ▪ Amber : bottles to hold energy drinks, beer bottles, bottles to store sesame oil

✓유리의 제조법

- ▪ 유리제품의 제조법은 그릇의 모양이나 사용 목적, 생산방식에 따라서 각각 다른 기술이 사용되며 보통 손작업에 의한 방식에는 공중불기, 틀 불기, 기계방식이 있고 소량 생산에는 도가니를 사용하는 방식이 있음

3

---

(1) 도형과 표 작성 기능을 이용하여 슬라이드를 작성한다(글꼴 : 돋움, 18pt).

세부조건

① 상단 도형 :
2개 도형의 조합으로 작성
② 좌측 도형 :
그라데이션 효과(선형 아래쪽)
③ 표 스타일 :
테마 스타일 1 - 강조 1

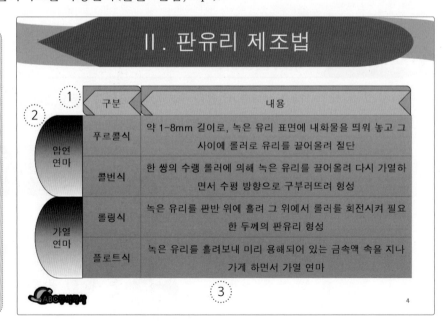

Ⅱ. 판유리 제조법

구분		내용
압연 연마	푸르콜식	약 1-8mm 길이로, 녹은 유리 표면에 내화물을 띄워 놓고 그 사이에 롤러로 유리를 끌어올려 절단
	콜번식	한 쌍의 수랭 롤러에 의해 녹은 유리를 끌어올려 다시 가열하면서 수평 방향으로 구부러뜨려 형성
가열 연마	롤링식	녹은 유리를 판반 위에 흘려 그 위에서 롤러를 회전시켜 필요한 두께의 판유리 형성
	플로트식	녹은 유리를 흘려보내 미리 용해되어 있는 금속액 속을 지나가게 하면서 가열 연마

4

(1) 차트 작성 기능을 이용하여 슬라이드를 작성한다.
(2) 차트 : 종류(묶은 세로 막대형), 글꼴(돋움, 16pt), 외곽선

세부조건

※ 차트 설명
 ・ 차트 제목 : 궁서, 24pt, 굵게,
   채우기(흰색), 테두리,
   그림자(오프셋 대각선 오른쪽 위)
 ・ 차트 영역 : 채우기(노랑)
   그림 영역 : 채우기(흰색)
 ・ 데이터 서식 : 2016년 계열을
   표식이 있는 꺾은선형으로 변경 후
   보조 축으로 지정
 ・ 값 표시 : 주방용의 2016년 계열만
 ① 도형 삽입
 - 스타일 :
   미세 효과 – 파랑, 강조 1
 - 글꼴 : 돋움, 18pt

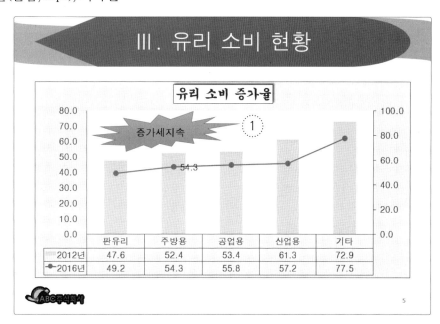

(1) 슬라이드와 같이 도형 및 스마트아트를 배치한다(글꼴 : 굴림, 18pt).
(2) 애니메이션 순서 : ① ⇒ ②

세부조건

① 도형 및 스마트아트 편집
 - 스마트아트 디자인 :
   3차원 경사,
   3차원 벽돌
 - 그룹화 후 애니메이션 효과 :
   실선 무늬(세로)
② 도형 편집
 - 그룹화 후 애니메이션 효과 :
   회전하며 밝기 변화

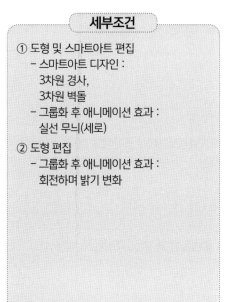

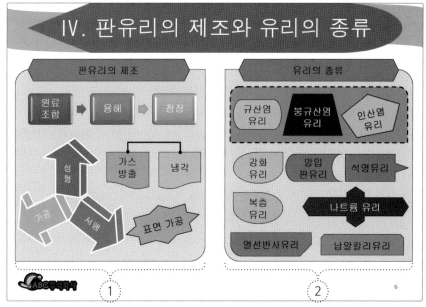

정보기술자격(ITQ) 실전모의고사

과 목	코 드	문제유형	시험시간	수험번호	성 명
한글파워포인트	1142	A	60분		

수험자 유의사항

◎ 수험자는 문제지를 받는 즉시 문제지와 <u>수험표상의 시험과목(프로그램)이 동일한지 반드시 확인</u>하여야 합니다.

◎ 파일명은 본인의 "수험번호-성명"으로 입력하여 답안폴더(내 PC₩문서₩ITQ)에 하나의 파일로 저장해야 하며, 답안문서 파일명이 "수험번호-성명"과 일치하지 않거나, 답안파일을 전송하지 않아 미제출로 처리될 경우 실격 처리합니다 (예:12345678-홍길동.pptx).

◎ 답안 작성을 마치면 파일을 저장하고, '답안 전송' 버튼을 선택하여 감독위원 PC로 답안을 전송하십시오. 수험생 정보와 저장한 파일명이 다를 경우 전송되지 않으므로 주의하시기 바랍니다.

◎ 답안 작성 중에도 <u>주기적으로 저장하고, '답안 전송'</u>하여야 문제 발생을 줄일 수 있습니다. 작업한 내용을 저장하지 않고 전송할 경우 이전에 저장된 내용이 전송되오니 이점 유의하시기 바랍니다.

◎ 답안문서는 지정된 경로 외의 다른 보조기억장치에 저장하는 경우, 지정된 시험 시간 외에 작성된 파일을 활용할 경우, 기타 통신수단(이메일, 메신저, 네트워크 등)을 이용하여 타인에게 전달 또는 외부 반출하는 경우는 부정 처리합니다.

◎ 시험 중 부주의 또는 고의로 시스템을 파손한 경우는 수험자가 변상해야 하며, <수험자 유의사항>에 기재된 방법대로 이행하지 않아 생기는 불이익은 수험생 당사자의 책임임을 알려 드립니다.

◎ 문제의 조건은 MS오피스 2016 버전으로 설정되어 있으니 유의하시기 바랍니다.

◎ 시험을 완료한 수험자는 답안파일이 전송되었는지 확인한 후 감독위원의 지시에 따라 문제지를 제출하고 퇴실합니다.

답안 작성요령

◎ 온라인 답안 작성 절차

　수험자 등록 ⇒ 시험 시작 ⇒ 답안파일 저장 ⇒ 답안 전송 ⇒ 시험 종료

◎ 슬라이드의 크기는 A4 Paper로 설정하여 작성합니다.

◎ 슬라이드의 총 개수는 6개로 구성되어 있으며 슬라이드 1부터 순서대로 작업하고 반드시 문제와 세부 조건대로 합니다.

◎ 별도의 지시사항이 없는 경우 출력형태를 참조하여 글꼴색은 검정 또는 흰색으로 작성하고, 기타사항은 전체적인 균형을 고려하여 작성합니다.

◎ 슬라이드 도형 및 개체에 출력형태와 다른 스타일(그림자, 외곽선 등)을 적용했을 경우 감점처리 됩니다.

◎ 슬라이드 번호를 작성합니다(슬라이드 1에는 생략).

◎ 2~6번 슬라이드 제목 도형과 하단 로고는 슬라이드 마스터를 이용하여 출력형태와 동일하게 작성합니다(슬라이드 1에는 생략).

◎ 문제와 세부조건, 세부조건 번호 ⚬(점선원)는 입력하지 않습니다.

◎ 각 개체의 위치는 오른쪽의 슬라이드와 동일하게 구성합니다.

◎ 그림 삽입 문제의 경우 반드시 「내 PC₩문서₩ITQ₩Picture」 폴더에서 정확한 파일을 선택하여 삽입하십시오.

◎ 각 슬라이드를 각각의 파일로 작업해서 저장할 경우 실격 처리됩니다.

(1) 슬라이드 크기 및 순서 : 크기를 A4 용지로 설정하고 슬라이드 순서에 맞게 작성한다.

(2) 슬라이드 마스터 : 2~6슬라이드의 제목, 하단 로고, 슬라이드 번호는 슬라이드 마스터를 이용하여 작성한다.
- 제목 글꼴(돋움, 40pt, 빨강), 가운데 맞춤, 도형(선 없음)
- 하단 로고(「내 PC₩문서₩ITQ₩Picture₩로고1.jpg」, 배경(회색) 투명색으로 설정)

슬라이드 1 　표지 디자인 (40점)

(1) 표지 디자인 : 도형, 워드아트 및 그림을 이용하여 작성한다.

세부조건

① 도형 편집
- 도형에 그림 채우기 :
「내 PC₩문서₩ITQ₩Picture₩
그림1.jpg」, 투명도 50%
- 도형 효과 :
부드러운 가장자리 5포인트
② 워드아트 삽입
- 변환 : 팽창
- 글꼴 : 돋움, 굵게
- 텍스트 반사 :
1/2 반사, 터치
③ 그림 삽입
- 「내 PC₩문서₩ITQ₩Picture₩
로고1.jpg」
- 배경(회색) 투명색으로 설정

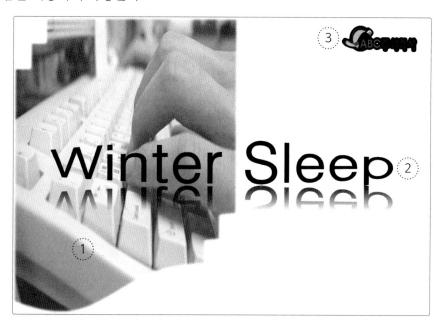

슬라이드 2 　목차 슬라이드 (60점)

(1) 출력형태와 같이 도형을 이용하여 목차를 작성한다(글꼴 : 굴림, 24pt).

(2) 도형 : 선 없음

세부조건

① 텍스트에 하이퍼링크 적용
→ '슬라이드 4'
② 그림 삽입
- 「내 PC₩문서₩ITQ₩Picture₩
그림5.jpg」
- 자르기 기능 이용

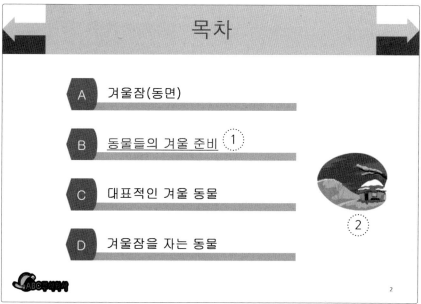

(1) 텍스트 작성 : 글머리 기호 사용(❖, ✓)

　　❖ 문단(굴림, 24pt, 굵게, 줄 간격 : 1.5줄), ✓문단(굴림, 20pt, 줄 간격 : 1.5줄)

> **세부조건**
>
> ① 동영상 삽입 :
> 　– 「내 PC₩문서₩ITQ₩Picture₩
> 　　동영상.wmv」
> 　– 자동 실행, 반복 재생 설정

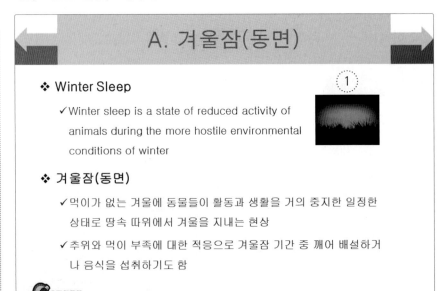

(1) 도형과 표 작성 기능을 이용하여 슬라이드를 작성한다(글꼴 : 돋움, 18pt).

> **세부조건**
>
> ① 상단 도형 :
> 　2개 도형의 조합으로 작성
> ② 좌측 도형 :
> 　그라데이션 효과(선형 아래쪽)
> ③ 표 스타일 :
> 　테마 스타일 1 – 강조 6

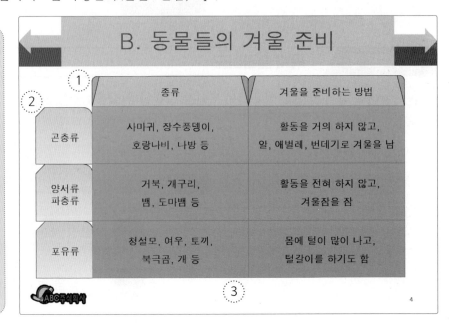

(1) 차트 작성 기능을 이용하여 슬라이드를 작성한다.
(2) 차트 : 종류(묶은 세로 막대형), 글꼴(돋움, 16pt), 외곽선

세부조건

※ 차트 설명
  • 차트 제목 : 궁서, 24pt, 굵게,
    채우기(흰색), 테두리,
    그림자(오프셋 위쪽)
  • 차트 영역 : 채우기(노랑)
    그림 영역 : 채우기(흰색)
  • 데이터 서식 : 몸무게(kg) 계열을
    표식이 있는 꺾은선형으로 변경 후
    보조 축으로 지정
  • 값 표시 : 펭귄의 몸무게(kg) 계열만
① 도형 삽입
  – 스타일 :
    미세 효과 – 주황, 강조 2
  – 글꼴 : 굴림, 18pt

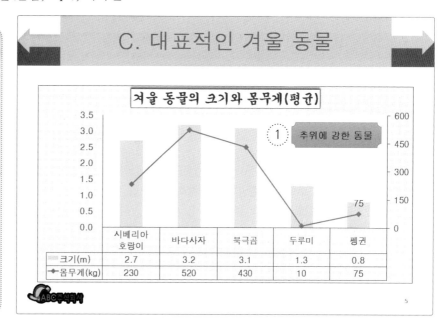

(1) 슬라이드와 같이 도형 및 스마트아트를 배치한다(글꼴 : 굴림, 18pt).
(2) 애니메이션 순서 : ① ⇒ ②

세부조건

① 도형 및 스마트아트 편집
  – 스마트아트 디자인 :
    강한 효과,
    3차원 광택 처리
  – 그룹화 후 애니메이션 효과 :
    실선 무늬(세로)
② 도형 편집
  – 그룹화 후 애니메이션 효과 :
    회전하며 밝기 변화

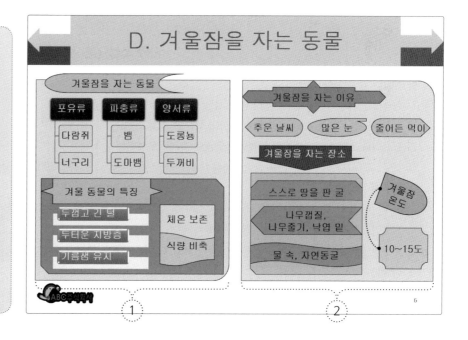

정보기술자격(ITQ) 실전모의고사

과 목	코 드	문제유형	시험시간	수험번호	성 명
한글파워포인트	1142	A	60분		

수험자 유의사항

◎ 수험자는 문제지를 받는 즉시 문제지와 <u>수험표상의 시험과목(프로그램)이 동일한지 반드시 확인</u>하여야 합니다.

◎ 파일명은 본인의 "수험번호-성명"으로 입력하여 답안폴더(내 PC\문서\ITQ)에 하나의 파일로 저장해야 하며, 답안문서 파일명이 "수험번호-성명"과 일치하지 않거나, 답안파일을 전송하지 않아 미제출로 처리될 경우 실격 처리합니다 (예:12345678-홍길동.pptx).

◎ 답안 작성을 마치면 파일을 저장하고, '답안 전송' 버튼을 선택하여 감독위원 PC로 답안을 전송하십시오. 수험생 정보와 저장한 파일명이 다를 경우 전송되지 않으므로 주의하시기 바랍니다.

◎ 답안 작성 중에도 <u>주기적으로 저장하고, '답안 전송'</u>하여야 문제 발생을 줄일 수 있습니다. 작업한 내용을 저장하지 않고 전송할 경우 이전에 저장된 내용이 전송되오니 이점 유의하시기 바랍니다.

◎ 답안문서는 지정된 경로 외의 다른 보조기억장치에 저장하는 경우, 지정된 시험 시간 외에 작성된 파일을 활용할 경우, 기타 통신수단(이메일, 메신저, 네트워크 등)을 이용하여 타인에게 전달 또는 외부 반출하는 경우는 부정 처리합니다.

◎ 시험 중 부주의 또는 고의로 시스템을 파손한 경우는 수험자가 변상해야 하며, <수험자 유의사항>에 기재된 방법대로 이행하지 않아 생기는 불이익은 수험생 당사자의 책임임을 알려 드립니다.

◎ 문제의 조건은 MS오피스 2016 버전으로 설정되어 있으니 유의하시기 바랍니다.

◎ 시험을 완료한 수험자는 답안파일이 전송되었는지 확인한 후 감독위원의 지시에 따라 문제지를 제출하고 퇴실합니다.

답안 작성요령

◎ 온라인 답안 작성 절차

   수험자 등록 ⇒ 시험 시작 ⇒ 답안파일 저장 ⇒ 답안 전송 ⇒ 시험 종료

◎ 슬라이드의 크기는 A4 Paper로 설정하여 작성합니다.

◎ 슬라이드의 총 개수는 6개로 구성되어 있으며 슬라이드 1부터 순서대로 작업하고 반드시 문제와 세부 조건대로 합니다.

◎ 별도의 지시사항이 없는 경우 출력형태를 참조하여 글꼴색은 검정 또는 흰색으로 작성하고, 기타사항은 전체적인 균형을 고려하여 작성합니다.

◎ 슬라이드 도형 및 개체에 출력형태와 다른 스타일(그림자, 외곽선 등)을 적용했을 경우 감점처리 됩니다.

◎ 슬라이드 번호를 작성합니다(슬라이드 1에는 생략).

◎ 2~6번 슬라이드 제목 도형과 하단 로고는 슬라이드 마스터를 이용하여 출력형태와 동일하게 작성합니다(슬라이드 1에는 생략).

◎ 문제와 세부조건, 세부조건 번호 ⌥(점선원)는 입력하지 않습니다.

◎ 각 개체의 위치는 오른쪽의 슬라이드와 동일하게 구성합니다.

◎ 그림 삽입 문제의 경우 반드시 「내 PC\문서\ITQ\Picture」 폴더에서 정확한 파일을 선택하여 삽입하십시오.

◎ 각 슬라이드를 각각의 파일로 작업해서 저장할 경우 실격 처리됩니다.

kpc 한국생산성본부

전체 구성 (60점)

(1) 슬라이드 크기 및 순서 : 크기를 A4 용지로 설정하고 슬라이드 순서에 맞게 작성한다.
(2) 슬라이드 마스터 : 2~6슬라이드의 제목, 하단 로고, 슬라이드 번호는 슬라이드 마스터를 이용하여 작성한다.
  – 제목 글꼴(돋움, 40pt, 파랑), 가운데 맞춤, 도형(선 없음)
  – 하단 로고(「내 PC₩문서₩ITQ₩Picture₩로고2.jpg」, 배경(회색) 투명색으로 설정)

슬라이드 1   표지 디자인 (40점)

(1) 표지 디자인 : 도형, 워드아트 및 그림을 이용하여 작성한다.

세부조건

① 도형 편집
  – 도형에 그림 채우기 :
    「내 PC₩문서₩ITQ₩Picture₩
    그림3.jpg」, 투명도 50%
  – 도형 효과 :
    부드러운 가장자리 5포인트
② 워드아트 삽입
  – 변환 : 위로 계단식
  – 글꼴 : 돋움, 굵게
  – 텍스트 반사 :
    1/2 반사, 4 pt 오프셋
③ 그림 삽입
  – 「내 PC₩문서₩ITQ₩Picture₩
    로고2.jpg」
  – 배경(회색) 투명색으로 설정

슬라이드 2   목차 슬라이드 (60점)

(1) 출력형태와 같이 도형을 이용하여 목차를 작성한다(글꼴 : 굴림, 24pt).
(2) 도형 : 선 없음

세부조건

① 텍스트에 하이퍼링크 적용
  → '슬라이드 6'
② 그림 삽입
  – 「내 PC₩문서₩ITQ₩Picture₩
    그림5.jpg」
  – 자르기 기능 이용

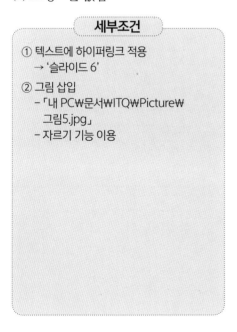

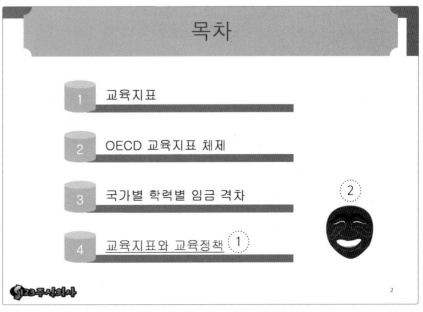

슬라이드 3 텍스트/동영상 슬라이드 (60점)

(1) 텍스트 작성 : 글머리 기호 사용(❖, ➢)

❖ 문단(굴림, 24pt, 굵게, 줄 간격 : 1.5줄), ➢ 문단(굴림, 20pt, 줄 간격 : 1.5줄)

세부조건

① 동영상 삽입 :
- 「내 PC₩문서₩ITQ₩Picture₩ 동영상.wmv」
- 자동 실행, 반복 재생 설정

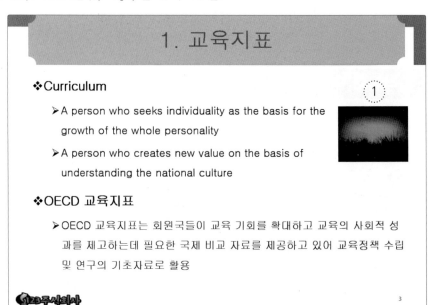

슬라이드 4 표 슬라이드 (80점)

(1) 도형과 표 작성 기능을 이용하여 슬라이드를 작성한다(글꼴 : 돋움, 18pt).

세부조건

① 상단 도형 :
2개 도형의 조합으로 작성
② 좌측 도형 :
그라데이션 효과(선형 아래쪽)
③ 표 스타일 :
테마 스타일 1 - 강조 4

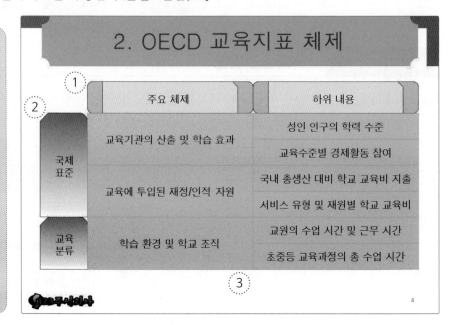

슬라이드 5   차트 슬라이드   (100점)

(1) 차트 작성 기능을 이용하여 슬라이드를 작성한다.
(2) 차트 : 종류(묶은 세로 막대형), 글꼴(돋움, 16pt), 외곽선

세부조건

※ 차트 설명
 · 차트 제목 : 궁서, 24pt, 굵게,
   채우기(흰색), 테두리,
   그림자(오프셋 위쪽)
 · 차트 영역 : 채우기(노랑)
   그림 영역 : 채우기(흰색)
 · 데이터 서식 : 대학원(석박사) 계열을
   표식이 있는 꺾은선형으로 변경 후
   보조 축으로 지정
 · 값 표시 : 독일의 대학원(석박사) 계열만
① 도형 삽입
 － 스타일 : 미세 효과 － 파랑, 강조 5
 － 글꼴 : 굴림, 18pt

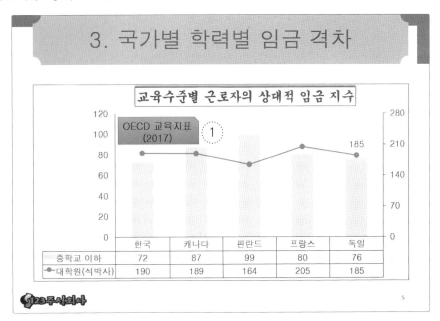

슬라이드 6   도형 슬라이드   (100점)

(1) 슬라이드와 같이 도형 및 스마트아트를 배치한다(글꼴 : 굴림, 18pt).
(2) 애니메이션 순서 : ① ⇒ ②

세부조건

① 도형 편집
 － 그룹화 후 애니메이션 효과 :
   밝기 변화
② 도형 및 스마트아트 편집
 － 스마트아트 디자인 :
   3차원 광택 처리,
   3차원 만화
 － 그룹화 후 애니메이션 효과 :
   나누기(세로 바깥쪽으로)

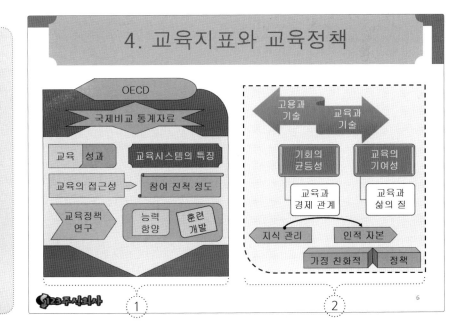

MEMO

4
최신
기출문제

—

정보기술자격(ITQ) 최신기출문제

과 목	코 드	문제유형	시험시간	수험번호	성 명
한글파워포인트	1142	A	60분		

수험자 유의사항

◎ 수험자는 문제지를 받는 즉시 문제지와 <u>수험표상의 시험과목(프로그램)이 동일한지 반드시 확인</u>하여야 합니다.

◎ 파일명은 본인의 "수험번호-성명"으로 입력하여 답안폴더(내 PC₩문서₩ITQ)에 하나의 파일로 저장해야 하며, 답안문서 파일명이 "수험번호-성명"과 일치하지 않거나, 답안파일을 전송하지 않아 미제출로 처리될 경우 실격 처리합니다 (예:12345678-홍길동.pptx).

◎ 답안 작성을 마치면 파일을 저장하고, '답안 전송' 버튼을 선택하여 감독위원 PC로 답안을 전송하십시오. 수험생 정보와 저장한 파일명이 다를 경우 전송되지 않으므로 주의하시기 바랍니다.

◎ 답안 작성 중에도 <u>주기적으로 저장하고, '답안 전송'</u>하여야 문제 발생을 줄일 수 있습니다. 작업한 내용을 저장하지 않고 전송할 경우 이전에 저장된 내용이 전송되오니 이점 유의하시기 바랍니다.

◎ 답안문서는 지정된 경로 외의 다른 보조기억장치에 저장하는 경우, 지정된 시험 시간 외에 작성된 파일을 활용할 경우, 기타 통신수단(이메일, 메신저, 네트워크 등)을 이용하여 타인에게 전달 또는 외부 반출하는 경우는 부정 처리합니다.

◎ 시험 중 부주의 또는 고의로 시스템을 파손한 경우는 수험자가 변상해야 하며, <수험자 유의사항>에 기재된 방법대로 이행하지 않아 생기는 불이익은 수험생 당사자의 책임임을 알려 드립니다.

◎ 문제의 조건은 MS오피스 2016 버전으로 설정되어 있으니 유의하시기 바랍니다.

◎ 시험을 완료한 수험자는 답안파일이 전송되었는지 확인한 후 감독위원의 지시에 따라 문제지를 제출하고 퇴실합니다.

답안 작성요령

◎ 온라인 답안 작성 절차
  수험자 등록 ⇒ 시험 시작 ⇒ 답안파일 저장 ⇒ 답안 전송 ⇒ 시험 종료

◎ 슬라이드의 크기는 A4 Paper로 설정하여 작성합니다.

◎ 슬라이드의 총 개수는 6개로 구성되어 있으며 슬라이드 1부터 순서대로 작업하고 반드시 문제와 세부 조건대로 합니다.

◎ 별도의 지시사항이 없는 경우 출력형태를 참조하여 글꼴색은 검정 또는 흰색으로 작성하고, 기타사항은 전체적인 균형을 고려하여 작성합니다.

◎ 슬라이드 도형 및 개체에 출력형태와 다른 스타일(그림자, 외곽선 등)을 적용했을 경우 감점처리 됩니다.

◎ 슬라이드 번호를 작성합니다(슬라이드 1에는 생략).

◎ 2~6번 슬라이드 제목 도형과 하단 로고는 슬라이드 마스터를 이용하여 출력형태와 동일하게 작성합니다(슬라이드 1에는 생략).

◎ 문제와 세부조건, 세부조건 번호 ⦂(점선원)는 입력하지 않습니다.

◎ 각 개체의 위치는 오른쪽의 슬라이드와 동일하게 구성합니다.

◎ 그림 삽입 문제의 경우 반드시 「내 PC₩문서₩ITQ₩Picture」 폴더에서 정확한 파일을 선택하여 삽입하십시오.

◎ 각 슬라이드를 각각의 파일로 작업해서 저장할 경우 실격 처리됩니다.

(1) 슬라이드 크기 및 순서 : 크기를 A4 용지로 설정하고 슬라이드 순서에 맞게 작성한다.

(2) 슬라이드 마스터 : 2~6슬라이드의 제목, 하단 로고, 슬라이드 번호는 슬라이드 마스터를 이용하여 작성한다.

- 제목 글꼴(굴림, 40pt, 흰색), 가운데 맞춤, 도형(선 없음)
- 하단 로고(「내 PC₩문서₩ITQ₩Picture₩로고3.jpg」, 배경(연보라) 투명색으로 설정)

슬라이드 1 표지 디자인 (40점)

(1) 표지 디자인 : 도형, 워드아트 및 그림을 이용하여 작성한다.

세부조건

① 도형 편집
- 도형에 그림 채우기 :
「내 PC₩문서₩ITQ₩Picture₩
그림2.jpg」, 투명도 50%
- 도형 효과 :
부드러운 가장자리 5포인트
② 워드아트 삽입
- 변환 : 오른쪽 줄이기
- 글꼴 : 돋움, 굵게
- 텍스트 반사 :
근접 반사, 터치
③ 그림 삽입
- 「내 PC₩문서₩ITQ₩Picture₩
로고3.jpg」
- 배경(연보라) 투명색으로 설정

슬라이드 2 목차 슬라이드 (60점)

(1) 출력형태와 같이 도형을 이용하여 목차를 작성한다(글꼴 : 굴림, 24pt).
(2) 도형 : 선 없음

세부조건

① 텍스트에 하이퍼링크 적용
→ '슬라이드 6'
② 그림 삽입
- 「내 PC₩문서₩ITQ₩Picture₩
그림4.jpg」
- 자르기 기능 이용

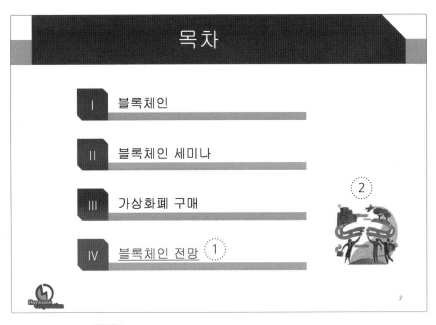

(1) 텍스트 작성 : 글머리 기호 사용(◆, ▪)

　　◆문단(굴림, 24pt, 굵게, 줄 간격 : 1.5줄), ▪ 문단(굴림, 20pt, 줄 간격 : 1.5줄)

세부조건

① 동영상 삽입 :
　– 「내 PC₩문서₩ITQ₩Picture₩
　　동영상.wmv」
　– 자동 실행, 반복 재생 설정

Ⅰ. 블록체인

◆**Block Chain**
- ▪ A blockchain, originally block chain, is a growing list of records, called blocks, which are linked using cryptography
- ▪ Each block contains a cryptographic hash of the previous block, a timestamp, and transaction data

◆**블록체인 기술**
- ▪ 비트코인을 비롯한 대부분의 암호화폐 거래에 사용하며 블록체인 소프트웨어를 실행하는 많은 사용자들의 각 컴퓨터에서 서버가 운영되어 중앙은행 없이 개인 간의 자유로운 거래 가능

3

---

(1) 도형과 표 작성 기능을 이용하여 슬라이드를 작성한다(글꼴 : 돋움, 18pt).

세부조건

① 상단 도형 :
　2개 도형의 조합으로 작성
② 좌측 도형 :
　그라데이션 효과(선형 아래쪽)
③ 표 스타일 :
　테마 스타일 1 – 강조 5

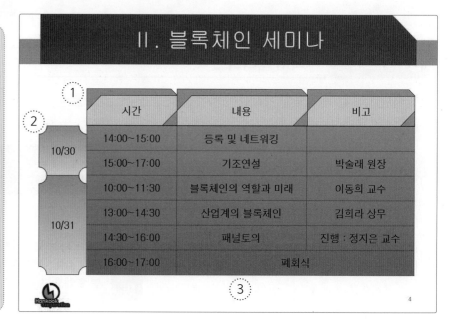

Ⅱ. 블록체인 세미나

	시간	내용	비고
10/30	14:00~15:00	등록 및 네트워킹	
	15:00~17:00	기조연설	박술래 원장
10/31	10:00~11:30	블록체인의 역할과 미래	이동희 교수
	13:00~14:30	산업계의 블록체인	김희라 상무
	14:30~16:00	패널토의	진행 : 정지은 교수
	16:00~17:00	폐회식	

4

슬라이드 5   차트 슬라이드   (100점)

(1) 차트 작성 기능을 이용하여 슬라이드를 작성한다.
(2) 차트 : 종류(묶은 세로 막대형), 글꼴(돋움, 16pt), 외곽선

세부조건

※ 차트 설명
 · 차트 제목 : 돋움, 20pt, 굵게,
  채우기(흰색), 테두리,
  그림자(오프셋 오른쪽)
 · 차트 영역 : 채우기(노랑)
  그림 영역 : 채우기(흰색)
 · 데이터 서식 : 구매경험 있음 계열을
  표식이 있는 꺾은선형으로 변경 후
  보조 축으로 지정
 · 값 표시 : 50대의 구매경험 있음 계열만
 ① 도형 삽입
  - 스타일 :
  미세 효과 - 파랑, 강조 1
  - 글꼴 : 돋움, 18pt

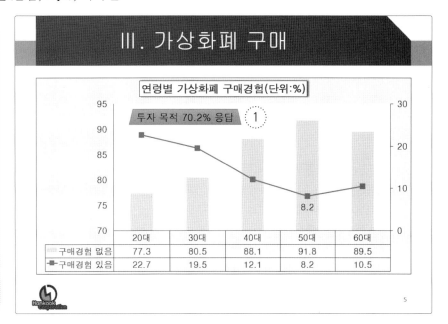

슬라이드 6   도형 슬라이드   (100점)

(1) 슬라이드와 같이 도형 및 스마트아트를 배치한다(글꼴 : 굴림, 18pt).
(2) 애니메이션 순서 : ① ⇒ ②

세부조건

① 도형 편집
 - 그룹화 후 애니메이션 효과 :
 닦아내기(위에서)
② 도형 및 스마트아트 편집
 - 스마트아트 디자인 :
 3차원 광택 처리,
 강한 효과
 - 그룹화 후 애니메이션 효과 :
 시계 방향 회전

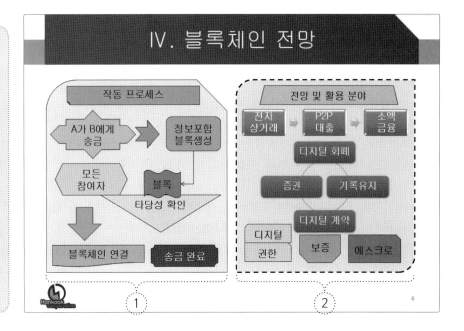

정보기술자격(ITQ) 최신기출문제

과 목	코 드	문제유형	시험시간	수험번호	성 명
한글파워포인트	1142	A	60분		

수험자 유의사항

◎ 수험자는 문제지를 받는 즉시 문제지와 <u>수험표상의 시험과목(프로그램)이 동일한지 반드시 확인</u>하여야 합니다.

◎ 파일명은 본인의 "수험번호-성명"으로 입력하여 답안폴더(내 PC₩문서₩ITQ)에 하나의 파일로 저장해야 하며, 답안문서 파일명이 "수험번호-성명"과 일치하지 않거나, 답안파일을 전송하지 않아 미제출로 처리될 경우 실격 처리합니다 (예:12345678-홍길동.pptx).

◎ 답안 작성을 마치면 파일을 저장하고, '답안 전송' 버튼을 선택하여 감독위원 PC로 답안을 전송하십시오. 수험생 정보와 저장한 파일명이 다를 경우 전송되지 않으므로 주의하시기 바랍니다.

◎ 답안 작성 중에도 <u>주기적으로 저장하고, '답안 전송'</u>하여야 문제 발생을 줄일 수 있습니다. 작업한 내용을 저장하지 않고 전송할 경우 이전에 저장된 내용이 전송되오니 이점 유의하시기 바랍니다.

◎ 답안문서는 지정된 경로 외의 다른 보조기억장치에 저장하는 경우, 지정된 시험 시간 외에 작성된 파일을 활용할 경우, 기타 통신수단(이메일, 메신저, 네트워크 등)을 이용하여 타인에게 전달 또는 외부 반출하는 경우는 부정 처리합니다.

◎ 시험 중 부주의 또는 고의로 시스템을 파손한 경우는 수험자가 변상해야 하며, <수험자 유의사항>에 기재된 방법대로 이행하지 않아 생기는 불이익은 수험생 당사자의 책임임을 알려 드립니다.

◎ 문제의 조건은 MS오피스 2016 버전으로 설정되어 있으니 유의하시기 바랍니다.

◎ 시험을 완료한 수험자는 답안파일이 전송되었는지 확인한 후 감독위원의 지시에 따라 문제지를 제출하고 퇴실합니다.

답안 작성요령

◎ 온라인 답안 작성 절차

　　수험자 등록 ⇒ 시험 시작 ⇒ 답안파일 저장 ⇒ 답안 전송 ⇒ 시험 종료

◎ 슬라이드의 크기는 A4 Paper로 설정하여 작성합니다.

◎ 슬라이드의 총 개수는 6개로 구성되어 있으며 슬라이드 1부터 순서대로 작업하고 반드시 문제와 세부 조건대로 합니다.

◎ 별도의 지시사항이 없는 경우 출력형태를 참조하여 글꼴색은 검정 또는 흰색으로 작성하고, 기타사항은 전체적인 균형을 고려하여 작성합니다.

◎ 슬라이드 도형 및 개체에 출력형태와 다른 스타일(그림자, 외곽선 등)을 적용했을 경우 감점처리 됩니다.

◎ 슬라이드 번호를 작성합니다(슬라이드 1에는 생략).

◎ 2~6번 슬라이드 제목 도형과 하단 로고는 슬라이드 마스터를 이용하여 출력형태와 동일하게 작성합니다(슬라이드 1에는 생략).

◎ 문제와 세부조건, 세부조건 번호 ⁝(점선원)는 입력하지 않습니다.

◎ 각 개체의 위치는 오른쪽의 슬라이드와 동일하게 구성합니다.

◎ 그림 삽입 문제의 경우 반드시 「내 PC₩문서₩ITQ₩Picture」 폴더에서 정확한 파일을 선택하여 삽입하십시오.

◎ 각 슬라이드를 각각의 파일로 작업해서 저장할 경우 실격 처리됩니다.

(1) 슬라이드 크기 및 순서 : 크기를 A4 용지로 설정하고 슬라이드 순서에 맞게 작성한다.
(2) 슬라이드 마스터 : 2~6슬라이드의 제목, 하단 로고, 슬라이드 번호는 슬라이드 마스터를 이용하여 작성한다.
- 제목 글꼴(돋움, 40pt, 흰색), 왼쪽 맞춤, 도형(선 없음)
- 하단 로고(「내 PC\문서\ITQ\Picture\로고2.jpg」, 배경(회색) 투명색으로 설정)

슬라이드 1 　표지 디자인 (40점)

(1) 표지 디자인 : 도형, 워드아트 및 그림을 이용하여 작성한다.

세부조건

① 도형 편집
- 도형에 그림 채우기 :
「내 PC\문서\ITQ\Picture\
그림1.jpg」, 투명도 50%
- 도형 효과 :
부드러운 가장자리 5포인트
② 워드아트 삽입
- 변환 : 삼각형
- 글꼴 : 돋움, 굵게
- 텍스트 반사 :
근접 반사, 4 pt 오프셋
③ 그림 삽입
- 「내 PC\문서\ITQ\Picture\
로고2.jpg」
- 배경(회색) 투명색으로 설정

슬라이드 2 　목차 슬라이드 (60점)

(1) 출력형태와 같이 도형을 이용하여 목차를 작성한다(글꼴 : 굴림, 24pt).
(2) 도형 : 선 없음

세부조건

① 텍스트에 하이퍼링크 적용
→ '슬라이드 6'
② 그림 삽입
- 「내 PC\문서\ITQ\Picture\
그림5.jpg」
- 자르기 기능 이용

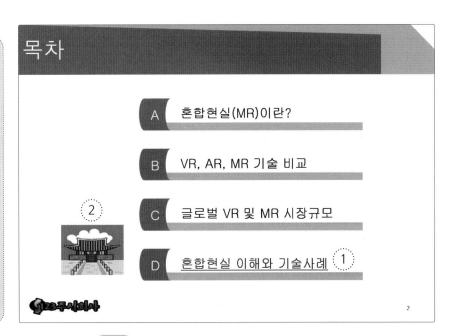

(1) 텍스트 작성 : 글머리 기호 사용(❖, ▪)

❖ 문단(굴림, 24pt, 굵게, 줄 간격 : 1.5줄), ▪ 문단(굴림, 20pt, 줄 간격 : 1.5줄)

세부조건

① 동영상 삽입 :
- 「내 PC₩문서₩ITQ₩Picture₩
  동영상.wmv」
- 자동 실행, 반복 재생 설정

A. 혼합현실(MR)이란?

❖ **Mixed Reality(MR)**

　　▪ A reality created by mixing various methods

　　▪ A word that refers to all the ways that exist between reality, virtual reality(VR) and augmented reality(AR)

❖ **혼합현실**

　　▪ 다양한 방식을 혼합해 만들어낸 현실로 현실과 가상현실, 증강현실 사이에 존재할 수 있는 모든 방식을 통틀어 일컫는 말

23주식회사　　　　　　　　　　　　3

---

(1) 도형과 표 작성 기능을 이용하여 슬라이드를 작성한다(글꼴 : 돋움, 18pt).

세부조건

① 상단 도형 :
  2개 도형의 조합으로 작성
② 좌측 도형 :
  그라데이션 효과(선형 아래쪽)
③ 표 스타일 :
  테마 스타일 1 – 강조 1

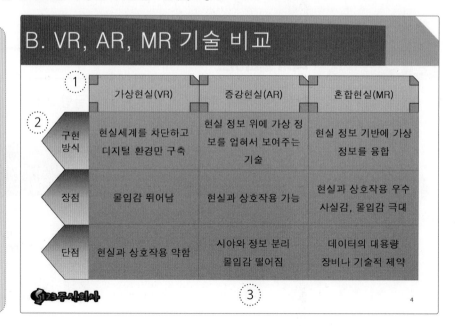

B. VR, AR, MR 기술 비교

	가상현실(VR)	증강현실(AR)	혼합현실(MR)
구현 방식	현실세계를 차단하고 디지털 환경만 구축	현실 정보 위에 가상 정보를 업혀서 보여주는 기술	현실 정보 기반에 가상 정보를 융합
장점	몰입감 뛰어남	현실과 상호작용 가능	현실과 상호작용 우수 사실감, 몰입감 극대
단점	현실과 상호작용 약함	시야와 정보 분리 몰입감 떨어짐	데이터의 대용량 장비나 기술적 제약

23주식회사　　　　　　　　　　　　4

슬라이드 5   차트 슬라이드   (100점)

(1) 차트 작성 기능을 이용하여 슬라이드를 작성한다.
(2) 차트 : 종류(묶은 세로 막대형), 글꼴(돋움, 16pt), 외곽선

세부조건

※ 차트 설명
 · 차트 제목 : 궁서, 24pt, 굵게,
   채우기(흰색), 테두리,
   그림자(오프셋 오른쪽)
 · 차트 영역 : 채우기(노랑)
   그림 영역 : 채우기(흰색)
 · 데이터 서식 : MR 계열을
   표식이 있는 꺾은선형으로 변경 후
   보조 축으로 지정
 · 값 표시 : 2018년의 MR 계열만

① 도형 삽입
 – 스타일 :
   미세 효과 – 주황, 강조 2
 – 글꼴 : 굴림, 18pt

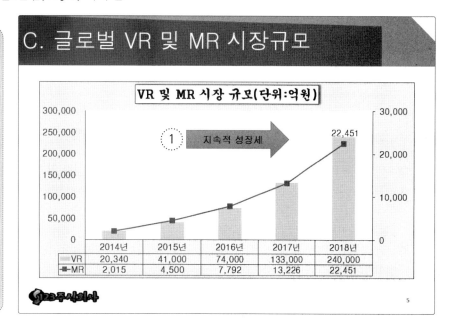

슬라이드 6   도형 슬라이드   (100점)

(1) 슬라이드와 같이 도형 및 스마트아트를 배치한다(글꼴 : 굴림, 18pt).
(2) 애니메이션 순서 : ① ⇒ ②

세부조건

① 도형 및 스마트아트 편집
 – 스마트아트 디자인 :
   3차원 광택 처리,
   3차원 만화
 – 그룹화 후 애니메이션 효과 :
   닦아내기(위에서)
② 도형 편집
 – 그룹화 후 애니메이션 효과 :
   바운드

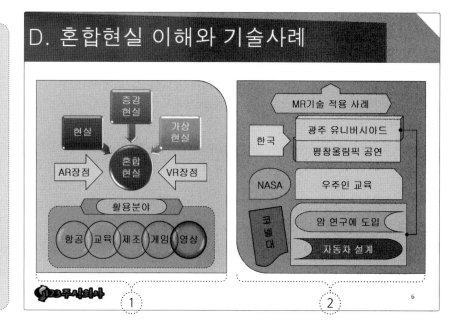

정보기술자격(ITQ) 최신기출문제

과 목	코 드	문제유형	시험시간	수험번호	성 명
한글파워포인트	1142	A	60분		

수험자 유의사항

◎ 수험자는 문제지를 받는 즉시 문제지와 <u>수험표상의 시험과목(프로그램)이 동일한지 반드시 확인</u>하여야 합니다.

◎ 파일명은 본인의 "수험번호-성명"으로 입력하여 답안폴더(내 PC\문서\ITQ)에 하나의 파일로 저장해야 하며, 답안문서 파일명이 "수험번호-성명"과 일치하지 않거나, 답안파일을 전송하지 않아 미제출로 처리될 경우 실격 처리합니다 (예:12345678-홍길동.pptx).

◎ 답안 작성을 마치면 파일을 저장하고, '답안 전송' 버튼을 선택하여 감독위원 PC로 답안을 전송하십시오. 수험생 정보와 저장한 파일명이 다를 경우 전송되지 않으므로 주의하시기 바랍니다.

◎ 답안 작성 중에도 <u>주기적으로 저장하고, '답안 전송'</u>하여야 문제 발생을 줄일 수 있습니다. 작업한 내용을 저장하지 않고 전송할 경우 이전에 저장된 내용이 전송되오니 이점 유의하시기 바랍니다.

◎ 답안문서는 지정된 경로 외의 다른 보조기억장치에 저장하는 경우, 지정된 시험 시간 외에 작성된 파일을 활용할 경우, 기타 통신수단(이메일, 메신저, 네트워크 등)을 이용하여 타인에게 전달 또는 외부 반출하는 경우는 부정 처리합니다.

◎ 시험 중 부주의 또는 고의로 시스템을 파손한 경우는 수험자가 변상해야 하며, <수험자 유의사항>에 기재된 방법대로 이행하지 않아 생기는 불이익은 수험생 당사자의 책임임을 알려 드립니다.

◎ 문제의 조건은 MS오피스 2016 버전으로 설정되어 있으니 유의하시기 바랍니다.

◎ 시험을 완료한 수험자는 답안파일이 전송되었는지 확인한 후 감독위원의 지시에 따라 문제지를 제출하고 퇴실합니다.

답안 작성요령

◎ 온라인 답안 작성 절차

　수험자 등록 ⇒ 시험 시작 ⇒ 답안파일 저장 ⇒ 답안 전송 ⇒ 시험 종료

◎ 슬라이드의 크기는 A4 Paper로 설정하여 작성합니다.

◎ 슬라이드의 총 개수는 6개로 구성되어 있으며 슬라이드 1부터 순서대로 작업하고 반드시 문제와 세부 조건대로 합니다.

◎ 별도의 지시사항이 없는 경우 출력형태를 참조하여 글꼴색은 검정 또는 흰색으로 작성하고, 기타사항은 전체적인 균형을 고려하여 작성합니다.

◎ 슬라이드 도형 및 개체에 출력형태와 다른 스타일(그림자, 외곽선 등)을 적용했을 경우 감점처리 됩니다.

◎ 슬라이드 번호를 작성합니다(슬라이드 1에는 생략).

◎ 2~6번 슬라이드 제목 도형과 하단 로고는 슬라이드 마스터를 이용하여 출력형태와 동일하게 작성합니다(슬라이드 1에는 생략).

◎ 문제와 세부조건, 세부조건 번호 ⦂⦂(점선원)는 입력하지 않습니다.

◎ 각 개체의 위치는 오른쪽의 슬라이드와 동일하게 구성합니다.

◎ 그림 삽입 문제의 경우 반드시 「내 PC\문서\ITQ\Picture」 폴더에서 정확한 파일을 선택하여 삽입하십시오.

◎ 각 슬라이드를 각각의 파일로 작업해서 저장할 경우 실격 처리됩니다.

kpc 한국생산성본부

(1) 슬라이드 크기 및 순서 : 크기를 A4 용지로 설정하고 슬라이드 순서에 맞게 작성한다.
(2) 슬라이드 마스터 : 2~6슬라이드의 제목, 하단 로고, 슬라이드 번호는 슬라이드 마스터를 이용하여 작성한다.
- 제목 글꼴(굴림, 40pt, 흰색), 가운데 맞춤, 도형(선 없음)
- 하단 로고(「내 PC\문서\ITQ\Picture\로고3.jpg」, 배경(연보라) 투명색으로 설정)

슬라이드 1　　표지 디자인　　(40점)

(1) 표지 디자인 : 도형, 워드아트 및 그림을 이용하여 작성한다.

세부조건

① 도형 편집
- 도형에 그림 채우기 :
「내 PC\문서\ITQ\Picture\
그림1.jpg」, 투명도 50%
- 도형 효과 :
부드러운 가장자리 5포인트
② 워드아트 삽입
- 변환 : 위쪽 팽창
- 글꼴 : 굴림, 굵게
- 텍스트 반사 :
근접 반사, 터치
③ 그림 삽입
-「내 PC\문서\ITQ\Picture\
로고3.jpg」
- 배경(연보라) 투명색으로 설정

슬라이드 2　　목차 슬라이드　　(60점)

(1) 출력형태와 같이 도형을 이용하여 목차를 작성한다(글꼴 : 굴림, 24pt).
(2) 도형 : 선 없음

세부조건

① 텍스트에 하이퍼링크 적용
→ '슬라이드 3'
② 그림 삽입
-「내 PC\문서\ITQ\Picture\
그림4.jpg」
- 자르기 기능 이용

(1) 텍스트 작성 : 글머리 기호 사용(✓, ❖)
　　✓문단(굴림, 24pt, 굵게, 줄 간격 : 1.5줄), ❖문단(굴림, 20pt, 줄 간격 : 1.5줄)

세부조건

① 동영상 삽입 :
　- 「내 PC₩문서₩ITQ₩Picture₩
　　동영상.wmv」
　- 자동 실행, 반복 재생 설정

Ⅰ. 임대주택 입주조건

✓Rental housing classification

　❖Housing supplied for the purpose of conversion to
　apartments after rental or rental, divided into private
　rental housing according to the Special Act on Public
　Rental Housing and Private Rental Housing

①

✓입주조건

　❖임대주택 건설 최초공고일 1년 전부터 입주 시까지 무주택자

　❖임대주택 건설지역의 거주자로 전용면적 15평 이하인 경우 월평균 소득
　이 전년도의 도시 근로자 평균소득 이하

3

---

(1) 도형과 표 작성 기능을 이용하여 슬라이드를 작성한다(글꼴 : 돋움, 18pt).

세부조건

① 상단 도형 :
　2개 도형의 조합으로 작성
② 좌측 도형 :
　그라데이션 효과(선형 아래쪽)
③ 표 스타일 :
　테마 스타일 1 - 강조 1

Ⅱ. 임대주택 구분 및 조건비교

①
②　

	사업 시행사	임대기간	입주조건
영구임대	국가, 지자체, LH공사, 지방공사	영구 또는 50년	생계급여 또는 의료급여 수급자, 국가유공자, 일본군 위안부 피해자, 한부모가족 등 사회보호계층
공공임대	정부(LH공사)	최대 10년	주택청약종합저축통장 또는 청약저축이 있는 무주택자
민간임대	민간 사업자	최대 8년	없음

③

4

(1) 차트 작성 기능을 이용하여 슬라이드를 작성한다.
(2) 차트 : 종류(묶은 세로 막대형), 글꼴(굴림, 16pt), 외곽선

세부조건

※ 차트 설명
· 차트 제목 : 굴림, 24pt, 굵게,
채우기(흰색), 테두리,
그림자(오프셋 대각선 왼쪽 아래)
· 차트 영역 : 채우기(노랑)
그림 영역 : 채우기(흰색)
· 데이터 서식 : 노부모, 다자녀 계열을
표식이 있는 꺾은선형으로 변경 후
보조 축으로 지정
· 값 표시 : 노부모, 다자녀 계열만
① 도형 삽입
- 스타일 :
미세 효과 – 파랑, 강조 1
- 글꼴 : 돋움, 18pt

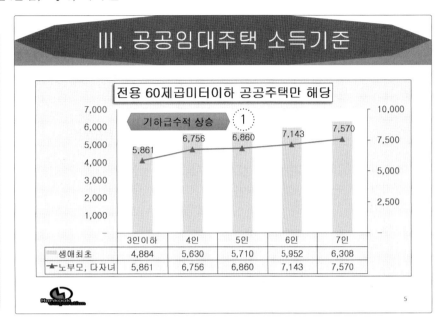

(1) 슬라이드와 같이 도형 및 스마트아트를 배치한다(글꼴 : 굴림, 18pt).
(2) 애니메이션 순서 : ① ⇒ ②

세부조건

① 도형 편집
- 그룹화 후 애니메이션 효과 :
나누기(세로 바깥쪽으로)
② 도형 및 스마트아트 편집
- 스마트아트 디자인 :
3차원 만화,
3차원 경사
- 그룹화 후 애니메이션 효과 :
밝기 변화

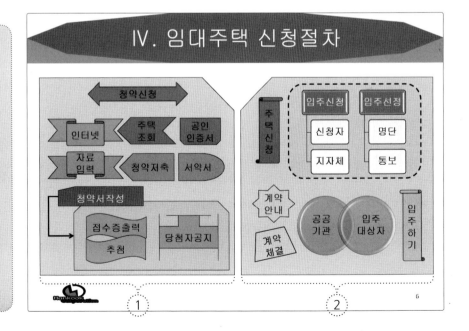

정보기술자격(ITQ) 최신기출문제

과 목	코 드	문제유형	시험시간	수험번호	성 명
한글파워포인트	1142	A	60분		

수험자 유의사항

◎ 수험자는 문제지를 받는 즉시 문제지와 <u>수험표상의 시험과목(프로그램)이 동일한지 반드시 확인</u>하여야 합니다.

◎ 파일명은 본인의 "수험번호–성명"으로 입력하여 답안폴더(내 PC₩문서₩ITQ)에 하나의 파일로 저장해야 하며, 답안문서 파일명이 "수험번호–성명"과 일치하지 않거나, 답안파일을 전송하지 않아 미제출로 처리될 경우 실격 처리합니다 (예:12345678-홍길동.pptx).

◎ 답안 작성을 마치면 파일을 저장하고, '답안 전송' 버튼을 선택하여 감독위원 PC로 답안을 전송하십시오. 수험생 정보와 저장한 파일명이 다를 경우 전송되지 않으므로 주의하시기 바랍니다.

◎ 답안 작성 중에도 <u>주기적으로 저장하고, '답안 전송'</u>하여야 문제 발생을 줄일 수 있습니다. 작업한 내용을 저장하지 않고 전송할 경우 이전에 저장된 내용이 전송되오니 이점 유의하시기 바랍니다.

◎ 답안문서는 지정된 경로 외의 다른 보조기억장치에 저장하는 경우, 지정된 시험 시간 외에 작성된 파일을 활용할 경우, 기타 통신수단(이메일, 메신저, 네트워크 등)을 이용하여 타인에게 전달 또는 외부 반출하는 경우는 부정 처리합니다.

◎ 시험 중 부주의 또는 고의로 시스템을 파손한 경우는 수험자가 변상해야 하며, <수험자 유의사항>에 기재된 방법대로 이행하지 않아 생기는 불이익은 수험생 당사자의 책임임을 알려 드립니다.

◎ 문제의 조건은 MS오피스 2016 버전으로 설정되어 있으니 유의하시기 바랍니다.

◎ 시험을 완료한 수험자는 답안파일이 전송되었는지 확인한 후 감독위원의 지시에 따라 문제지를 제출하고 퇴실합니다.

답안 작성요령

◎ 온라인 답안 작성 절차

　수험자 등록 ⇒ 시험 시작 ⇒ 답안파일 저장 ⇒ 답안 전송 ⇒ 시험 종료

◎ 슬라이드의 크기는 A4 Paper로 설정하여 작성합니다.

◎ 슬라이드의 총 개수는 6개로 구성되어 있으며 슬라이드 1부터 순서대로 작업하고 반드시 문제와 세부 조건대로 합니다.

◎ 별도의 지시사항이 없는 경우 출력형태를 참조하여 글꼴색은 검정 또는 흰색으로 작성하고, 기타사항은 전체적인 균형을 고려하여 작성합니다.

◎ 슬라이드 도형 및 개체에 출력형태와 다른 스타일(그림자, 외곽선 등)을 적용했을 경우 감점처리 됩니다.

◎ 슬라이드 번호를 작성합니다(슬라이드 1에는 생략).

◎ 2~6번 슬라이드 제목 도형과 하단 로고는 슬라이드 마스터를 이용하여 출력형태와 동일하게 작성합니다(슬라이드 1에는 생략).

◎ 문제와 세부조건, 세부조건 번호 ⦂(점선원)는 입력하지 않습니다.

◎ 각 개체의 위치는 오른쪽의 슬라이드와 동일하게 구성합니다.

◎ 그림 삽입 문제의 경우 반드시 「내 PC₩문서₩ITQ₩Picture」 폴더에서 정확한 파일을 선택하여 삽입하십시오.

◎ 각 슬라이드를 각각의 파일로 작업해서 저장할 경우 실격 처리됩니다.

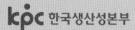

kpc 한국생산성본부

(1) 슬라이드 크기 및 순서 : 크기를 A4 용지로 설정하고 슬라이드 순서에 맞게 작성한다.
(2) 슬라이드 마스터 : 2~6슬라이드의 제목, 하단 로고, 슬라이드 번호는 슬라이드 마스터를 이용하여 작성한다.
    – 제목 글꼴(돋움, 40pt, 빨강), 가운데 맞춤, 도형(선 없음)
    – 하단 로고(「내 PC₩문서₩ITQ₩Picture₩로고2.jpg」, 배경(회색) 투명색으로 설정)

슬라이드 1   표지 디자인   (40점)

(1) 표지 디자인 : 도형, 워드아트 및 그림을 이용하여 작성한다.

세부조건

① 도형 편집
  – 도형에 그림 채우기 :
    「내 PC₩문서₩ITQ₩Picture₩
    그림3.jpg」, 투명도 50%
  – 도형 효과 :
    부드러운 가장자리 5포인트
② 워드아트 삽입
  – 변환 : 이중 물결 1
  – 글꼴 : 굴림, 굵게
  – 텍스트 반사 :
    근접 반사, 터치
③ 그림 삽입
  – 「내 PC₩문서₩ITQ₩Picture₩
    로고2.jpg」
  – 배경(회색) 투명색으로 설정

슬라이드 2   목차 슬라이드   (60점)

(1) 출력형태와 같이 도형을 이용하여 목차를 작성한다(글꼴 : 굴림, 24pt).
(2) 도형 : 선 없음

세부조건

① 텍스트에 하이퍼링크 적용
  → '슬라이드 5'
② 그림 삽입
  – 「내 PC₩문서₩ITQ₩Picture₩
    그림5.jpg」
  – 자르기 기능 이용

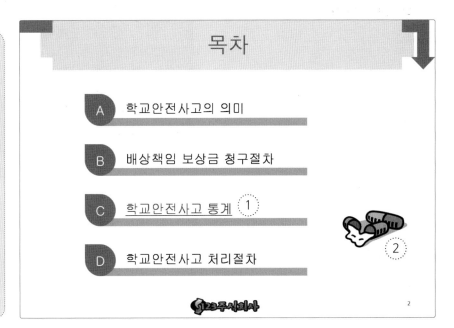

슬라이드 3 텍스트/동영상 슬라이드 (60점)

(1) 텍스트 작성 : 글머리 기호 사용(◆, ✓)
◆문단(굴림, 24pt, 굵게, 줄 간격 : 1.5줄), ✓문단(굴림, 20pt, 줄 간격 : 1.5줄)

세부조건

① 동영상 삽입 :
- 「내 PC₩문서₩ITQ₩Picture₩
  동영상.wmv」
- 자동 실행, 반복 재생 설정

A. 학교안전사고의 의미

◆ Facility Safety
 ✓ Educational Facilities Periodic, Occasional, Summer Safety Check
 ✓ Consultation on safety management of training, physical education and dormitory facilities

◆ 학교안전사고
 ✓ 학교교육활동 중에 발생한 사고로 학생, 교직원, 교육 활동 참여자에게 발생하는 질병이나 생명 또는 신체에 피해를 주는 모든 사고

3

슬라이드 4 표 슬라이드 (80점)

(1) 도형과 표 작성 기능을 이용하여 슬라이드를 작성한다(글꼴 : 돋움, 18pt).

세부조건

① 상단 도형 :
 2개 도형의 조합으로 작성
② 좌측 도형 :
 그라데이션 효과(선형 아래쪽)
③ 표 스타일 :
 테마 스타일 1 - 강조 2

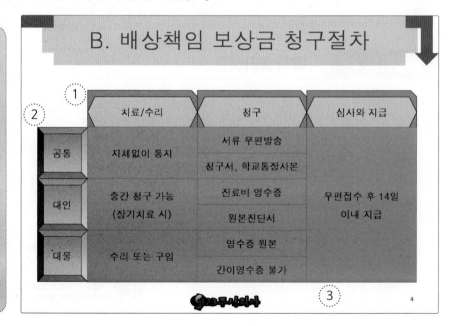

B. 배상책임 보상금 청구절차

	치료/수리	청구	심사와 지급
공통	지체없이 통지	서류 우편발송	
		청구서, 학교통장사본	우편접수 후 14일 이내 지급
대인	중간 청구 가능 (장기치료 시)	진료비 영수증	
		원본진단서	
대물	수리 또는 구입	영수증 원본	
		간이영수증 불가	

4

(1) 차트 작성 기능을 이용하여 슬라이드를 작성한다.
(2) 차트 : 종류(묶은 세로 막대형), 글꼴(돋움, 16pt), 외곽선

세부조건

※ 차트 설명
· 차트 제목 : 돋움, 24pt, 굵게,
  채우기(흰색), 테두리,
  그림자(오프셋 위쪽)
· 차트 영역 : 채우기(노랑)
  그림 영역 : 채우기(흰색)
· 데이터 서식 : 2016년 계열을
  표식이 있는 꺾은선형으로 변경 후
  보조 축으로 지정
· 값 표시 : 특수학교의 2016년 계열만
① 도형 삽입
 - 스타일 :
   미세 효과 – 주황, 강조 2
 - 글꼴 : 돋움, 18pt

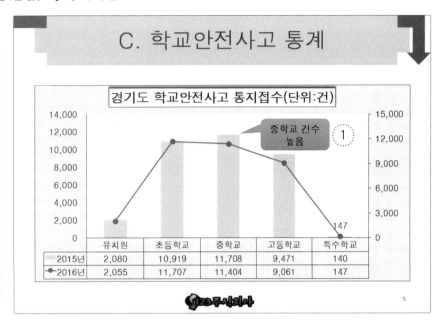

---

(1) 슬라이드와 같이 도형 및 스마트아트를 배치한다(글꼴 : 굴림, 18pt).
(2) 애니메이션 순서 : ① ⇒ ②

세부조건

① 도형 및 스마트아트 편집
 - 스마트아트 디자인 :
   3차원 벽돌,
   3차원 만화
 - 그룹화 후 애니메이션 효과 :
   실선 무늬(세로)
② 도형 편집
 - 그룹화 후 애니메이션 효과 :
   시계 방향 회전

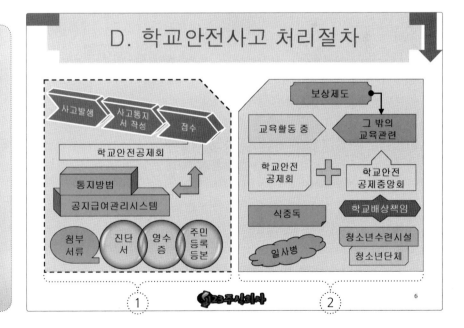

정보기술자격(ITQ) 최신기출문제

과　목	코　드	문제유형	시험시간	수험번호	성　명
한글파워포인트	1142	A	60분		

수험자 유의사항

◎ 수험자는 문제지를 받는 즉시 문제지와 <u>수험표상의 시험과목(프로그램)이 동일한지 반드시 확인</u>하여야 합니다.

◎ 파일명은 본인의 "수험번호-성명"으로 입력하여 답안폴더(내 PC\문서\ITQ)에 하나의 파일로 저장해야 하며, 답안문서 파일명이 "수험번호-성명"과 일치하지 않거나, 답안파일을 전송하지 않아 미제출로 처리될 경우 실격 처리합니다 (예:12345678-홍길동.pptx).

◎ 답안 작성을 마치면 파일을 저장하고, '답안 전송' 버튼을 선택하여 감독위원 PC로 답안을 전송하십시오. 수험생 정보와 저장한 파일명이 다를 경우 전송되지 않으므로 주의하시기 바랍니다.

◎ 답안 작성 중에도 <u>주기적으로 저장하고, '답안 전송'</u>하여야 문제 발생을 줄일 수 있습니다. 작업한 내용을 저장하지 않고 전송할 경우 이전에 저장된 내용이 전송되오니 이점 유의하시기 바랍니다.

◎ 답안문서는 지정된 경로 외의 다른 보조기억장치에 저장하는 경우, 지정된 시험 시간 외에 작성된 파일을 활용할 경우, 기타 통신수단(이메일, 메신저, 네트워크 등)을 이용하여 타인에게 전달 또는 외부 반출하는 경우는 부정 처리합니다.

◎ 시험 중 부주의 또는 고의로 시스템을 파손한 경우는 수험자가 변상해야 하며, <수험자 유의사항>에 기재된 방법대로 이행하지 않아 생기는 불이익은 수험생 당사자의 책임임을 알려 드립니다.

◎ 문제의 조건은 MS오피스 2016 버전으로 설정되어 있으니 유의하시기 바랍니다.

◎ 시험을 완료한 수험자는 답안파일이 전송되었는지 확인한 후 감독위원의 지시에 따라 문제지를 제출하고 퇴실합니다.

답안 작성요령

◎ 온라인 답안 작성 절차
　수험자 등록 ⇒ 시험 시작 ⇒ 답안파일 저장 ⇒ 답안 전송 ⇒ 시험 종료

◎ 슬라이드의 크기는 A4 Paper로 설정하여 작성합니다.

◎ 슬라이드의 총 개수는 6개로 구성되어 있으며 슬라이드 1부터 순서대로 작업하고 반드시 문제와 세부 조건대로 합니다.

◎ 별도의 지시사항이 없는 경우 출력형태를 참조하여 글꼴색은 검정 또는 흰색으로 작성하고, 기타사항은 전체적인 균형을 고려하여 작성합니다.

◎ 슬라이드 도형 및 개체에 출력형태와 다른 스타일(그림자, 외곽선 등)을 적용했을 경우 감점처리 됩니다.

◎ 슬라이드 번호를 작성합니다(슬라이드 1에는 생략).

◎ 2~6번 슬라이드 제목 도형과 하단 로고는 슬라이드 마스터를 이용하여 출력형태와 동일하게 작성합니다(슬라이드 1에는 생략).

◎ 문제와 세부조건, 세부조건 번호 ⁝(점선원)는 입력하지 않습니다.

◎ 각 개체의 위치는 오른쪽의 슬라이드와 동일하게 구성합니다.

◎ 그림 삽입 문제의 경우 반드시 「내 PC\문서\ITQ\Picture」 폴더에서 정확한 파일을 선택하여 삽입하십시오.

◎ 각 슬라이드를 각각의 파일로 작업해서 저장할 경우 실격 처리됩니다.

kpc 한국생산성본부

(1) 슬라이드 크기 및 순서 : 크기를 A4 용지로 설정하고 슬라이드 순서에 맞게 작성한다.
(2) 슬라이드 마스터 : 2~6슬라이드의 제목, 하단 로고, 슬라이드 번호는 슬라이드 마스터를 이용하여 작성한다.
　　 – 제목 글꼴(돋움, 40pt, 흰색), 가운데 맞춤, 도형(선 없음)
　　 – 하단 로고(「내 PC\문서\ITQ\Picture\로고2.jpg」, 배경(회색) 투명색으로 설정)

슬라이드 1　표지 디자인　(40점)

(1) 표지 디자인 : 도형, 워드아트 및 그림을 이용하여 작성한다.

세부조건

① 도형 편집
　– 도형에 그림 채우기 :
　「내 PC\문서\ITQ\Picture\
　그림2.jpg」, 투명도 50%
　– 도형 효과 :
　부드러운 가장자리 5포인트
② 워드아트 삽입
　– 변환 : 삼각형
　– 글꼴 : 궁서, 굵게
　– 텍스트 반사 :
　1/2 반사, 터치
③ 그림 삽입
　–「내 PC\문서\ITQ\Picture\
　로고2.jpg」
　– 배경(회색) 투명색으로 설정

슬라이드 2　목차 슬라이드　(60점)

(1) 출력형태와 같이 도형을 이용하여 목차를 작성한다(글꼴 : 돋움, 24pt).
(2) 도형 : 선 없음

세부조건

① 텍스트에 하이퍼링크 적용
　→ '슬라이드 6'
② 그림 삽입
　–「내 PC\문서\ITQ\Picture\
　그림4.jpg」
　– 자르기 기능 이용

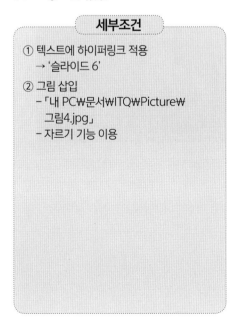

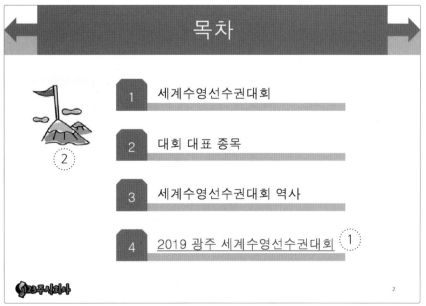

슬라이드 3 　텍스트/동영상 슬라이드　(60점)

(1) 텍스트 작성 : 글머리 기호 사용(➤, ▪)

　➤문단(굴림, 24pt, 굵게, 줄 간격 : 1.5줄), ▪문단(굴림, 20pt, 줄 간격 : 1.5줄)

세부조건

① 동영상 삽입 :
- 「내 PC₩문서₩ITQ₩Picture₩ 동영상.wmv」
- 자동 실행, 반복 재생 설정

1. 세계수영선수권대회

➤**World Championships for Swimming**
- ▪ Swimming events range from 50m up to 1,500m in freestyle, backstroke, breaststroke and butterfly, with the winners decided after preliminaries, semi-finals and finals

①

➤국제수영연맹(FINA)
- ▪ 수영종목 경기대회의 국제관리기구
- ▪ 공식 수영종목은 경영, 수구, 다이빙, 아티스틱 수영, 오픈워터 수영 및 하이다이빙으로 5개 대륙 209개의 국가연맹이 회원국으로 등재되어 있음

3

슬라이드 4 　표 슬라이드　(80점)

(1) 도형과 표 작성 기능을 이용하여 슬라이드를 작성한다(글꼴 : 돋움, 18pt).

세부조건

① 상단 도형 :
　2개 도형의 조합으로 작성
② 좌측 도형 :
　그라데이션 효과(선형 아래쪽)
③ 표 스타일 :
　테마 스타일 1 – 강조 5

2. 대회 대표 종목

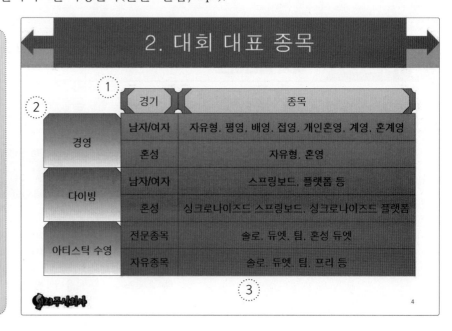

경기		종목
경영	남자/여자	자유형, 평영, 배영, 접영, 개인혼영, 계영, 혼계영
	혼성	자유형, 혼영
다이빙	남자/여자	스프링보드, 플랫폼 등
	혼성	싱크로나이즈드 스프링보드, 싱크로나이즈드 플랫폼
아티스틱 수영	전문종목	솔로, 듀엣, 팀, 혼성 듀엣
	자유종목	솔로, 듀엣, 팀, 프리 등

4

슬라이드 5 　 차트 슬라이드 　 (100점)

(1) 차트 작성 기능을 이용하여 슬라이드를 작성한다.
(2) 차트 : 종류(묶은 세로 막대형), 글꼴(돋움, 16pt), 외곽선

세부조건

※ 차트 설명
- 차트 제목 : 궁서, 24pt, 굵게,
  채우기(흰색), 테두리,
  그림자(오프셋 오른쪽)
- 차트 영역 : 채우기(노랑)
  그림 영역 : 채우기(흰색)
- 데이터 서식 : 선수(명) 계열을
  표식이 있는 꺾은선형으로 변경 후
  보조 축으로 지정
- 값 표시 : 2009년의 선수(명) 계열만
① 도형 삽입
  - 스타일 :
    미세 효과 – 파랑, 강조 5
  - 글꼴 : 돋움, 18pt

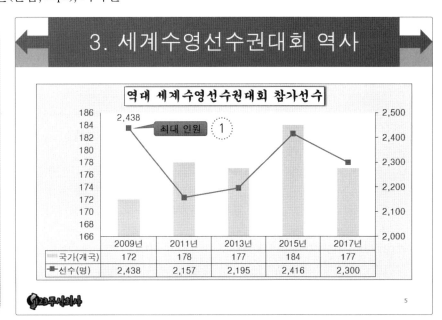

슬라이드 6 　 도형 슬라이드 　 (100점)

(1) 슬라이드와 같이 도형 및 스마트아트를 배치한다(글꼴 : 굴림, 18pt).
(2) 애니메이션 순서 : ① ⇒ ②

세부조건

① 도형 및 스마트아트 편집
  - 스마트아트 디자인 :
    3차원 광택 처리,
    3차원 벽돌
  - 그룹화 후 애니메이션 효과 :
    올라오기(서서히 아래로)
② 도형 편집
  - 그룹화 후 애니메이션 효과 :
    나타내기

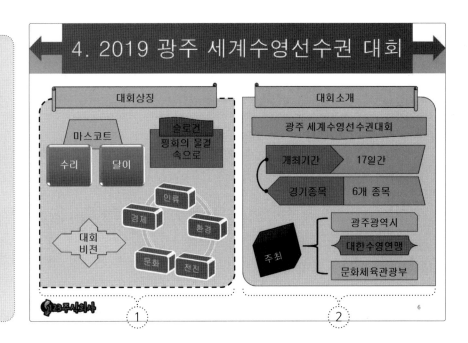

정보기술자격(ITQ) 최신기출문제

과 목	코 드	문제유형	시험시간	수험번호	성 명
한글파워포인트	1142	A	60분		

수험자 유의사항

◎ 수험자는 문제지를 받는 즉시 문제지와 <u>수험표상의 시험과목(프로그램)이 동일한지 반드시 확인</u>하여야 합니다.

◎ 파일명은 본인의 "수험번호–성명"으로 입력하여 답안폴더(내 PC₩문서₩ITQ)에 하나의 파일로 저장해야 하며, 답안문서 파일명이 "수험번호–성명"과 일치하지 않거나, 답안파일을 전송하지 않아 미제출로 처리될 경우 실격 처리합니다 (예:12345678-홍길동.pptx).

◎ 답안 작성을 마치면 파일을 저장하고, '답안 전송' 버튼을 선택하여 감독위원 PC로 답안을 전송하십시오. 수험생 정보와 저장한 파일명이 다를 경우 전송되지 않으므로 주의하시기 바랍니다.

◎ 답안 작성 중에도 <u>주기적으로 저장하고, '답안 전송'</u>하여야 문제 발생을 줄일 수 있습니다. 작업한 내용을 저장하지 않고 전송할 경우 이전에 저장된 내용이 전송되오니 이점 유의하시기 바랍니다.

◎ 답안문서는 지정된 경로 외의 다른 보조기억장치에 저장하는 경우, 지정된 시험 시간 외에 작성된 파일을 활용할 경우, 기타 통신수단(이메일, 메신저, 네트워크 등)을 이용하여 타인에게 전달 또는 외부 반출하는 경우는 부정 처리합니다.

◎ 시험 중 부주의 또는 고의로 시스템을 파손한 경우는 수험자가 변상해야 하며, <수험자 유의사항>에 기재된 방법대로 이행하지 않아 생기는 불이익은 수험생 당사자의 책임임을 알려 드립니다.

◎ 문제의 조건은 MS오피스 2016 버전으로 설정되어 있으니 유의하시기 바랍니다.

◎ 시험을 완료한 수험자는 답안파일이 전송되었는지 확인한 후 감독위원의 지시에 따라 문제지를 제출하고 퇴실합니다.

답안 작성요령

◎ 온라인 답안 작성 절차
  수험자 등록 ⇒ 시험 시작 ⇒ 답안파일 저장 ⇒ 답안 전송 ⇒ 시험 종료

◎ 슬라이드의 크기는 A4 Paper로 설정하여 작성합니다.

◎ 슬라이드의 총 개수는 6개로 구성되어 있으며 슬라이드 1부터 순서대로 작업하고 반드시 문제와 세부 조건대로 합니다.

◎ 별도의 지시사항이 없는 경우 출력형태를 참조하여 글꼴색은 검정 또는 흰색으로 작성하고, 기타사항은 전체적인 균형을 고려하여 작성합니다.

◎ 슬라이드 도형 및 개체에 출력형태와 다른 스타일(그림자, 외곽선 등)을 적용했을 경우 감점처리 됩니다.

◎ 슬라이드 번호를 작성합니다(슬라이드 1에는 생략).

◎ 2~6번 슬라이드 제목 도형과 하단 로고는 슬라이드 마스터를 이용하여 출력형태와 동일하게 작성합니다(슬라이드 1에는 생략).

◎ 문제와 세부조건, 세부조건 번호 ◌(점선원)는 입력하지 않습니다.

◎ 각 개체의 위치는 오른쪽의 슬라이드와 동일하게 구성합니다.

◎ 그림 삽입 문제의 경우 반드시 「내 PC₩문서₩ITQ₩Picture」 폴더에서 정확한 파일을 선택하여 삽입하십시오.

◎ 각 슬라이드를 각각의 파일로 작업해서 저장할 경우 실격 처리됩니다.

kpc 한국생산성본부

전체 구성 (60점)

(1) 슬라이드 크기 및 순서 : 크기를 A4 용지로 설정하고 슬라이드 순서에 맞게 작성한다.

(2) 슬라이드 마스터 : 2~6슬라이드의 제목, 하단 로고, 슬라이드 번호는 슬라이드 마스터를 이용하여 작성한다.

- 제목 글꼴(굴림, 40pt, 흰색), 가운데 맞춤, 도형(선 없음)

- 하단 로고(「내 PC₩문서₩ITQ₩Picture₩로고3.jpg」, 배경(연보라) 투명색으로 설정)

슬라이드 1 　표지 디자인 (40점)

(1) 표지 디자인 : 도형, 워드아트 및 그림을 이용하여 작성한다.

세부조건

① 도형 편집
- 도형에 그림 채우기 :
「내 PC₩문서₩ITQ₩Picture₩
그림2.jpg」, 투명도 50%
- 도형 효과 :
부드러운 가장자리 5포인트
② 워드아트 삽입
- 변환 : 물결 1
- 글꼴 : 돋움, 굵게
- 텍스트 반사 :
근접 반사, 터치
③ 그림 삽입
- 「내 PC₩문서₩ITQ₩Picture₩
로고3.jpg」
- 배경(연보라) 투명색으로 설정

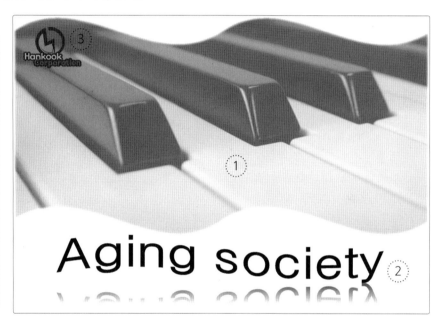

슬라이드 2 　목차 슬라이드 (60점)

(1) 출력형태와 같이 도형을 이용하여 목차를 작성한다(글꼴 : 굴림, 24pt).

(2) 도형 : 선 없음

세부조건

① 텍스트에 하이퍼링크 적용
→ '슬라이드 5'
② 그림 삽입
- 「내 PC₩문서₩ITQ₩Picture₩
그림5.jpg」
- 자르기 기능 이용

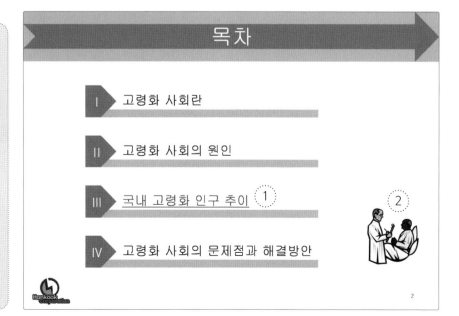

(1) 텍스트 작성 : 글머리 기호 사용(➢, ▪)
　➢문단(굴림, 24pt, 굵게, 줄 간격 : 1.5줄), ▪ 문단(굴림, 20pt, 줄 간격 : 1.5줄)

세부조건

① 동영상 삽입 :
- 「내 PC₩문서₩ITQ₩Picture₩
　동영상.wmv」
- 자동 실행, 반복 재생 설정

Ⅰ. 고령화 사회란

➢ **Aging society**

▪ The proportion of the elderly population is significantly higher compared to other societies

▪ As the average life expectancy increases, it progresses into an aging society

➢ **고령화 사회**

▪ 다른 사회와 비교할 때 노령인구의 비율이 현저히 높아가는 사회로 대한민국을 포함한 일부 국가에서는 의학의 발달, 생활수준과 환경의 개선으로 평균수명이 높아지면서 고령화 사회로 진행

3

(1) 도형과 표 작성 기능을 이용하여 슬라이드를 작성한다(글꼴 : 돋움, 18pt).

세부조건

① 상단 도형 :
　2개 도형의 조합으로 작성
② 좌측 도형 :
　그라데이션 효과(선형 아래쪽)
③ 표 스타일 :
　테마 스타일 1 – 강조 5

Ⅱ. 고령화 사회의 원인

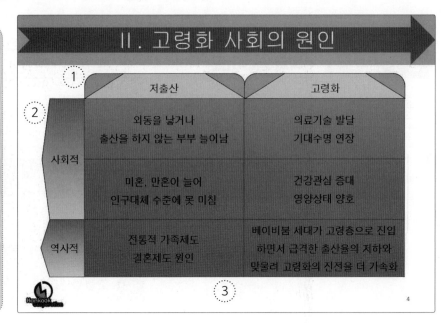

	저출산	고령화
사회적	외동을 낳거나 출산을 하지 않는 부부 늘어남	의료기술 발달 기대수명 연장
	미혼, 만혼이 늘어 인구대체 수준에 못 미침	건강관심 증대 영양상태 양호
역사적	전통적 가족제도 결혼제도 원인	베이비붐 세대가 고령층으로 진입하면서 급격한 출산율의 저하와 맞물려 고령화의 진전을 더 가속화

4

(1) 차트 작성 기능을 이용하여 슬라이드를 작성한다.
(2) 차트 : 종류(묶은 세로 막대형), 글꼴(돋움, 16pt), 외곽선

세부조건

※ 차트 설명
　· 차트 제목 : 궁서, 24pt, 굵게,
　　채우기(흰색), 테두리,
　　그림자(오프셋 아래쪽)
　· 차트 영역 : 채우기(노랑)
　　그림 영역 : 채우기(흰색)
　· 데이터 서식 : 전체 인구 중 비율 계열을
　　표식이 있는 꺾은선형으로 변경 후
　　보조 축으로 지정
　· 값 표시 :
　　2017년의 전체 인구 중 비율 계열만
① 도형 삽입
　－ 스타일 :
　　미세 효과 － 파랑, 강조 1
　－ 글꼴 : 굴림, 18pt

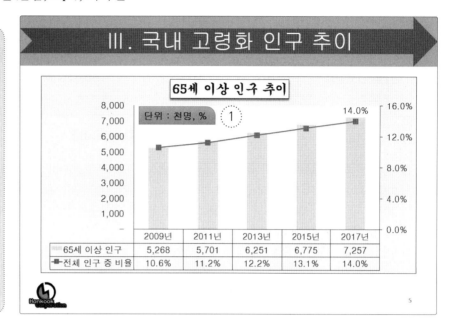

(1) 슬라이드와 같이 도형 및 스마트아트를 배치한다(글꼴 : 굴림, 18pt).
(2) 애니메이션 순서 : ① ⇒ ②

세부조건

① 도형 및 스마트아트 편집
　－ 스마트아트 디자인 :
　　3차원 만화,
　　3차원 광택 처리
　－ 그룹화 후 애니메이션 효과 :
　　밝기 변화
② 도형 편집
　－ 그룹화 후 애니메이션 효과 :
　　실선 무늬(세로)

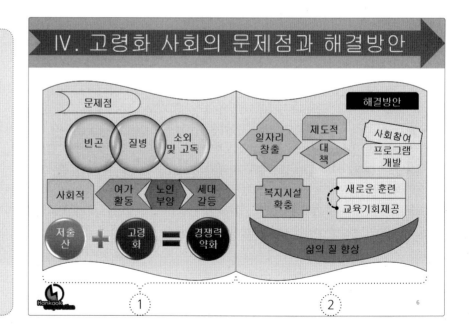

정보기술자격(ITQ) 최신기출문제

과 목	코 드	문제유형	시험시간	수험번호	성 명
한글파워포인트	1142	A	60분		

수험자 유의사항

◎ 수험자는 문제지를 받는 즉시 문제지와 <u>수험표상의 시험과목(프로그램)이 동일한지 반드시 확인</u>하여야 합니다.

◎ 파일명은 본인의 "수험번호-성명"으로 입력하여 답안폴더(내 PC\문서\ITQ)에 하나의 파일로 저장해야 하며, 답안문서 파일명이 "수험번호-성명"과 일치하지 않거나, 답안파일을 전송하지 않아 미제출로 처리될 경우 실격 처리합니다 (예:12345678-홍길동.pptx).

◎ 답안 작성을 마치면 파일을 저장하고, '답안 전송' 버튼을 선택하여 감독위원 PC로 답안을 전송하십시오. 수험생 정보와 저장한 파일명이 다를 경우 전송되지 않으므로 주의하시기 바랍니다.

◎ 답안 작성 중에도 <u>주기적으로 저장하고, '답안 전송'</u>하여야 문제 발생을 줄일 수 있습니다. 작업한 내용을 저장하지 않고 전송할 경우 이전에 저장된 내용이 전송되오니 이점 유의하시기 바랍니다.

◎ 답안문서는 지정된 경로 외의 다른 보조기억장치에 저장하는 경우, 지정된 시험 시간 외에 작성된 파일을 활용할 경우, 기타 통신수단(이메일, 메신저, 네트워크 등)을 이용하여 타인에게 전달 또는 외부 반출하는 경우는 부정 처리합니다.

◎ 시험 중 부주의 또는 고의로 시스템을 파손한 경우는 수험자가 변상해야 하며, <수험자 유의사항>에 기재된 방법대로 이행하지 않아 생기는 불이익은 수험생 당사자의 책임임을 알려 드립니다.

◎ 문제의 조건은 MS오피스 2016 버전으로 설정되어 있으니 유의하시기 바랍니다.

◎ 시험을 완료한 수험자는 답안파일이 전송되었는지 확인한 후 감독위원의 지시에 따라 문제지를 제출하고 퇴실합니다.

답안 작성요령

◎ 온라인 답안 작성 절차

　수험자 등록 ⇒ 시험 시작 ⇒ 답안파일 저장 ⇒ 답안 전송 ⇒ 시험 종료

◎ 슬라이드의 크기는 A4 Paper로 설정하여 작성합니다.

◎ 슬라이드의 총 개수는 6개로 구성되어 있으며 슬라이드 1부터 순서대로 작업하고 반드시 문제와 세부 조건대로 합니다.

◎ 별도의 지시사항이 없는 경우 출력형태를 참조하여 글꼴색은 검정 또는 흰색으로 작성하고, 기타사항은 전체적인 균형을 고려하여 작성합니다.

◎ 슬라이드 도형 및 개체에 출력형태와 다른 스타일(그림자, 외곽선 등)을 적용했을 경우 감점처리 됩니다.

◎ 슬라이드 번호를 작성합니다(슬라이드 1에는 생략).

◎ 2~6번 슬라이드 제목 도형과 하단 로고는 슬라이드 마스터를 이용하여 출력형태와 동일하게 작성합니다(슬라이드 1에는 생략).

◎ 문제와 세부조건, 세부조건 번호 ⋯(점선원)는 입력하지 않습니다.

◎ 각 개체의 위치는 오른쪽의 슬라이드와 동일하게 구성합니다.

◎ 그림 삽입 문제의 경우 반드시 「내 PC\문서\ITQ\Picture」 폴더에서 정확한 파일을 선택하여 삽입하십시오.

◎ 각 슬라이드를 각각의 파일로 작업해서 저장할 경우 실격 처리됩니다.

kpc 한국생산성본부

전체 구성 (60점)

(1) 슬라이드 크기 및 순서 : 크기를 A4 용지로 설정하고 슬라이드 순서에 맞게 작성한다.
(2) 슬라이드 마스터 : 2~6슬라이드의 제목, 하단 로고, 슬라이드 번호는 슬라이드 마스터를 이용하여 작성한다.
　　－ 제목 글꼴(돋움, 40pt, 흰색), 가운데 맞춤, 도형(선 없음)
　　－ 하단 로고(「내 PC\문서\ITQ\Picture\로고2.jpg」, 배경(회색) 투명색으로 설정)

슬라이드 1 　 표지 디자인 (40점)

(1) 표지 디자인 : 도형, 워드아트 및 그림을 이용하여 작성한다.

세부조건

① 도형 편집
　－ 도형에 그림 채우기 :
　　「내 PC\문서\ITQ\Picture\
　　그림2.jpg」, 투명도 50%
　－ 도형 효과 :
　　부드러운 가장자리 5포인트
② 워드아트 삽입
　－ 변환 : 위로 계단식
　－ 글꼴 : 굴림, 굵게
　－ 텍스트 반사 :
　　1/2 반사, 4 pt 오프셋
③ 그림 삽입
　－「내 PC\문서\ITQ\Picture\
　　로고2.jpg」
　－ 배경(회색) 투명색으로 설정

슬라이드 2 　 목차 슬라이드 (60점)

(1) 출력형태와 같이 도형을 이용하여 목차를 작성한다(글꼴 : 돋움, 24pt).
(2) 도형 : 선 없음

세부조건

① 텍스트에 하이퍼링크 적용
　→ '슬라이드 4'
② 그림 삽입
　－「내 PC\문서\ITQ\Picture\
　　그림4.jpg」
　－ 자르기 기능 이용

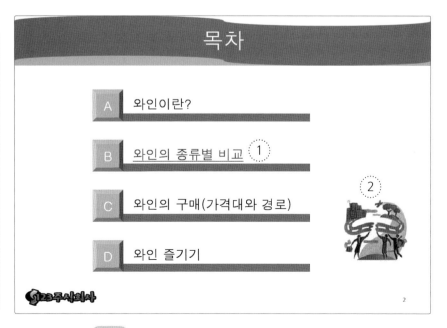

슬라이드 3 · 텍스트/동영상 슬라이드 (60점)

(1) 텍스트 작성 : 글머리 기호 사용(●, ➢)
  ●문단(굴림, 24pt, 굵게, 줄 간격 : 1.5줄), ➢문단(굴림, 20pt, 줄 간격 : 1.5줄)

세부조건

① 동영상 삽입 :
– 「내 PC₩문서₩ITQ₩Picture₩
  동영상.wmv」
– 자동 실행, 반복 재생 설정

A. 와인이란?

●Wine

  ➢ Wine is an alcoholic drink made from fermented grapes
  ➢ Different varieties of grapes and strains of yeasts
    produce different styles of wine

●와인이란?

  ➢ 와인의 어원은 '술'이란 뜻의 라틴어 '비눔(Vinum)'에서 유래하였으며
    포도과즙을 발효시켜 만든 포도주로 포도의 종류에 따라 주조방법이
    다양함

23주식회사   3

슬라이드 4 · 표 슬라이드 (80점)

(1) 도형과 표 작성 기능을 이용하여 슬라이드를 작성한다(글꼴 : 굴림, 18pt).

세부조건

① 상단 도형 :
  2개 도형의 조합으로 작성
② 좌측 도형 :
  그라데이션 효과(선형 아래쪽)
③ 표 스타일 :
  테마 스타일 1 – 강조 6

B. 와인의 종류별 비교

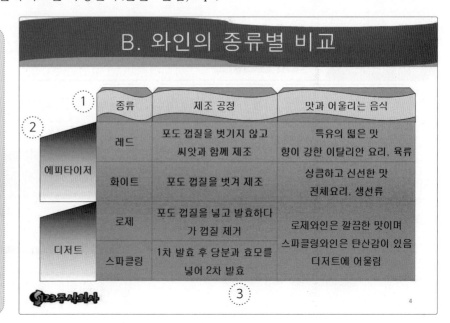

종류		제조 공정	맛과 어울리는 음식
에피타이저	레드	포도 껍질을 벗기지 않고 씨앗과 함께 제조	특유의 떫은 맛 향이 강한 이탈리안 요리, 육류
	화이트	포도 껍질을 벗겨 제조	상큼하고 신선한 맛 전체요리, 생선류
디저트	로제	포도 껍질을 넣고 발효하다 가 껍질 제거	로제와인은 깔끔한 맛이며 스파클링와인은 탄산감이 있음 디저트에 어울림
	스파클링	1차 발효 후 당분과 효모를 넣어 2차 발효	

23주식회사   4

슬라이드 5 　 차트 슬라이드 　 (100점)

(1) 차트 작성 기능을 이용하여 슬라이드를 작성한다.
(2) 차트 : 종류(묶은 세로 막대형), 글꼴(돋움, 16pt), 외곽선

세부조건

※ 차트 설명
　· 차트 제목 : 궁서, 24pt, 굵게,
　　채우기(흰색), 테두리,
　　그림자(오프셋 왼쪽)
　· 차트 영역 : 채우기(노랑)
　　그림 영역 : 채우기(흰색)
　· 데이터 서식 : 구입경로 계열을
　　표식이 있는 꺾은선형으로 변경 후
　　보조 축으로 지정
　· 값 표시 :
　　5만이하(M)의 선호가격대 계열만
① 도형 삽입
　– 스타일 :
　　미세 효과 – 파랑, 강조 1
　– 글꼴 : 굴림, 18pt

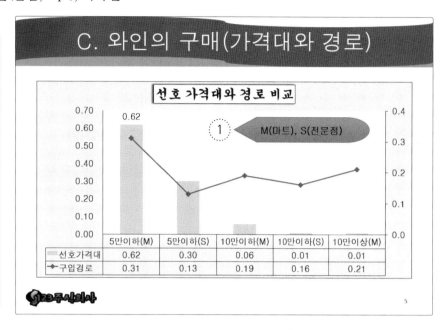

슬라이드 6 　 도형 슬라이드 　 (100점)

(1) 슬라이드와 같이 도형 및 스마트아트를 배치한다(글꼴 : 굴림, 18pt).
(2) 애니메이션 순서 : ① ⇒ ②

세부조건

① 도형 및 스마트아트 편집
　– 스마트아트 디자인 :
　　3차원 만화,
　　3차원 광택 처리
　– 그룹화 후 애니메이션 효과 :
　　나누기(가로 바깥쪽으로)
② 도형 편집
　– 그룹화 후 애니메이션 효과 :
　　밝기 변화

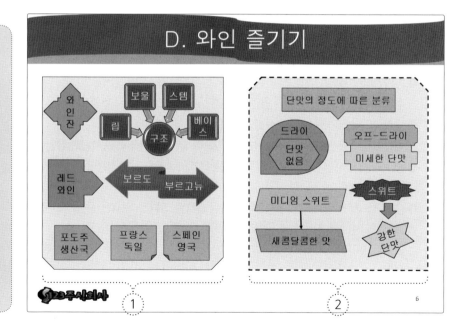

정보기술자격(ITQ) 최신기출문제

과 목	코 드	문제유형	시험시간	수험번호	성 명
한글파워포인트	1142	A	60분		

수험자 유의사항

◎ 수험자는 문제지를 받는 즉시 문제지와 <u>수험표상의 시험과목(프로그램)이 동일한지 반드시 확인</u>하여야 합니다.

◎ 파일명은 본인의 "수험번호-성명"으로 입력하여 답안폴더(내 PC₩문서₩ITQ)에 하나의 파일로 저장해야 하며, 답안문서 파일명이 "수험번호-성명"과 일치하지 않거나, 답안파일을 전송하지 않아 미제출로 처리될 경우 실격 처리합니다(예:12345678-홍길동.pptx).

◎ 답안 작성을 마치면 파일을 저장하고, '답안 전송' 버튼을 선택하여 감독위원 PC로 답안을 전송하십시오. 수험생 정보와 저장한 파일명이 다를 경우 전송되지 않으므로 주의하시기 바랍니다.

◎ 답안 작성 중에도 <u>주기적으로 저장하고, '답안 전송'</u>하여야 문제 발생을 줄일 수 있습니다. 작업한 내용을 저장하지 않고 전송할 경우 이전에 저장된 내용이 전송되오니 이점 유의하시기 바랍니다.

◎ 답안문서는 지정된 경로 외의 다른 보조기억장치에 저장하는 경우, 지정된 시험 시간 외에 작성된 파일을 활용할 경우, 기타 통신수단(이메일, 메신저, 네트워크 등)을 이용하여 타인에게 전달 또는 외부 반출하는 경우는 부정 처리합니다.

◎ 시험 중 부주의 또는 고의로 시스템을 파손한 경우는 수험자가 변상해야 하며, <수험자 유의사항>에 기재된 방법대로 이행하지 않아 생기는 불이익은 수험생 당사자의 책임임을 알려 드립니다.

◎ 문제의 조건은 MS오피스 2016 버전으로 설정되어 있으니 유의하시기 바랍니다.

◎ 시험을 완료한 수험자는 답안파일이 전송되었는지 확인한 후 감독위원의 지시에 따라 문제지를 제출하고 퇴실합니다.

답안 작성요령

◎ 온라인 답안 작성 절차
수험자 등록 ⇒ 시험 시작 ⇒ 답안파일 저장 ⇒ 답안 전송 ⇒ 시험 종료

◎ 슬라이드의 크기는 A4 Paper로 설정하여 작성합니다.

◎ 슬라이드의 총 개수는 6개로 구성되어 있으며 슬라이드 1부터 순서대로 작업하고 반드시 문제와 세부 조건대로 합니다.

◎ 별도의 지시사항이 없는 경우 출력형태를 참조하여 글꼴색은 검정 또는 흰색으로 작성하고, 기타사항은 전체적인 균형을 고려하여 작성합니다.

◎ 슬라이드 도형 및 개체에 출력형태와 다른 스타일(그림자, 외곽선 등)을 적용했을 경우 감점처리 됩니다.

◎ 슬라이드 번호를 작성합니다(슬라이드 1에는 생략).

◎ 2~6번 슬라이드 제목 도형과 하단 로고는 슬라이드 마스터를 이용하여 출력형태와 동일하게 작성합니다(슬라이드 1에는 생략).

◎ 문제와 세부조건, 세부조건 번호⫶(점선원)는 입력하지 않습니다.

◎ 각 개체의 위치는 오른쪽의 슬라이드와 동일하게 구성합니다.

◎ 그림 삽입 문제의 경우 반드시 「내 PC₩문서₩ITQ₩Picture」 폴더에서 정확한 파일을 선택하여 삽입하십시오.

◎ 각 슬라이드를 각각의 파일로 작업해서 저장할 경우 실격 처리됩니다.

kpc 한국생산성본부

(1) 슬라이드 크기 및 순서 : 크기를 A4 용지로 설정하고 슬라이드 순서에 맞게 작성한다.
(2) 슬라이드 마스터 : 2~6슬라이드의 제목, 하단 로고, 슬라이드 번호는 슬라이드 마스터를 이용하여 작성한다.
    - 제목 글꼴(굴림, 40pt, 흰색), 가운데 맞춤, 도형(선 없음)
    - 하단 로고(「내 PC\문서\ITQ\Picture\로고3.jpg」, 배경(연보라) 투명색으로 설정)

슬라이드 1 표지 디자인 (40점)

(1) 표지 디자인 : 도형, 워드아트 및 그림을 이용하여 작성한다.

세부조건

① 도형 편집
 - 도형에 그림 채우기 :
   「내 PC\문서\ITQ\Picture\
   그림2.jpg」, 투명도 50%
 - 도형 효과 :
   부드러운 가장자리 5포인트
② 워드아트 삽입
 - 변환 : 중지
 - 글꼴 : 돋움, 굵게
 - 텍스트 반사 :
   근접 반사, 터치
③ 그림 삽입
 - 「내 PC\문서\ITQ\Picture\
   로고3.jpg」
 - 배경(연보라) 투명색으로 설정

슬라이드 2 목차 슬라이드 (60점)

(1) 출력형태와 같이 도형을 이용하여 목차를 작성한다(글꼴 : 굴림, 24pt).
(2) 도형 : 선 없음

세부조건

① 텍스트에 하이퍼링크 적용
 → '슬라이드 6'
② 그림 삽입
 - 「내 PC\문서\ITQ\Picture\
   그림4.jpg」
 - 자르기 기능 이용

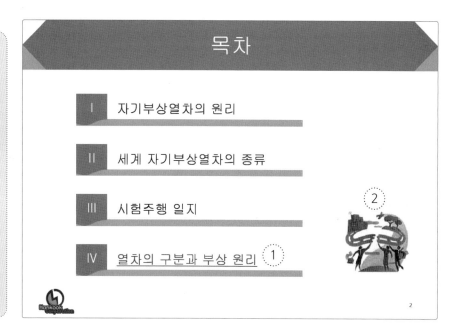

(1) 텍스트 작성 : 글머리 기호 사용(◆, ▪)
　　◆문단(굴림, 24pt, 굵게, 줄 간격 : 1.5줄), ▪문단(굴림, 20pt, 줄 간격 : 1.5줄)

세부조건

① 동영상 삽입 :
　- 「내 PC₩문서₩ITQ₩Picture₩
　　동영상.wmv」
　- 자동 실행, 반복 재생 설정

Ⅰ. 자기부상열차의 원리

◆ **Magnetic levitation train**

　▪ It is a method of propulsion that uses magnets rather than with wheels,
　　axles and bearings

　▪ A train is levitated a short distance away from a guide way using
　　magnets to create both lift and thrust

◆ **자기부상열차의 원리**

　▪ 같은 극끼리 미는 힘이 작용하는 자기력 원리를 이용한
　　열차로 레일 아래 위치한 차량의 전자석에 전력을 공급
　　하면 자기력이 발생하여 레일과 전자석에 흡인력이 생겨
　　끌어당기며 열차가 위로 뜨게 됨

①

3

(1) 도형과 표 작성 기능을 이용하여 슬라이드를 작성한다(글꼴 : 돋움, 18pt).

세부조건

① 상단 도형 :
　2개 도형의 조합으로 작성
② 좌측 도형 :
　그라데이션 효과(선형 아래쪽)
③ 표 스타일 :
　테마 스타일 1 – 강조 5

Ⅱ. 세계 자기부상열차의 종류

①　②

	중국	일본	미국	한국
개발모델	마그레브	리니모	엠쓰리	에코비
적용기술	고속형의 열차로 상전도 흡인식으로 개발		영구 자석식 기술을 적용	상전도 흡인식 방식으로 설계
운행	상하이 푸동	나고야	시험노선	인천

③

4

(1) 차트 작성 기능을 이용하여 슬라이드를 작성한다.
(2) 차트 : 종류(묶은 세로 막대형), 글꼴(돋움, 16pt), 외곽선

세부조건

※ 차트 설명
　· 차트 제목 : 돋움, 24pt, 굵게,
　　채우기(흰색), 테두리,
　　그림자(오프셋 오른쪽)
　· 차트 영역 : 채우기(노랑)
　　그림 영역 : 채우기(흰색)
　· 데이터 서식 : 최대속력(km/h) 계열을
　　표식이 있는 꺾은선형으로 변경 후
　　보조 축으로 지정
　· 값 표시 :
　　2003년의 최대속력(km/h) 계열만

① 도형 삽입
　- 스타일 :
　　미세 효과 - 파랑, 강조 1
　- 글꼴 : 돋움, 18pt

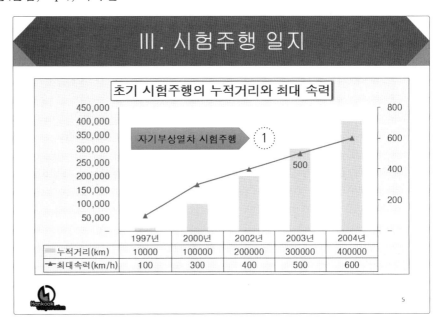

(1) 슬라이드와 같이 도형 및 스마트아트를 배치한다(글꼴 : 굴림, 18pt).
(2) 애니메이션 순서 : ① ⇒ ②

세부조건

① 도형 편집
　- 그룹화 후 애니메이션 효과 :
　　닦아내기(위에서)
② 도형 및 스마트아트 편집
　- 스마트아트 디자인 :
　　3차원 광택 처리,
　　강한 효과
　- 그룹화 후 애니메이션 효과 :
　　시계 방향 회전

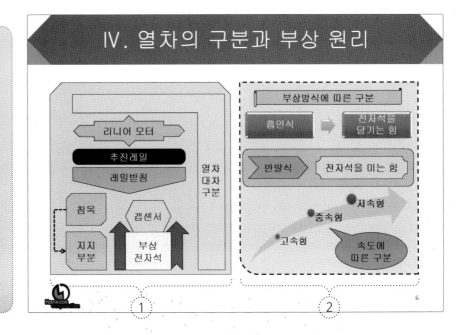

정보기술자격(ITQ) 최신기출문제

과 목	코 드	문제유형	시험시간	수험번호	성 명
한글파워포인트	1142	A	60분		

수험자 유의사항

◎ 수험자는 문제지를 받는 즉시 문제지와 **수험표상의 시험과목(프로그램)이 동일한지 반드시 확인**하여야 합니다.

◎ 파일명은 본인의 "수험번호-성명"으로 입력하여 답안폴더(내 PC₩문서₩ITQ)에 하나의 파일로 저장해야 하며, 답안문서 파일명이 "수험번호-성명"과 일치하지 않거나, 답안파일을 전송하지 않아 미제출로 처리될 경우 실격 처리합니다 (예:12345678-홍길동.pptx).

◎ 답안 작성을 마치면 파일을 저장하고, '답안 전송' 버튼을 선택하여 감독위원 PC로 답안을 전송하십시오. 수험생 정보와 저장한 파일명이 다를 경우 전송되지 않으므로 주의하시기 바랍니다.

◎ 답안 작성 중에도 **주기적으로 저장하고, '답안 전송'**하여야 문제 발생을 줄일 수 있습니다. 작업한 내용을 저장하지 않고 전송할 경우 이전에 저장된 내용이 전송되오니 이점 유의하시기 바랍니다.

◎ 답안문서는 지정된 경로 외의 다른 보조기억장치에 저장하는 경우, 지정된 시험 시간 외에 작성된 파일을 활용할 경우, 기타 통신수단(이메일, 메신저, 네트워크 등)을 이용하여 타인에게 전달 또는 외부 반출하는 경우는 부정 처리합니다.

◎ 시험 중 부주의 또는 고의로 시스템을 파손한 경우는 수험자가 변상해야 하며, <수험자 유의사항>에 기재된 방법대로 이행하지 않아 생기는 불이익은 수험생 당사자의 책임임을 알려 드립니다.

◎ 문제의 조건은 MS오피스 2016 버전으로 설정되어 있으니 유의하시기 바랍니다.

◎ 시험을 완료한 수험자는 답안파일이 전송되었는지 확인한 후 감독위원의 지시에 따라 문제지를 제출하고 퇴실합니다.

답안 작성요령

◎ 온라인 답안 작성 절차

수험자 등록 ⇒ 시험 시작 ⇒ 답안파일 저장 ⇒ 답안 전송 ⇒ 시험 종료

◎ 슬라이드의 크기는 A4 Paper로 설정하여 작성합니다.

◎ 슬라이드의 총 개수는 6개로 구성되어 있으며 슬라이드 1부터 순서대로 작업하고 반드시 문제와 세부 조건대로 합니다.

◎ 별도의 지시사항이 없는 경우 출력형태를 참조하여 글꼴색은 검정 또는 흰색으로 작성하고, 기타사항은 전체적인 균형을 고려하여 작성합니다.

◎ 슬라이드 도형 및 개체에 출력형태와 다른 스타일(그림자, 외곽선 등)을 적용했을 경우 감점처리 됩니다.

◎ 슬라이드 번호를 작성합니다(슬라이드 1에는 생략).

◎ 2~6번 슬라이드 제목 도형과 하단 로고는 슬라이드 마스터를 이용하여 출력형태와 동일하게 작성합니다(슬라이드 1에는 생략).

◎ 문제와 세부조건, 세부조건 번호 ⦂(점선원)는 입력하지 않습니다.

◎ 각 개체의 위치는 오른쪽의 슬라이드와 동일하게 구성합니다.

◎ 그림 삽입 문제의 경우 반드시 「내 PC₩문서₩ITQ₩Picture」 폴더에서 정확한 파일을 선택하여 삽입하십시오.

◎ 각 슬라이드를 각각의 파일로 작업해서 저장할 경우 실격 처리됩니다.

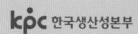

전체 구성 (60점)

(1) 슬라이드 크기 및 순서 : 크기를 A4 용지로 설정하고 슬라이드 순서에 맞게 작성한다.
(2) 슬라이드 마스터 : 2~6슬라이드의 제목, 하단 로고, 슬라이드 번호는 슬라이드 마스터를 이용하여 작성한다.
   - 제목 글꼴(돋움, 40pt, 빨강), 가운데 맞춤, 도형(선 없음)
   - 하단 로고(「내 PC\문서\ITQ\Picture\로고2.jpg」, 배경(회색) 투명색으로 설정)

슬라이드 1 표지 디자인 (40점)

(1) 표지 디자인 : 도형, 워드아트 및 그림을 이용하여 작성한다.

세부조건

① 도형 편집
   - 도형에 그림 채우기 :
     「내 PC\문서\ITQ\Picture\
     그림1.jpg」, 투명도 50%
   - 도형 효과 :
     부드러운 가장자리 5포인트
② 워드아트 삽입
   - 변환 : 휘어 올라오기
   - 글꼴 : 돋움, 굵게
   - 텍스트 반사 :
     근접 반사, 4 pt 오프셋
③ 그림 삽입
   - 「내 PC\문서\ITQ\Picture\
     로고2.jpg」
   - 배경(회색) 투명색으로 설정

슬라이드 2 목차 슬라이드 (60점)

(1) 출력형태와 같이 도형을 이용하여 목차를 작성한다(글꼴 : 굴림, 24pt).
(2) 도형 : 선 없음

세부조건

① 텍스트에 하이퍼링크 적용
   → '슬라이드 6'
② 그림 삽입
   - 「내 PC\문서\ITQ\Picture\
     그림4.jpg」
   - 자르기 기능 이용

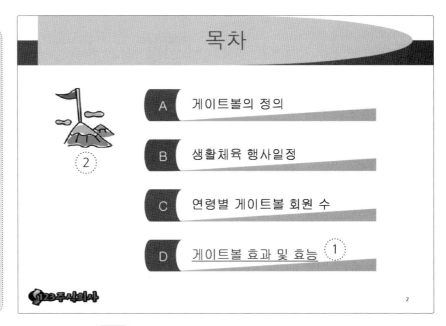

(1) 텍스트 작성 : 글머리 기호 사용(❖, ▪)
　　❖ 문단(굴림, 24pt, 굵게, 줄 간격 : 1.5줄), ▪ 문단(굴림, 20pt, 줄 간격 : 1.5줄)

세부조건

① 동영상 삽입 :
　– 「내 PC₩문서₩ITQ₩Picture₩
　　동영상.wmv」
　– 자동 실행, 반복 재생 설정

A. 게이트볼의 정의

❖**The Game**

　▪ It is a game played between two teams, each with 5 players

　▪ The winner is decided by the total number of points achieved during the 30-minute game

❖**게이트볼의 정의**

　▪ 게이트볼은 T자 모양의 막대기로 공을 쳐서 경기장 안의 게이트(문) 3군데를 통과시킨 다음 경기장 중앙에 세운 20cm 골폴에 맞히는 구기

3

(1) 도형과 표 작성 기능을 이용하여 슬라이드를 작성한다(글꼴 : 돋움, 18pt).

세부조건

① 상단 도형 :
　2개 도형의 조합으로 작성
② 좌측 도형 :
　그라데이션 효과(선형 아래쪽)
③ 표 스타일 :
　테마 스타일 1 – 강조 1

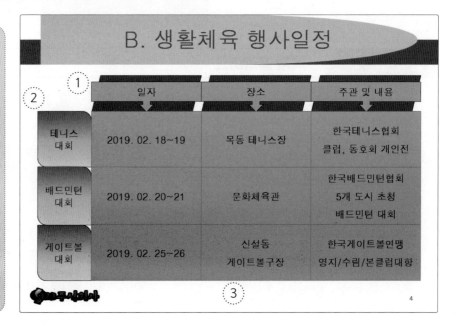

B. 생활체육 행사일정

	일자	장소	주관 및 내용
테니스 대회	2019. 02. 18~19	목동 테니스장	한국테니스협회 클럽, 동호회 개인전
배드민턴 대회	2019. 02. 20~21	문화체육관	한국배드민턴협회 5개 도시 초청 배드민턴 대회
게이트볼 대회	2019. 02. 25~26	신설동 게이트볼구장	한국게이트볼연맹 영지/수림/본클럽대항

4

슬라이드 5　　차트 슬라이드 (100점)

(1) 차트 작성 기능을 이용하여 슬라이드를 작성한다.
(2) 차트 : 종류(묶은 세로 막대형), 글꼴(돋움, 16pt), 외곽선

세부조건

※ 차트 설명
 · 차트 제목 : 궁서, 24pt, 굵게,
 채우기(흰색), 테두리,
 그림자(오프셋 오른쪽)
 · 차트 영역 : 채우기(노랑)
 그림 영역 : 채우기(흰색)
 · 데이터 서식 : 2018년 계열을
 표식이 있는 꺾은선형으로 변경 후
 보조 축으로 지정
 · 값 표시 : 60대의 2018년 계열만
 ① 도형 삽입
 – 스타일 :
 미세 효과 – 주황, 강조 2
 – 글꼴 : 굴림, 18pt

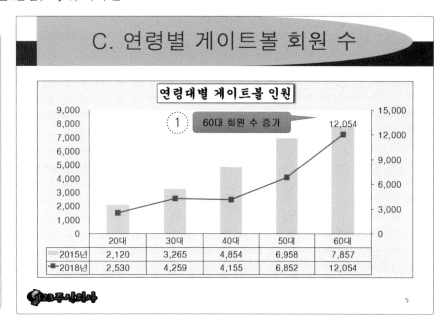

슬라이드 6　　도형 슬라이드 (100점)

(1) 슬라이드와 같이 도형 및 스마트아트를 배치한다(글꼴 : 굴림, 18pt).
(2) 애니메이션 순서 : ① ⇒ ②

세부조건

① 도형 및 스마트아트 편집
 – 스마트아트 디자인 :
 3차원 광택 처리,
 3차원 만화
 – 그룹화 후 애니메이션 효과 :
 닦아내기(위에서)
② 도형 편집
 – 그룹화 후 애니메이션 효과 :
 바운드

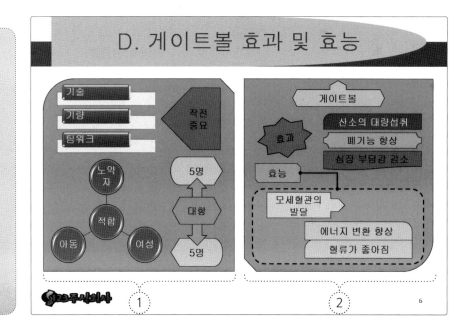

정보기술자격(ITQ) 최신기출문제

과 목	코 드	문제유형	시험시간	수험번호	성 명
한글파워포인트	1142	A	60분		

수험자 유의사항

◎ 수험자는 문제지를 받는 즉시 문제지와 <u>수험표상의 시험과목(프로그램)이 동일한지 반드시 확인</u>하여야 합니다.

◎ 파일명은 본인의 "수험번호-성명"으로 입력하여 답안폴더(내 PC₩문서₩ITQ)에 하나의 파일로 저장해야 하며, 답안문서 파일명이 "수험번호-성명"과 일치하지 않거나, 답안파일을 전송하지 않아 미제출로 처리될 경우 실격 처리합니다 (예:12345678-홍길동.pptx).

◎ 답안 작성을 마치면 파일을 저장하고, '답안 전송' 버튼을 선택하여 감독위원 PC로 답안을 전송하십시오. 수험생 정보와 저장한 파일명이 다를 경우 전송되지 않으므로 주의하시기 바랍니다.

◎ 답안 작성 중에도 <u>주기적으로 저장하고, '답안 전송'</u>하여야 문제 발생을 줄일 수 있습니다. 작업한 내용을 저장하지 않고 전송할 경우 이전에 저장된 내용이 전송되오니 이점 유의하시기 바랍니다.

◎ 답안문서는 지정된 경로 외의 다른 보조기억장치에 저장하는 경우, 지정된 시험 시간 외에 작성된 파일을 활용할 경우, 기타 통신수단(이메일, 메신저, 네트워크 등)을 이용하여 타인에게 전달 또는 외부 반출하는 경우는 부정 처리합니다.

◎ 시험 중 부주의 또는 고의로 시스템을 파손한 경우는 수험자가 변상해야 하며, <수험자 유의사항>에 기재된 방법대로 이행하지 않아 생기는 불이익은 수험생 당사자의 책임임을 알려 드립니다.

◎ 문제의 조건은 MS오피스 2016 버전으로 설정되어 있으니 유의하시기 바랍니다.

◎ 시험을 완료한 수험자는 답안파일이 전송되었는지 확인한 후 감독위원의 지시에 따라 문제지를 제출하고 퇴실합니다.

답안 작성요령

◎ 온라인 답안 작성 절차
　수험자 등록 ⇒ 시험 시작 ⇒ 답안파일 저장 ⇒ 답안 전송 ⇒ 시험 종료

◎ 슬라이드의 크기는 A4 Paper로 설정하여 작성합니다.

◎ 슬라이드의 총 개수는 6개로 구성되어 있으며 슬라이드 1부터 순서대로 작업하고 반드시 문제와 세부 조건대로 합니다.

◎ 별도의 지시사항이 없는 경우 출력형태를 참조하여 글꼴색은 검정 또는 흰색으로 작성하고, 기타사항은 전체적인 균형을 고려하여 작성합니다.

◎ 슬라이드 도형 및 개체에 출력형태와 다른 스타일(그림자, 외곽선 등)을 적용했을 경우 감점처리 됩니다.

◎ 슬라이드 번호를 작성합니다(슬라이드 1에는 생략).

◎ 2~6번 슬라이드 제목 도형과 하단 로고는 슬라이드 마스터를 이용하여 출력형태와 동일하게 작성합니다(슬라이드 1에는 생략).

◎ 문제와 세부조건, 세부조건 번호 (점선원)는 입력하지 않습니다.

◎ 각 개체의 위치는 오른쪽의 슬라이드와 동일하게 구성합니다.

◎ 그림 삽입 문제의 경우 반드시 「내 PC₩문서₩ITQ₩Picture」 폴더에서 정확한 파일을 선택하여 삽입하십시오.

◎ 각 슬라이드를 각각의 파일로 작업해서 저장할 경우 실격 처리됩니다.

kpc 한국생산성본부

(1) 슬라이드 크기 및 순서 : 크기를 A4 용지로 설정하고 슬라이드 순서에 맞게 작성한다.

(2) 슬라이드 마스터 : 2~6슬라이드의 제목, 하단 로고, 슬라이드 번호는 슬라이드 마스터를 이용하여 작성한다.
- 제목 글꼴(굴림, 40pt, 흰색), 가운데 맞춤, 도형(선 없음)
- 하단 로고(「내 PC₩문서₩ITQ₩Picture₩로고3.jpg」, 배경(연보라) 투명색으로 설정)

슬라이드 1　　표지 디자인 (40점)

(1) 표지 디자인 : 도형, 워드아트 및 그림을 이용하여 작성한다.

세부조건

① 도형 편집
- 도형에 그림 채우기 :
「내 PC₩문서₩ITQ₩Picture₩
그림3.jpg」, 투명도 50%
- 도형 효과 :
부드러운 가장자리 5포인트

② 워드아트 삽입
- 변환 : 갈매기형 수장
- 글꼴 : 굴림, 굵게
- 텍스트 반사 :
근접 반사, 터치

③ 그림 삽입
- 「내 PC₩문서₩ITQ₩Picture₩
로고3.jpg」
- 배경(연보라) 투명색으로 설정

슬라이드 2　　목차 슬라이드 (60점)

(1) 출력형태와 같이 도형을 이용하여 목차를 작성한다(글꼴 : 굴림, 24pt).

(2) 도형 : 선 없음

세부조건

① 텍스트에 하이퍼링크 적용
→ '슬라이드 3'

② 그림 삽입
- 「내 PC₩문서₩ITQ₩Picture₩
그림4.jpg」
- 자르기 기능 이용

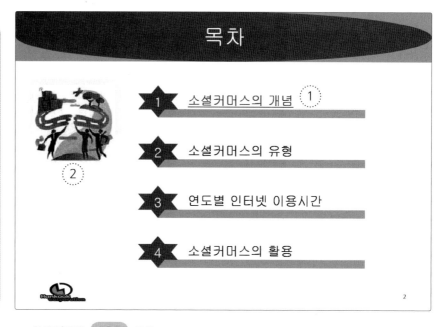

(1) 텍스트 작성 : 글머리 기호 사용(✓, ❖)

✓문단(굴림, 24pt, 굵게, 줄 간격 : 1.5줄), ❖문단(굴림, 20pt, 줄 간격 : 1.5줄)

세부조건

① 동영상 삽입 :
- 「내 PC₩문서₩ITQ₩Picture₩ 동영상.wmv」
- 자동 실행, 반복 재생 설정

1. 소셜커머스의 개념

✓ Social Commerce

  ❖Social media is becoming more a part of an overall integrated, multi-channel marketing strategy

  ❖The use of social by marketers reflects this more deeply engrained behavior

✓ 소셜커머스

  ❖소셜커머스는 페이스북, 인스타그램, 트위터 등 소셜미디어를 활용하는 전자상거래로 기존의 공동구매와는 달리 소비자의 인맥과 입소문을 활용하여 다양한 형태의 상품을 판매

3

(1) 도형과 표 작성 기능을 이용하여 슬라이드를 작성한다(글꼴 : 돋움, 18pt).

세부조건

① 상단 도형 :
2개 도형의 조합으로 작성

② 좌측 도형 :
그라데이션 효과(선형 아래쪽)

③ 표 스타일 :
테마 스타일 1 - 강조 1

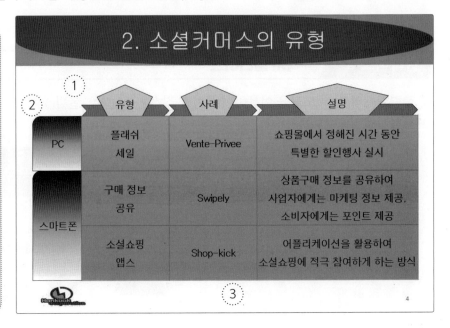

2. 소셜커머스의 유형

		유형	사례	설명
PC		플래쉬 세일	Vente-Privee	쇼핑몰에서 정해진 시간 동안 특별한 할인행사 실시
스마트폰		구매 정보 공유	Swipely	상품구매 정보를 공유하여 사업자에게는 마케팅 정보 제공, 소비자에게는 포인트 제공
		소셜쇼핑 앱스	Shop-kick	어플리케이션을 활용하여 소셜쇼핑에 적극 참여하게 하는 방식

4

슬라이드 5   차트 슬라이드   (100점)

(1) 차트 작성 기능을 이용하여 슬라이드를 작성한다.
(2) 차트 : 종류(묶은 세로 막대형), 글꼴(굴림, 16pt), 외곽선

세부조건

※ 차트 설명
  · 차트 제목 : 굴림, 24pt, 굵게,
    채우기(흰색), 테두리,
    그림자(오프셋 대각선 왼쪽 위)
  · 차트 영역 : 채우기(노랑)
    그림 영역 : 채우기(흰색)
  · 데이터 서식 : 페이스북 계열을
    표식이 있는 꺾은선형으로 변경 후
    보조 축으로 지정
  · 값 표시 : 페이스북 계열만
① 도형 삽입
  - 스타일 :
    미세 효과 – 파랑, 강조 5
  - 글꼴 : 돋움, 18pt

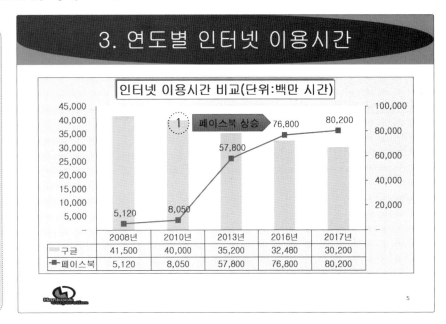

슬라이드 6   도형 슬라이드   (100점)

(1) 슬라이드와 같이 도형 및 스마트아트를 배치한다(글꼴 : 굴림, 18pt).
(2) 애니메이션 순서 : ① ⇒ ②

세부조건

① 도형 편집
  - 그룹화 후 애니메이션 효과 :
    나누기(세로 바깥쪽으로)
② 도형 및 스마트아트 편집
  - 스마트아트 디자인 :
    3차원 만화,
    3차원 경사
  - 그룹화 후 애니메이션 효과 :
    밝기 변화

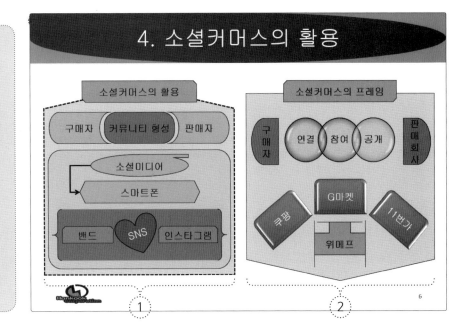

MEMO

MEMO

MEMO